让你人际烦恼一扫光的
社交心理学

牧之◎著

一本书扫除所有人际烦恼轻松变身社交达人

立信会计 出版社
LIXIN ACCOUNTING PUBLISHING HOUSE

图书在版编目（CIP）数据

让你人际烦恼一扫光的社交心理学 / 牧之著. --

上海: 立信会计出版社, 2015.1

（去梯言）

ISBN 978-7-5429-4389-7

Ⅰ.①让… Ⅱ.①牧… Ⅲ.①心理交往－社会心理学－通俗读物

Ⅳ.①C912.1-49

中国版本图书馆CIP数据核字（2014）第263577号

策划编辑　蔡伟莉

责任编辑　蔡伟莉　陈昕

封面设计　久品轩

让你人际烦恼一扫光的社交心理学

出版发行	立信会计出版社		
地　　址	上海市中山西路2230号	邮政编码	200235
电　　话	（021）64411389	传　　真	（021）64411325
网　　址	www.lixinaph.com	电子邮箱	lxaph@sh163.net
网上书店	www.shlx.net	电　　话	（021）64411071
经　　销	各地新华书店		

印　　刷	固安县保利达印务有限公司		
开　　本	720毫米×1000毫米	1/16	
印　　张	17.75	插　　页	1
字　　数	227千字		
版　　次	2015年1月第1版		
印　　次	2018年9月第3次		
书　　号	ISBN 978-7-5429-4389-7/C		
定　　价	36.00元		

前　言

现代社会是一个交往的社会，在熙熙攘攘、来来往往的人流中，人们不可避免地要与人接触、来往、交谈，交往的活动每天都在上演进行着。

人与人的交往，其实就是心与心的碰撞、心与心的交流过程。在我们生活的这个世界上，无论哪行哪业，只要存在着人与人之间的交往，就离不开对人的心理的体察。政治家往往都是揣摩心理的高手，而商人为了得到顾客的喜欢、激发顾客的购买欲望则更是费尽心机。即使是我们普通人，大到为了成就一番事业，小到为了防止吃亏上当，也都要对人类心理的基本规律有一个基本的掌握。

然而，人类的心理是一个非常精细微妙而又复杂多变的东西。说它精细微妙，是指它深藏于人的内心之中、潜伏于各种表象之下，变化细微且令人难以察觉。说它复杂多变，是指它始终处于一种瞬息万变的状态，并且，其变化的原因及作用机制很难被我们清楚地掌握。

面对社交，很多人产生了畏惧和逃避心理，对他们来说社交如同难解的谜题、不敢碰的禁区，他们在社交中表现得被动压抑、无所适从，人际关系麻烦不断、矛盾丛生。之所以出现这种症状，很多时候是因为他们对人的心理的理解是比较单一的。他们看不到人在不同的环境之下可能会有不同的心理表现，产生不同的心理感受。他们往往把复杂的、多样化的心理活动简单化、单一化，用同一种方式去应对不同的情况和不同的人，不懂得根据对方的心理变化来调整自己的语言和行动。由于他们不懂得顺应对方的心理、争取对方的好感，因此就不能够利用对方的心理、获得对方的支持。

可以说，在社交中如果你不能学会了解人、体察人心，那么就不可能改变自己不尽如人意的尴尬社交现状。

尽管人际关系纷繁复杂，每个人的交往心理动机、要求和期望差别很大，但仍然有其共同的心理特征、心理期望、心理原则。找到这些共同的心理特质，因势利导，采取相应的心理策略，调整自己社交言行，就可以在社交活动中占据主动，化害为利。

如何克服社交活动中的害羞心理？如何在见面时就能赢得对方好感？如何用最快速的时间拉近彼此的距离？如何迅速找到对方心理活动的特点？如何品味出对方语言中想要表达的真实意图？如何突破交际中的误区？如何成为处处受人欢迎的人？如何建立四通八达的人脉网？

本书巧妙地将心理学和社交学融合在一起，运用心理学的理论和方法解释了社交活动中的一些现象，揭示了人们心理变化的规律，同时结合社会交往的实际案例，对社会交往中可能遇到的各种问题和困境进行了详尽的分析，并提供了最具实战效用的解决思路与方法。通过阅读本书，读者可以更好地理解社交，克服自我社交障碍，不断形成和完善自己的社交魅力，提升社交技巧和能力，在社交中了解人们外在行为背后的心理奥秘，掌控人际交往主动权，开创左右逢源、如鱼得水的社交局面，使自己的事业更加顺利，生活更加美好。

学点社交心理学，人际烦恼一扫光！掌握社交心理学，做人际博弈大赢家！

目　录

第3章　看穿他人小心思，掌控交际主动权
——瞬间读懂、掌控你周围的人

第4章　赢得他人好感，拉近心理距离
——让自己处处受人欢迎的社交技巧

第5章　社交有艺术，难题一扫光

——如何巧妙化解社交活动中的难题

第6章　这样说话最讨人喜欢

——社交达人的口才攻心术

第7章　人见人爱的形象，征服人心的气场

　　　　　　　　——社交形象背后的心理秘密

第8章　优雅社交的范儿，俘获人心的利器

　　　　　　　　——社交礼仪中的心理密码

第1章
掌握潜规则，构建心之桥
——不可不知的社交心理效应与定律

　　生活中，我们每天都需要与人进行交流，每天都在形成着各种各样的印象，可这些印象往往并不能反映客观事实。为什么呢？是因为一些交往心理效应和心理定律的作用。了解这些心理效应和心理定律是有意义的，利用这些效应的积极作用，克服这些效应的消极作用，有利于我们留给他人好印象，建立良好的人际关系。

首因效应——第一印象是长期交往的基础

"首因"也可以说是第一印象，一般指人们初次交往接触时各自对交往对象的直觉观察和归因判断。人际交往中，首因效应对人们交往印象的形成起着决定作用。

初次见面时，对方的表情、体态、仪表、服装、谈吐、礼节等形成了我们对对方的第一印象。现实生活中，首因效应作用下形成的第一印象常常左右着我们对他人的日后看法。因为第一印象一旦形成，就不容易改变。初次印象是长期交往的基础，是取信于人的出发点。

因此，我们在人际交往中应该注意留给他人好的第一印象。

如何做呢？

首先，我们应该注意仪表，比如衣着要整洁、服饰搭配要和谐得体等。

其次，我们要注意自己的言谈举止，为此必须锻炼和提高言谈技能、掌握适当的社交礼仪。

近因效应——最新的认识会掩盖了以往的评价

首因效应一般在交往双方还彼此陌生的阶段特别重要，而随着双方了解的加深，近因效应就开始发挥它的作用了。近因效应是相对于首因效应而言的，是指交往过程中，我们对他人最近的、最新的认识占了主体地位，掩盖了以往的评价，也称为"新颖效应"。

比如，你的一个平凡的老邻居突然做了官，你可能就会一扫其平凡的印象，对其刮目相看。再比如，多年不见的朋友，在自己脑海中的印象最深的，其实就是临别时的情景；一个朋友总是让你生气，可是谈起生气的原因，大概只能说上两三条；你的一个好朋友最近做了一件对不起你的事情，你提起他来就只记得他的坏处，完全忘了当初的好处……这一切都是近因效应的影响。

近因效应给了我们改变形象、弥补过错、重新来过的机会。例如，两个朋友因故"冷战"一段时间后，一方主动向对方表示好感或歉意，往往会出乎意料地博得对方的好感，化解恩怨。

晕轮效应——为什么会"以偏概全""爱屋及乌"

所谓晕轮效应，是指我们在评价他人的时候，常喜欢从其某一个特征出发来得出或好或坏的全部印象，就像光环一样，从一个中心点逐渐向外扩散成为一个越来越大的圆圈，因此有时也称光环效应。晕轮效应对人际交往有很大的影响。多数情况下，晕轮效应常使人出现"以偏概全""爱屋及乌"的错误，影响理性人际关系的确立。话说回来，晕轮效应可以增加个体的吸引力而助其获得某种成功，这或许是有利的一面。

为了防备晕轮效应的不利影响，我们要善于倾听和接受他人的意见，尽量避免感情用事，全面评价他人，理性与人交往。如果想利用晕轮效应的有利面，我们在与人交往时应采用先入为主的策略，全面展示自己的优点、掩饰缺点，以留给他人尽量完美的印象。

自我暴露定律——自我暴露有时是给人好感的前提

生活中有一些人是相当封闭的。当对方向他们说出心事时，他们却总是对自己的事情闭口不谈，这种人不一定都是内向的人。有的人话虽然不少，但是从不触及自己的私生活，不谈自己内心的感受。

总体来说，一个人对他人的开放性体现在两个方面。一是由初次见面时待人接物的习惯所决定的，这称为社交性。社交能力强的人善于闲谈，但谈话中未必会涉及根本问题。二是由一个人是否愿意将自己的本意、内心展现给他人所决定的，这称为自我展示性。

这两种类型的开放性通常是完全独立的。有些人社交能力很强，他们可

以饶有兴趣地与你谈论国际时事、体育新闻、家长里短，可是从来不会表明自己的态度。而你一旦将话题引入略带私密性的问题时，他就会插科打诨，或是一言以敝之。可见，一个健谈的人，也可能对自身的敏感问题，有相当强的抵触心理。相反，有一些人虽不善言辞，却总希望能向对方袒露心声，反而很快能和别人拉近距离。

人之相识，贵在相知；人之相知，贵在知心。要想与别人成为知心朋友，就必须表露自己的真实感情和真实想法，向别人讲心里话，坦率地表白自己，陈述自己，推销自己。这就是自我暴露。

一般来说，自己处于明处，对方处于暗处，一定不会感到舒服。自己表露情感，对方却讳莫如深，不和你交心，你一定不会对他产生亲切感和信赖感。当一个人向你表白内心深处的感受，你可以感到对方：首先信任你，其次想和你达到情感的沟通。这就会一下子拉近你们之间的距离。

在生活中，我们会发现有些人知心朋友比较多，虽然他们外表看起来不是很擅长社交。这是为什么呢？如果你仔细观察，会发现这样的人一般都有一个特点，就是为人真诚，渴望情感沟通。他们说的话也许不多，但都是真诚的。他们有困难的时候，不知怎么总能有人来帮助他们，而且很慷慨。

而有的人，虽然很擅长社交，甚至在交际场中如鱼得水，但是他们却少有知心朋友。因为他们习惯于说场面话，做表面功夫，交的朋友又多又快，感情却都不是很深。因为他们虽然说很多话，但是却很少暴露自己的感情。其实人人都不傻，能直觉地感到对方对自己是出于需要、还是出于情感而来往。

每个人内心深处都有对情感的需要，就好象人们对食物的需要，是与生俱来的。情感纽带下结成的关系，要比暂时的利益关系更加牢固。

实际上，人和人情感上多少总会有相通之处。如果你愿意向对方适度袒露，总会发现彼此的共同之处，总能和对方建立某种感情的联系。对于可以信任的人吐露秘密，有时会一下子赢得对方的心，赢得一生的友谊。

心理学家认为，一个人应该至少让一个重要的他人知道和了解真实的自己。这样的人在心理上是健康的，也是实现自我价值所必需的。

当然，"自我暴露"不足虽然不好，过度也是不好的。总是向别人喋喋不休地谈论自己的人，会被他人看作是适应不良的自我中心主义者。心理学家认为，理想的自我暴露是对少数亲密的朋友做较多的自我暴露，而对一般朋友和其他人做中等程度的暴露。

而且，你也不一定要说出你的秘密。在不太了解的人面前，我们可以交流一些生活中的并不私密的情感，既给人亲近之感，又不会让自己处于不安全的境地。

以貌取人定律——人们会对容貌美的人更有好感

《三国演义》中讲了这样一件事。庞统相貌丑陋，但很有才能。他去拜见孙权，想要效力于东吴。孙权本来是个爱才的领袖，但是一看到庞统相貌丑陋，就不太喜欢他，又看他性格傲慢不羁，更加没有好感。最后，他竟把与诸葛亮齐名的旷世奇才庞统拒之门外。鲁肃苦劝也无济于事。

孙权以貌取人，显然是种偏见。可是连孙权这样的英雄人物尚且有此偏见，在生活中这样的人就更不罕见了。

人们总爱说："人不可貌相，海水不可斗量。"似乎以貌取人是不明智的做法。但是，这个道理认识到容易，真正做到却不容易。也就是说，大多数人，无论理智上怎样认为，实际上在对别人判断时多少要受到对方外貌的影响。

其实，相貌对人心理的影响是很突出的。就连父母对待自己的孩子，也是对漂亮的要更加喜欢一些，对长相丑的孩子，就不太喜欢，有的甚至有所嫌恶。

成人世界里也是如此。相貌漂亮的人，尤其是年轻的女子，会在人际交往、婚姻等事情上更容易博得他人的青睐，激起他人的热心，获得更多的帮助，在生活的各方面也更加顺利一些。而相貌丑的人则容易碰壁，心灰意冷，自卑心严重。

国外有过一项针对这个问题的研究。根据统计，得出这样的结论：长相好看的人比相貌平平的人挣钱更多，拥有的工作更让人羡慕，而相貌平平的人比相貌丑陋的人又会好一些。

虽然长相不是一切，但的确可以构成一项资本。比如，一个单位雇用一

个秘书，如果两个候选人其他条件相同，而一个更漂亮些，那么，漂亮的那个人一般会有更大的优势，尤其在经理是男性的情况下。毕竟人们更喜欢天天看到漂亮的脸蛋，用通俗的话来说——"养眼"。这就是为什么电视、电影里的明星，大多长相俊美。很简单，因为可以让人赏心悦目。

在爱情中，美貌更是一项资本。情侣一般在相貌上是般配的。当两个人不般配时，丑的一方通常要在其他方面有更好的条件来平衡。

男人似乎对容貌更加重视一些，就是人们常说的："世上没有不好色的男人。"男人如果带着个漂亮的女人，会觉得脸上更有光彩。

实际上，如果我们理性一些就会认识到，以貌取人的确有很大的局限性。因为人的长相和心灵是两回事。看相的，注重"眼相"，也就是更注重一个人的内在神韵，现在也许可以叫"气质"。其实，气质美要比容貌美更高一筹。内在的美才更耐看，也更能成为判断一个人的依据。

以貌取人更容易发生在认识的初期，就是不太熟悉的时候。有心理学家做过一个实验，将一群陌生人一连4天聚在一起，每次聚1个小时。

第一天，研究人员认为接受实验者对于美的评判有32%来自外貌，20%来自对内在的了解。

第二天，情况改变了，评判中的23%来自外貌，而33%来自对内在的了解。

第三天，这一比率为26/34。

第四天，也就是最后一天，则是23/48。

这个实验说明，人们对容貌的重视，会随着彼此的熟悉而减弱。这就是为什么我们对熟悉的喜欢的人，会觉得越来越顺眼。

交往适度定律——对别人过好，有时会对自己不利

我们听到过互惠定律，就是人们对别人给予的好处，总想要同等地回报。于是有的人以为，他如果对对方特别好，对方也会对他特别好。其实，互惠定律如世间一切规律一样，就是适度最好，过犹不及。

你对别人过分的好，在人际交往中"过度投资"，可能引起三个不良后果。

首先，对一个有劳动能力、理智健全的人来说，独立和付出是个性成长的需要。人际关系中如果不能相互满足某种需要，那么这种关系维持起来就比较困难。心理学家霍曼斯曾提出，人与人之间的交往本质上是一种社会交换。这种交换同市场上的商品交换所遵循的原则一样，就是人们希望在交往中，得到的不少于所付出的。这也是我们在互惠定律里阐释过的。

正因为如此，虽然人有自私的本性，不希望得到的少于付出的，但出于互惠定律，如果得到的大于付出的，也会让人心理失去平衡。因为这会使人感到无法回报或没有机会回报对方，而在心里感到愧疚，感到欠对方的情。这种心理负担会使受惠的一方只好选择疏远。

所以，在人际交往中，要有所保留。初入社交圈的人容易犯一个错误，就是"好事一次做尽"，以为自己全心全意为对方做事，会使关系更融洽、密切。事实上并非如此。因为人如果一味接受别人的付出，心理会感到不平衡。所以不要把好事一次做尽，要留有余地，或者给对方回报的机会。

其次，对对方过好，会令对方对这种恩情感到麻木，时间长了，就不觉得你对他有多好。中国俗话说："一斗米养个恩人，一石米养个仇人"，说的就是这个道理。也就是说，你对别人适度地好，对方会感激你，也会回报你；如果你对对方过好，对方时间长了就麻木了，而你某一次达不到原来的标准，反而会引起对方的不满，反而得罪了他。用通俗的话说，就是把对方给惯坏了。

这在父母对孩子的教育中经常可以看到。俗话说，棍棒底下出孝子。如果你对子女过好，会让他习以为常，觉得理所当然，一旦将来让他独立解决困难，他就觉得你对他太不好了。还怎能指望他孝敬你呢？

夫妻之间也是如此。有时，妻子对丈夫太好，生活上照顾得无微不至，什么事都对他百依百顺，反而让对方轻视你的感情。因为人们对于太容易得到东西，就不懂得珍惜了。而对方对你付出的不珍惜，反过来可能引起你的怨恨，结果在感情上形成了恶性循环，很不利于夫妻感情的健康发展。所以，在爱情关系里面，一个人不要只求付出，不求回报，而应该适当地向对方提出索取的要求，以保持感情付出的平衡。

在公司里面也有这个规律。有的老板一开始比较仁慈，给员工较高的工

资。可是市场风云变幻，后来生意发展不顺利，公司财务吃紧，只好又降低员工的工资，而这就会导致员工的抱怨。作为老板，应该在开始的时候就避免过于乐观，不能把员工工资定得太高，因为你提高他的工资他高兴，你一旦降低，他就怨你，人大多如此。为了鼓励员工的积极性，老板可以许诺年底的奖金，但那要以公司经营状况良好为前提。

再次，就是容易让别人觉得你心太软，不怕你，对你无所忌惮。生活中并不是所有的人都是善良之辈，所以让自己有点威严，可以更好地保护自己，也让自己更有影响力。如果你总是对别人太好，会让人觉得你善良而软弱，容易利用。尤其是作为领导，要拥有恩威并施的手段，既要有软的一面，也要有硬的一面。

欲扬先抑定律——先贬后褒、先抑后扬

战国的时候，宋国有一个养猴子的老人。他在家中的院子里养了许多猴子。后来，这个老人和猴子竟然能互相讲话了。

这个老人每天给每只猴子8颗栗子，早上4颗，晚上4颗。几年之后，猴子的数目越来越多，吃的栗子也越来越多。于是老人想把每天喂的栗子由8颗改为7颗。他对猴子说："从今天开始，我每天早上给你们3颗栗子，晚上照常给你们4颗栗子，不知道你们同不同意？"猴子们听了，不能接受，于是就吱吱地叫，而且还到处跳来跳去，非常的不愿意。

老人一看到这个情形，连忙改口说："那么我早上给你们4颗，晚上再给你们3颗，这样该可以了吧？"猴子们听了，高兴的在地上翻滚起来。

其实老人给猴子的栗子数量没有变，只是给的方法变了：一是先少后多，一是先多后少。那么猴子为什么对前者不满意，对后者却感到满意呢？

原来这是受到心理学上一个独特的心理规律支配的。心理学家发现，在对别人进行肯定或否定、奖励或惩罚时，并不是一味地施行肯定和奖励最能给人好感，也不是一味地施行否定和惩罚最能给人恶感。事实是，先否定后肯定，能给人最大的好感，而相反，先肯定后否定则给人的感觉最不好。

美国心理学家阿伦森·兰迪做过一个实验。他把被试者分为4组，施行不同的措施，结果也不同，分别如下：

对第一组被试行始终否定（－，－），被试者不满意。

对第二组被试者始终肯定（＋，＋），被试者表现为满意。

对第三组被试者先否定后肯定（－，＋），被试者最满意。

对第四组被试者先肯定后否定（＋，－），试者表现为最不满意。

这种心理规律，在现实生活中很普遍。平时人们所说："磕一千个头后放一个屁，效果全无""有一百个好，最后一个不好可结成冤家"，就是这种规律的反映。

也许我们会想到前面讲的近因定律，但这个定律比近因定律还多了一层意思，就是：先否定，后肯定，有一个对比的效果，比单纯肯定更给人好感；而先肯定，后否定，也因为有个对比的效果，要比单纯的否定效果更糟糕。

我们把这种先否定后肯定，先抑后扬给人最好的心理感觉的规律，叫做"欲扬先抑定律"。

某汽车销售公司的老李，每月都能卖出30辆以上的汽车，深得公司经理的赏识。可是这个月生意却不太顺利，由于种种原因，老李预计当月只能卖出10辆车。但是老李很懂心理学，他先是跟经理说："由于银根紧缩，市场萧条，我估计这个月顶多卖出5辆车。"经理点了点头，对他的看法表示赞成。没想到1个月过后，老李竟然卖了12辆汽车，公司经理对他的业绩大大夸奖了一番。

如果老李一开始说本月可以卖15辆，或者事先不说自己的预计，结果只卖了12辆，公司经理的感觉可能就完全不同。他可能觉得老李做得太失败了，不但不会夸奖，反而可能批评他。老李就是采用欲扬先抑的方法，先降低别人的心理期待，再超出别人期待，就能给对方以好感了。

有一位著名的导演，也很懂得利用这个心理规律来激发下属。这个导演素以要求严格著称，因此一般的演员都比较怕他。但是这个导演也很善于发掘演员们的潜力。他总是在工作的开始阶段，冷着脸，让演员们看见就害怕，非常担心演不好，达不到他的要求。这迫使演员付出最大的努力，发挥出最好的水平。而当导演对演员感到满意时，就露出灿烂的、赞许的笑容。

这种难得一见的笑容对演员形成了极大的鼓舞，甚至有一位演员说，导演的笑容就是他演好的最大动力。

情感征服定律——情感有时比利益更能打动人心

赵先生与李先生同事多年，始终没有深交。李先生的工作表现平常，而赵先生则成绩突出，春风得意。

有一次，赵先生因为涉及一件重大变故，受到董事长的冷落，被从销售经理的位置降了下来。祸不单行的是，他的母亲在不久后突然去世了。双重打击使赵先生感到格外悲哀。

这时候，李先生很同情赵先生的境遇。在他母亲下葬的那一天，李先生主动来帮忙，担任受礼的工作。当时正是寒冬腊月，北风大作，其他同事都躲进了屋里，只有李先生一直外面帮助处理各种事情。

这让赵先生很意外，也很感动。他发现真是患难见真情，觉得李先生这时候的形象突然高大起来。从此李先生与赵先生过从甚密，赵先生一改以往的态度，也常主动帮助李先生。

1年以后，赵先生在公司东山再起，因为做了突出的贡献，他重新当上了销售经理，不久又迅速升任总经理。他忘不了李先生在他患难时的帮助，就提拔李先生为销售经理。

俗话说，人非草木，孰能无情。人心都是肉长的。无论一个人外表多么强硬，在内心深处都一定有情感的需要，就是希望从别人那里得到关怀、体贴和重视。有时候，人们即使在物质上得到了很大的利益，也代替不了情感上独特的需要。甚至有时候，人们把情感看得比物质利益更重。

世上许多人有幸灾乐祸的心理，看到别人过得比自己好，就不舒服，看到人家过得不如意了，他才高兴。相反，如果一个人忧他人所忧，乐他人所乐，对别人富有同情心，并在患难时伸出援助之手，就很容易征服对方的心。这也就是故事中李先生对赵先生所做的。

现在人们常说感情投资，因为在人际关系上，投资感情，往往比投资金钱和利益更能征服人心。

中国有句古话说，得人心者得天下。许多领袖人物深谙此道，所以他们能够让许多人才为己所用。比如他们懂得通过情感的打动，将人才笼络在自己麾下。三国时的刘备就是在这方面情商很高的人。

罗贯中的《三国演义》曾讲了这样一个故事。有一次，刘备被曹操打败，刘备让赵云保护夫人和儿子阿斗突围。赵云被百万曹军围困，为保护幼主，他怀揣阿斗大战长坂坡，血战曹操百万大军，杀死曹营战将五十余人。当赵云抱着阿斗，见到刘备时，刘备接过阿斗，一下子扔在地上，恨恨地说："为汝这孺子，几损我一员大将！"赵云忙从地上抱起阿斗，流着热泪说道："云虽肝脑涂地，不能报也！"从此赵云对刘备更加忠心耿耿。

刘备的做法是在表明，阿斗似乎还没有赵云在他心中更重要，当然这很可能只是一种作秀罢了。但是起码也让赵云感到，他在刘备心中的分量了，这恐怕比给他加官晋爵和物质奖励更能打动他的心，同时也让其他将领看到刘备的一片爱才之心。看看，刘备是多么善于收买人心呀！

有时候，情感似乎就是人的软肋，是"阿喀琉斯的脚后跟"，是人最容易攻破的地方。

换位思考定律——设身处地理解别人能给人好感

古希伯来有一个国王叫所罗门，是个令后世敬仰的"有道明君"，据说，也是个有某些神力的传奇君主。关于他有一个广为流传的故事。

一次，在国王办公时，有一对老夫妇闯进来。老翁讲他想要离婚，所罗门问："为什么？"老翁讲出了若干个理由。所罗门边听边点头，最后说："是的，你是对的，你们应该离婚。"话音未落，老妇人强烈反对，说绝对不同意离婚。所罗门问她理由，她的"理由"比老翁还要充足。所罗门同样边听边点头，最后说，"是的，你是对的，你们不应该离婚。"国王身边的大臣见国王如此断案，忍不住站出来反对说，"大王，你不应该这样断案，你这样断案是不对的。"所罗门同样边听边点头，最后说，"不但他们是对

的，你也是对的，确实没有如此断案的，尤其是作为一个国王。"

这个故事启示我们在交往中"换位思考"的重要。所谓换位思考，就是要把自己设想成别人，以他们的角度考虑问题。很多时候甚至需要暂时抛开自己的切身利益，去满足别人的利益。其实，利益在很多时候是互相关联的，你能考虑别人的利益，别人也会考虑你的利益。

所罗门王是西方世界智慧的象征，他在断案时，不仅用心地倾听，而且在听的同时把自己想象成对方。所以，他是从另一个角度去思维，这就是所谓换位思考。而换位思考是有智慧的人所共同具备的素质。

所谓智慧在很大程度上是源于理解力的。一个人只有具备习惯于换位思考的素质，具有过人的理解力才能去理解平时所无法理解的东西。而对方也才感觉到自己被尊重了。这样，人家才愿意与你交流与沟通。

美国的开国元勋杰菲逊有一句名言："也许我不同意你的观点，但我一定举双手维护你说话的权利。"

换位思考到底是什么呢？其实就是"移情"，去"理解"别人的想法、感受，从对方的立场来看事情，以别人的心境来思考问题。当然这样并不是很容易就能做到的。

有时我们以为别人遇到了痛苦的事，我们就该安慰他（她），这样会抚平别人的创伤。而实际情况却不一定那么简单。

倩倩的丈夫忽然心脏病发去世了。料理完丧事，她疲倦且悲伤地回到家后，就开始面对亲友日复一日的关心询问："他是怎么死的？""你怎么没有及时呼救？""之前你们夫妻吵过架吗？""天哪，怎么会发生这样的事！"还有"你要母兼父职，好好照顾小孩"的训诲。

这些人的出发点当然是关心，但对处于情绪低潮的她，却造成重大的伤害。后来她看到"来人"，就害怕起来。"我最需要的，是沉默的体谅，但却没有人给我。"她说。

在生活中，我们有时很想帮助别人，但是帮助别人只有好心是不够的。我们还需要一定的生活阅历和体谅别人的能力。即使安慰也是需要技巧的。有时我们太急着给人我们的观念、判断和看法，却忘了输送真正的温暖；太急于知道自己想知道的，却忘了别人的伤口还没好。

换位思考不但需要转换思维模式，还需要一点好奇心来探求他人的内心世界。

真正的换位思考必然是一个"移情"的过程，要从内心深处站到他人的立场上去，要像感受自己一样去感受他人。但不幸的是，许多人的换位思考却缺少了"移情"这一个根本要素。他们或是站在自己的位置上去"猜想"别人的想法及感受，或是站在"一般人"的立场上去想别人"应该"有什么想法和感受，或是想当然地假设一种别人所谓的感受。这样的换位思考，其实仍局限于自己设定的小圈圈之中，绝对无法体验他人真正的感受和思想。

交际氛围定律——营造融洽的氛围有利于交际成功

有一次，一位专家应一个学术会议之邀，做一个讲座。他到了会场才发现，到会的人很少，只有十几个人。他有点尴尬，但不讲又不行，于是他随机应变，说："会议的成功不在人多人少，中国共产党第一次党代会才到了12人，但意义非同小可。今天到会的都是精英，我因此更要把课讲好。"

这句话把大家逗得开怀大笑。这一笑，激活了气氛，再加上专家讲课时充满激情，使得那一次讲座非常成功。

人际交往就如同舞台上的演出，为了演的成功，不仅需要很好的台词、演技，还需要一种看不见、摸不着，却必不可少的氛围。就像电影中，要有背景音乐来渲染气氛。在人际交往的场合，也往往需要营造点氛围，就像润滑剂的作用一样，使交际能顺利地进行下去。

比如，在演出和演讲的现场，气氛就非常重要。气氛热烈，听众、观众爆满，才容易促成演讲或演出的成功。如果没有营造出比较热烈的气氛，显得冷场的话，无论你的演讲内容多么精彩，恐怕也会成为失败的演讲，不能达到很好的宣传效果。而当场面不理想的时候，演讲者或演员如果能像上面故事中随机应变的专家那样，进入角色，投入激情，给听众、观众一个积极刺激，就可以将冰冷的气氛激活。

生活中在许多场合都需要有一定气氛做衬托。有的商人请客或赴约，总

喜欢带一个漂亮的女助手前往，就是为了依靠女人的美丽与温柔，给交际场增添一点情趣，营造一种融洽的氛围。

在交际活动中，如果把交际桌看成是会议桌，气氛就很难营造起来，也无法让对方投入。想让对方投入，一般靠自己的带引。有一种生意人，他们可以在会议桌上非常严肃，非常理智，然而，一旦到了社交场合，却又能放得很开，与人斗酒、唱卡拉OK，开各式各样的玩笑，一副百无禁忌的样子。其实，他是在营造气氛。

生意场的交际活动，既是正式会议的延伸，又不等于正式会议，也取代不了正式会议，然而，它却能起到正式会议所难以起到的作用。在交际场上和会议桌上都能做到应付自如的，才算得上是一个能力比较全面的商人。

气氛也常常由物品来营造。比如春节前夕，人们看到家家户户贴的春联，就会泛起一股欢快感。商家的门面在开张时，总要挂满彩旗，摆满有关单位和亲朋好友、捧场人所赠的花篮(其中许多是自己买或租的，写上别人的名字以显气派)，门口站满花枝招展、披着缎带的迎宾小姐；有的地方还允许放鞭炮，在声、色上造气氛。商家用这种手段就是为了招徕顾客，引人注目，以达到广告效应。其实，婚、丧、嫁、娶仪式，召开会议的宣传，都需要营造相应的气氛。这样除了可以表达自己的某种心情外，更多的是给他人看，起到一种变相的广告宣传的作用。

在两性的交往中，气氛对于男女感情的发展也是很重要的。性心理学告诉我们，一定的色彩、气味、环境或形象、声音，能快速引发人的情欲。一般说来，情侣们都喜欢到幽雅、安静的地方交流，例如选择公园的一个角落，幽静的丛林中，树荫下的石椅或溪边的绿茵草地。因为那里直接接触大自然，让人心旷神怡，容易唤起对生命的热爱和对美好人生的向往，双方可以尽情地倾吐心声。更亲密的情侣，则选择在幽雅的咖啡馆、酒吧或茶艺馆，原因是那里灯光柔和，伴有轻柔、优美的音乐。几杯香茶，几盅葡萄酒或两杯咖啡下肚，会催起一股浓情与爱意。

第2章

心态对了，交际就对了
——社交心理障碍的自我调节

人们往往对自身存在的社交障碍缺乏清醒地认识，因而在社交中难以做到左右逢源。本章将从心理角度来分析常见的社交障碍，以及自我调节和克服的方法。

如何克服腼腆

在人际交往中，拘谨羞涩，眉低脸红，说话声小，表情紧张等特点都可以看作是腼腆的表现。腼腆的人在与他人初次交往时，对谈什么话，怎样保持目光接触，都会感到为难、不自在。他们不善于言表，尤其在人多的场合，咕哝半天也表达不出自己的意思，让人着急甚至引起误解，成为社交的一大心理障碍。

产生腼腆的原因很多：有的人天生胆小内向，性格原因使然；有的人怕在人前出丑，有损自己的面子；有的人受过几回挫折就丧失了勇气，变得谨小慎微起来；有的人持有传统保守思想"言多必失""祸从口出"等。这些原因束缚着人们的言行，造成一些现代人在人前感觉腼腆，无法行动自如的情形。

腼腆的人倾向于认为，社交往来就是他们自己在不时地被别人评价。对社交持这样一种态度，必然会使他们对如何出现在人们面前，既渴望又有防卫之心。

带有腼腆倾向的人，总是在设想着会发生什么意想不到的坏事情。他们在社交中不懂得把握与人共享亲密的良机，也不会有多大的愉快享受。

脸红也是腼腆的常见表现，在各种场合都可以发现爱脸红的人。遭受他人羞辱时，在公共场合出丑时，或受到批评时，腼腆的人烦躁不安、心情沮丧、羞愧难当而变得脸红；在受到表扬时，需要当众发言时或与异性初次见面时，腼腆的人会因为内心的害羞而变得脸红。

作为年轻人，腼腆容易使人丧失进取的机会，失去许多本可以交得很好的朋友，错过上司或老师赏识的可能性，漏掉施展才华、发挥才能的时机等。

如何克服腼腆呢？

首先，要"解放思想"，跟上时代的步伐。抛弃那些封建教条和呆板的古训，要做超脱的一代，成为一个洒脱的人。

其次，在人前鼓起勇气，自我鼓励。只要多给自己壮胆，多给自己鼓劲，随时注意调整好自己的情绪，腼腆就会被制服。"壮胆"不是凭着傻大胆，鼓劲也不是乱鼓一气，而是要在拓展胸襟，开阔视野的坚实基础上，有理有力地去做。

再次，与人交谈时训练自己看对方的眼睛，让人感觉到你是一个坦诚而有自信的人，给人留下良好的印象。

最后，克服腼腆心理的另一窍门就是改变自己与人交谈的方式。通常，腼腆者感觉与人交谈十分困难。研究人员已发现，为了使谈话不至于中止，他们会用"是的，我同意"或"多有趣啊"来敷衍。其实，当人际交流受阻时，可以问些开放性的问题，如"你是怎么形成这种爱好的？"等。轻松随意的话题能够表达你的友好，也可以将注意力集中在对方，而不是自己身上。

所以，只要你有信心、肯努力，就没有跨不过去的障碍，何况仅仅是腼腆的心理呢？如果你是一个在人前感觉腼腆的人，并认为腼腆的确阻碍了你与他人更好地进行交往，成为了你社交的障碍，那么试试上面的良策吧！你会发现克服自己的腼腆心理将变得轻而易举起来。

如何克服嫉妒

嫉妒集中表现为心理上的恶性循环。在一定的环境中，如果某些人在才学、收入、穿戴、成就、人缘关系等方面高于自己时，便会产生一种由羡慕转为恼怒甚至忌恨的情绪，并试图以种种方式中伤、诋毁他人，以维持心理平衡。在攻击方式上，依据个人的心理素质和道德修养程度而定，多以暗中较量、曲折迂回的不公开方式出现。

嫉妒使人们对同事在工作中的成绩和贡献采取贬低、冷落，甚至恶意中伤的态度；对兄弟姐妹受到长辈的宠爱感到不满和愤恨；若是自己容貌欠佳，身材不理想则会对天生丽质者产生无名的嫉妒之火。嫉妒还使人们对恋人或配偶以前的生活经历特别敏感，刨根究底，并对她们的行为及社交圈采取严密的防范措施。这是一种在极端占有欲的情感支配下的行为方式。有嫉

妒心理的人总是企图压倒别人、操纵别人甚至占有他人的感情。然而往往由于自己勇气不足，优柔寡断，能力低下，手段恶劣而事与愿违。于是嫉妒者不得不经常挣扎在不良心境的痛苦漩涡之中。

防治嫉妒心理，首先要认识嫉妒对身心健康造成的危害，心胸要开阔，以诚挚友善、豁达大度的态度与他人相处。其次要知己知彼、正确评价，明了双方长短，学会驾驭感情的激流。再次还要克服自己性格上的弱点。一般来说，虚荣心强、好出风头的人容易产生嫉妒心理；狭隘自私，敏感多疑的人也易产生嫉妒心理；软弱、依赖、偏激、傲慢等性格上的弱点，同样是诱发嫉妒心理的温床。最后要善于化嫉妒为积极进取的动力，奋起直追、不断充实自己，使潜能和特长得到充分发挥。

至于被嫉妒者也不能持与嫉妒者对着干的心理，以牙还牙。对于来自嫉妒者的刺激，应处以冷静态度，有则改之，无则加勉，不受干扰，坚持走自己的路，勇往直前。比如，有一位业余作者，文字能力很强，别人3天的工作，他1天就干完了。因此常利用业余时间写稿，一年稿费收入达十余万元。一些嫉妒之人议论纷纷，甚至向领导进谗言。而他抱定自己利用业余时间创造出精神财富是高尚之举，依然故我。于是嫉妒者不仅诽谤，还在他办公室贴字条讽刺说："不务正业，给报屁股写文章，1年成为百万富翁……"这位作者看后用红笔批示："已阅。1年成为百万富翁是去年的事儿，今年已成倍地增长了。"这招真灵，非议之言随即销声匿迹了。

嫉妒心理人人有之。积极型的嫉妒是事业成功的动力，而消极型的嫉妒则是滋生邪恶的因素。这已被无数事实所验证。这两种效应若处理得好，会使自己事业有成，得到社会的承认；处理得不好，会使自己遭人唾弃。所以说，如何正确对待嫉妒，对一个人的成功与否至关重要。嫉妒很容易使人心理上失去平衡，实际上，与其嫉妒别人的成就，不如自己去努力争取。

如何克服猜疑

罗贯中的《三国演义》中有这样一段描写：曹操刺杀董卓败露后，与陈宫一起逃至吕伯奢家。曹吕两家是世交。吕伯奢一见曹操到来，本想杀一头猪款待他，可是曹操因听到磨刀之声，又听说要"缚而杀之"，便大起疑心，以为要杀自己，于是不问青红皂白，拔剑误杀无辜。

这是一出由猜疑心理导致的悲剧。猜疑是人性的弱点之一，历来是害人害己的祸根，是卑鄙灵魂的伙伴。一个人一旦掉进猜疑的陷阱，必定处处神经过敏，事事捕风捉影，对他人失去信任，对自己也同样心生疑窦，损害正常的人际关系，影响个人的身心健康。有猜忌心理的人，往往爱用不信任的眼光去审视对方和看待外界事物，每每看到别人议论什么，就认为人家是在讲自己的坏话。猜忌成癖的人，往往捕风捉影，节外生枝，说三道四，挑起事端，其结果只能是自寻烦恼，害人害己。

导致猜疑的原因主要与个人的一些特点有关。

（1）有些人在某方面自认为不如别人，但自尊心过强，因而总以为别人在议论自己、算计自己、看不起自己。越想越认为是真的，陷入猜疑怪圈而无力自拔。

（2）还有些人以往比较轻信别人，总是把他人视之为知己，容易很轻易地说出自己的秘密，但却常遭到他人的欺骗，从而蒙受巨大的挫折和失败，结果导致很强的防御心理，不愿再信任他人，遇到什么事情都要怀疑再三。

猜疑似一条无形的绳索，会捆绑我们的思路，使我们远离朋友。如果猜疑心过重的话，就会因一些可能根本没有或不会发生的事而忧愁烦恼、郁郁寡欢；猜疑者常常嫉妒心重，比较狭隘，因而不能更好地与周围的人交流，其结果可能是无法结交到朋友，变得孤独寂寞，对身心健康都有危害，因此需要加以改变。

克服猜疑心理的方法如下所示。

（1）理性思考，不要无端猜疑。当发现自己生疑时，不要朝着有利于猜疑的方向思考，而应问自己：为什么我要这样想？理由何在？如果怀疑是错误的，还有哪几种可能发生的情况？在作出决定前，多问几个为什么是有利于冷静思索的。

（2）发现自己的优点，增强自信心。每个人都不是十全十美的，都有自己的优点和不足。不要只看到缺点而灰心丧气，更重要的是发现自己的优

势，培养自信心和自爱心，相信自己有能力，会给他人一个良好印象的。

（3）增强对自我的调节能力。一个人在人生旅程中，难免遭到别人的议论和流言。如果别人对自己有看法，不必放在心上。但丁有一句名言："走自己的路，让别人说去吧。"要善于调节自己的心情，不要在意他人的议论，该怎样做还是怎样做，这样不仅解脱了自己，而且产生的怀疑也烟消云散了。

（4）加强交流，解除疑惑。有些猜疑来源于相互的误解，如果是这种情况的话，就应该通过适当的方式，两人坐下来交流。通过谈心，不仅可以使各自的想法被对方了解，消除误会，而且还可以避免因误解而产生的冲突。总之，我们必须做到实事求是，理性思考，才能从猜疑枷锁中解脱出来。

如何克服偏见

我国古代有一则寓言，说的是有一位农夫失落了一把斧子，他开始怀疑是隔壁人家的儿子偷的，在这种心理支配下，他觉得那人走路的样子，说话的声调，脸部的表情和平常人都不一样，很像偷了东西的人，后来，他自己的那把斧子找到了，于是再留心观察隔壁人家的儿子，觉得他的一言一行，一举一动，脸部的表情又都不像一个偷斧子的人了。

偏见是由于对他人或其他群体缺乏事实根据的、偏执于某一极端的、不符合事实的认识而产生的结果。偏见的特征是以有限的或不正确的信息来源为基础，因而对一些人的看法往往是捕风捉影的，道听途说的，人云亦云的。有偏见的人，看人处事容易走极端，往往"抓住一点，不计其余"，如果说某个人好，就是什么都好，如果说某人不好，就是一无是处。偏见使人囿于自己的一孔之见，使人用有色眼镜看问题，使人懒于思索问题、拒绝接受新的东西，使人难于得出正确的判断和结论，使人越来越无知和愚昧……总之为偏见缠身的人们，是很不容易理解他人的，不管对方是不是具有美好的愿望和善良的动机。

那么，怎样克服偏见呢？

（1）避免先入为主。前面提到的那位农夫，先入为主地怀疑别人偷了他的斧子，于是"真的发现"在他身上有许多疑点。其实这些疑点只不过是农夫自己主观想象的结果，而并非是真的事实。如果有些人平时在人际关系中总是喜欢道听途说，靠印象做判断，就难免要陷入"先入为主"的泥潭，对他人形成偏见。

（2）避免"循环证实"。有些人对他人的偏见十分强烈，而且这种偏见一旦形成后，久久不能消除，还自认有许多"理由"，究其原因是受了"循环证实"的影响。所谓"循环证实"，就是心理学上所说的"互动"效应，即你对某人抱有反感，久而久之，对方也会对你产生敌意，于是，你就相信自己最初的判断是正确的。反感对反感，敌意对敌意，两人的偏见和隔阂越来越深。遇到这种情况，自己应首先主动理智地改变偏执的态度和行为，切断偏见的"恶性循环"。

（3）增加直接接触。许多偏见往往是由于彼此间缺乏开诚布公的交谈接触而形成和产生的。要克服偏见，就必须跨越敌意和不信任的心理障碍，加强直接接触，不管你是喜欢还是不喜欢。

（4）提高知识修养水平。可以说，偏见是无知和愚昧的产物。一个人知识修养水平越高，观察和分析问题的能力越强，偏见越少。反之，则容易受流言蜚语、道听途说的愚弄，而对人形成偏见。

如何改变消极思维

希腊哲学家伊皮克特德说："使人不安的不是事物本身，而是人通过这事物作出的结论。"消极思想和情感对人的影响比人意料的还要大。它使思考停滞，对自身产生怀疑，使人不能安眠、人际关系变得复杂。

在人际交往和日常生活中有消极思想的人常常会表现在以下几个方面。

一、反正也干不好，不干就算了

总是倾向于将事物的前景预料得很糟。有消极思想的人注意力习惯于集中在冒险几率上而非机遇，这似乎也可以说明人们为什么不会对成功念念不忘，而总是对失败耿耿于怀。

二、如果我能……就好了

不仅仅为未来而无端的忧虑，还总是为过去的失败和失意的阴影所笼罩，固执地独自沉浸其中，所以总是难于忘却伤痛。

三、我还不够好

在越来越功利的社会里，自我怀疑、胆怯和自卑情绪泛滥，这些情绪使成功的人也不免会产生嫉妒。每个人都希望有用武之地，永远将自我最完美的一面呈现在别人面前，希望成功，被重视、有运气。这些美好的向往使人们笃信媒体展现给他们的偶像：聪明、漂亮、处变不惊，其实这种状况不仅是不现实的，也是非常不人道的，这种无休止的攀比和追求只能带来无尽的失望和自我贬值。

四、人性非常丑恶

人们常将自己与他人的不愉快相处的情景广泛化、扩大化，这样一来会使人们在与他人的再次接触中有了先入为主的坏印象。

有消极思想的人，无论成功或失败，总会暗地里存在一种否定性的思考。这种思考方式往往会影响人们的判断能力。我们必须根除掉深藏于我们内心的消极思想。

连续6年保持世界销售第一记录的夏木志郎先生，曾经说过这样一段话："每当到了傍晚6点钟时，我就把今天过去了的一切失败忘掉，否则，对于明天的生意是会有所妨碍的。在清早起来的时候，嘴里也一定说'今天真是个好日子'；踏入办公室前，就想一些过去成功的事情；在与客户接洽的过程中，脑子里便浮现出与对方顺利签订契约的情景来。"

当你心目中有了一个对自己彻底肯定的信念时，和对方交涉的成功率必然很高。在你与人交涉的时候，千万不要尽想那些曾遭失败的事情，要尽量用肯定语来代替否定语并不时地激励自己。在人际交往中充满自信，对进行成功的社交活动是至关重要的。

如何远离社交恐惧症

生活当中，人们不可避免地要与各种各样的人打交道，而社交是展示风采的重要方面。例如，和重要人物交谈；在公众场合发表你的观点；出现在谈判、酒会、晚宴等各种社交场所。有些人常常不由自主地退却，或硬着头皮去了，却因表现失态而让好机会白白溜走，于是懊恼、后悔，可当下一个机会出现的时候，他们又开始胆怯、犹豫、心慌、手颤。久而久之，他们的自信心在一次次窘态中消耗殆尽。

这就是我们通常所说的社交恐惧症。特别对于许多刚离开家门步入社会的年轻人来说，结交新的朋友，融入他人的社交圈子是一种心理上的挑战。一开始总有一些手足无措的感觉，不知道怎样做才能和大家打成一片。

例如，小李刚从大学毕业，分到一个机关办公室工作，每天坐班，要和自己并不熟悉的人和事打交道。工作还好办，和人交往他就有些发憷。看到别人在业余时间有说有笑，打牌聊天，好不热闹，而自己却形单影只，和别人无话可说，索然无味。他真羡慕那些"自来熟"的人，而自己怎么就做不来呢？

人的社会性决定了人都有和别人交往的需要，否则就会有孤独、寂寞、抑郁、焦虑等不良情绪。可是，人的交往能力并不是生来就有的，是在后天环境熏陶和有意识地培养下产生出来的。远离社交恐惧，我们可以采取以下几种积极的方法。

（1）不否定自己，不断地告诫自己"我是最好的""天生我材必有用"。

（2）不苛求自己，能做到什么地步就做到什么地步，只要尽力了，不成功也没关系。

（3）不回忆不愉快的过去，过去的就让它过去，没有什么比现在更重要的了。

（4）友善地对待别人，助人为快乐之本，在帮助他人时能忘却自己的烦恼，同时也可以证明自己的价值存在。

（5）找个倾诉对象，有烦恼是一定要说出来的，找个可信赖的人说出自己的烦恼。可能他人无法帮你解决问题，但至少可以让你发泄一下。

（6）每天给自己10分钟的思考，不断总结自己才能够不断面对新的问题和挑战。

（7）到人多的地方去，让不断过往的人流在眼前经过，试图给人们以微笑。

如何战胜孤独

孤独的人常常独自生活，很少朋友，也很少进行社交活动。他们害怕社交风险，往往在交际中感到消极。

人人都有感到孤独的时候，但并不是人人都可以战胜孤独。有些人的孤独是内在而稳定的。他们面对孤独无能为力，束手无策。而有些人的孤独则是外在且可以控制的。这些人只是在某些特定的时间里感到莫名的孤独。他们相信自己能够驾驭它，并能积极地做些排除孤独的事情。

真正的孤独，往往存在于那些虽然进行着人与人之间的接触，却没有情感和思想交流的人们之中。事实上，不管你是置身于人群，或是独处一室，只要你对周围的情况缺乏起码的了解，与你身处的世界无法沟通，你就会体会到孤独的滋味。

孤独一般有两种类型：其一是情绪性隔绝，指孤独者不愿意与周围人来往；其二是社会性隔绝，指孤独者不具有朋友或亲属的关系网。

孤独产生的原因多而复杂，比如事业上的挫折，缺乏与异性的交往，失去父母的挚爱，夫妻感情不和，周围没有朋友等。此外，孤独的产生，也与人的性格有关。比如有的人情绪易变，常常大起大落，容易得罪别人，因而使自己陷入一种孤独的状态；还有的人善于算计，凡事总爱斤斤计较，考虑个人的得失太重，因此造成了人际交往的障碍。

孤独对人体健康有很大的危害。据统计，身体健康但精神孤独的人在10年之中的死亡数量要比那些身体健康而合群的人死亡数多1倍。人的精神孤独所引起的死亡率与吸烟、肥胖症、高血压引起的死亡率一样高。

心理学家发现，孤独者的一些行为，常常使他们处于一种不讨人喜欢的地位。比如他们很少注意谈话的对方。在谈话中只注意自己，同对方谈得很少，常常突然改变话题，不善于及时填补谈话的间隙等。心理学家指出，如果孤独者受到一定的社交训练，如学会如何注意与对方谈话后，他们的孤独感就会大为减少。

所以，孤独是可以改变和战胜的。战胜孤独有哪些方法呢？

第一，多与外界交流。每个人都有表达自己思想感情、内心感受的需要。独自生活并不意味着与世隔绝。一个常年在山上工作的气象员说，他的身边没有人可以倾诉，但他感到有必要把自己的思想告诉家人，所以他就用写信来满足了自己的这一要求。

第二，多与快乐的人相处。人的性格会受周围环境的影响，经常与开心的人们在一起，你会自然而然地受到他们的感染，产生"近朱者赤"的效应。慢慢地，你就会敞开自己的心扉，变得快乐起来。

第三，"忘我"地与人交往。与他人相处时感到孤独，有时会超过一个人独处时的10倍，这是因为你和周围的人格格不入。例如，你到一个语言不通的地方，由于你无法与周围的人进行必要的交流，也无法进入那种热烈的情感中，所以，你在他人热烈的气氛中会倍加孤独。因此，在与他人相处时，无论是什么样的情境下，都要做到"忘我"，并设法为他人做点什么，你应该懂得温暖别人的同时，也会温暖自己。

第四，享受大自然。生活中有许多活动是充满了乐趣的。只要你能够充分领略它们的美妙之处，就会消除孤独。如：有些人遇到挫折，心绪不好，但又不愿与别人倾诉时，常常会跑到江边或空旷的田野，让大自然的清风尽情地吹拂，心情就会逐渐开朗起来。

第五，确立人生目标。现代人越来越害怕自己跟他人不一样，害怕在不幸时孤立无援，害怕自己不被人尊重或理解。这种由激烈社会竞争导致的内心恐慌，无疑使一些人越来越孤独，心灵也越来越脆弱。那么要克服这种恐慌与脆弱，必须为自己确立一些人生目标，培养和选择一些兴趣与爱好。一个人活着有所爱，有追求，就不怕寂寞，也不会感到孤独。

如何克服社交中的庸俗习气

在生活作风方面，庸俗习气是社交的大敌。

第一种庸俗习气是吃吃喝喝。有一种说法："朋友，朋友，抽烟喝酒。"朋友凑在一起，就是吃吃喝喝。一喝起酒来，便一醉方休，一高兴起来，便划拳行令，甚至酗酒闹事，醉卧大街。固然，朋友交往少不了必要

的宴请，如某人升学、参军等活动大家聚在一起，举杯话别，相互勉励。但是，动辄吃喝则是一种庸俗的习气。还是古人讲得好："君子之交淡若水""友如作画须求淡"。

第二种庸俗习气是玩玩闹闹。朋友在一起玩玩闹闹，也是正常的，有害于友谊的是那种庸俗的玩乐。何谓庸俗的玩乐？可以从这样几个方面看：首先，为什么要玩乐。如果把友谊同玩乐画等号——朋友之间就是为了在一起玩乐，那就是庸俗的习气。如果把玩乐放在从属的地位，朋友在一起玩玩，是为了调节一下气氛，为了休息一下筋骨，交流一下信息，这是正常的、有益的。其次，用多少时间玩乐。如果对打扑克、下棋、跳舞等娱乐活动入了迷，一玩起来就什么也不顾了，甚至通宵达旦，影响了第二天的工作，那就不好了。

第三种庸俗习气是沉溺于玩乐。在工作之余，朋友们登山、游泳、欣赏音乐……这种玩乐可以开阔视野、陶冶情操、锻炼意志。这与学习、工作的关系，犹如土地的轮作一样，是必要的、有益的。若是沉湎于不健康的活动里，如赌博、斗殴、寻衅等，就是不正常的、有害的。社会主义精神文明建设的逐步完善，为我们开辟了业余生活的广阔天地，我们应让高尚的情趣占领我们的业余园地，从中汲取健康的养料和丰富的知识。

第四种庸俗习气是闲聊扯皮。谢觉哉同志在《交朋友的道理》一文中指出：朋友相聚，不谈工作、不谈学习、不谈政治，只谈些个人间私利私愤的事，这叫做"群居终日，言不及义"。有的人正是这样，聚在一起专谈一些庸俗的生活小事：谈女人，说脏话；讲吃讲穿，比派头，比阔气；互相奉承，比赛吹牛；海阔天空，不着边际，玩笑庸俗，打哈取趣；拉三扯四，搬弄是非……正常的友谊，就要被庸俗的闲聊扯皮蚕食掉了，朋友变成了"帮闲"。

怎样杜绝社交中的轻率态度

有的人对社交持一种极其轻率的态度，动不动就要与朋友绝交。朋友是应该珍惜的，不应该弃之如敝屣。

轻率的绝交，本身说明了择友的轻率。得来的太容易了，失去的就容易。信手可以拾起一块石头，必然会毫不顾惜地随意把它扔掉。人们总是加倍珍惜来之不易的东西，沙里淘金，千筛万淘，所以人们格外珍重黄金。如果见人就是朋友，又怎么能不随时抛弃朋友呢？实际上，黄金的可贵，除了稀少、难得外，根本还在于它本身的价值。正如黄金一样，朋友也是极其可贵的，应该像爱护自己的眼睛一样爱护友谊。友谊同健康一样，当人们失去它的时候，会更感觉到它的宝贵。作为一个健康人，对自己健全的肌体并不感觉到怎么样，并没有骄傲和自豪之感。可是，他一旦失去了健康，便会深深地体验到，健康是多么宝贵，健康人多么值得骄傲和自豪！友谊也正是如此。与朋友朝夕相处，并不觉得怎么样，一旦失去了友谊，就会倍感失掉的东西的可贵。特别是当你遇到困难、挫折，遭到讽刺、打击的时候，你就失去了往日朋友的理解、安慰和鼓励，你会感觉到孤立无援的悲哀。当你身处友谊温泉的时候，请你珍重它吧。固然，我们并不一概反对绝交，但在有的情况下，必须当机立断，迁就姑息，犹豫不决，反而错了。例如，朋友成了敌人，就必须与之一刀两断。总之，我们结交朋友，对待友谊，应以有利于国家、人民的利益，有利于个人健康成长为目的。

如何控制社交中的情绪波动

人的情感似遥控器一般控制着人的言谈举止，外在的表现自然就是表现出的或喜、或悲、或乐、或愠的情绪了。它就像是人的另外一张面孔。良好的情绪状态让你显得自信，是保证社会交往活动正常进行的必备条件。得体的举止、情绪稳定，似迎面春风让人感到易于接近、容易沟通；反之，完全不能自制的情绪必然成为社交的绊脚石，没有人愿意靠近一个喜怒无常的人。因而，在社交中应当谨记以下几点。

一、切勿急躁冲动

一方面，你以什么态度待别人，别人就会以相同的态度反击你，这不利于问题的解决。另一方面，急躁冲动容易打乱人的正常思维，不利于正确地

解决问题。在日常的社会交往活动中，我们会遇到千奇百怪的事情，出现各种各样的矛盾、各种各样的问题。遇到问题时，要善于控制情绪，如果失去控制、矛盾会更尖锐。所以不管遇到多恼火的事，情绪要冷静、镇定，才能处理好矛盾。

二、切勿故作深沉

人际交往是一种思想交流活动，本该真诚相待，畅所欲言。如果深藏不露，叫人觉得有点道貌岸然；如果与人相处，处处不露心迹、守口如瓶，那么会让人觉得你不可捉摸，不可思议，无形中拉远了心理距离。

三、切忌喜形于色

表情上眉飞色舞、洋洋自得，还对别人的事评评点点、指手画脚，只会引起别人的反感，损害自己的形象和威信。与人交往，应保持一种平常的心态，不能面无表情，但也不能取得成绩或有高兴的事时，沾沾自喜，得意忘形。

总之，遇到任何事都要保持一种平和心态，喜怒哀乐要表现得自然，不做作。分寸一定要有所把握，否则只能给人一种喜怒无常的印象，最终，只得自食苦果。

第3章
看穿他人小心思，掌控交际主动权
——瞬间读懂、掌控你周围的人

文学名著《红楼梦》中说："人情练达即文章，世事洞明皆学问。"也就是说，在作者曹雪芹先生看来，"人情练达"和"世事洞明"是要像写文章、做学问那样用心学习和磨砺才能实现的境界。从社交心理学的角度来看，这两者是有关联的：人情练达可以说是社交活动追求的效果，而世事洞明却是做到人情练达的前提，或者说是手段。因为，你要想在社交活动中得到别人的信任、欣赏和支持，你就必须了解别人的心理需求、心理波动、性格特点、喜好兴趣等，而这都包含在"世事洞明"的学问之中。除此之外，在社交活动中，"害人之心不可有，防人之心不可无"，要能够识别交际对象中的小人，防范受人利用和欺骗。

社交高手必善体察人心

　　在我们生活的这个世界上，无论哪行哪业，只要存在着人与人之间的交往，就离不开对人的心理的体察。政治家往往是揣摩心理的高手，而商人为了得到顾客的欢心则更是绞尽脑汁。即使是我们普通人，大到为了成就一番事业，小到为了防止吃亏上当，也都要对人类心理的基本规律有一个基本的掌握。

　　然而，人类的心理是一个非常精细微妙而又复杂多变的东西。说它精细微妙，是指它深藏于人的内心之中、潜伏于各种假象之下，变化细微而令人难以察觉。而且，在许多时候，某种心理感受不仅外人难以把握得住，就连这个人本人可能也不很明白。比如说第一印象这种现象，其实它完全是凭借一个人的主观感觉，没有人能说得清为什么在对对方的情况缺乏任何了解的情况下就会产生某种好感或恶感。但是，第一印象在人际交往中却往往具有至关重要的作用，有时甚至能决定人的命运。此外，人的心理又是复杂多变的，即它始终是处于一种瞬息万变的状态，并且，其变化的原因及作用机制很难被我们清楚地掌握。

　　很多人之所以在社交中吃亏上当或者无所作为，很多时候是因为对人的心理的理解是比较单一的。他们看不到人在不同的环境之下可能会有不同的心理表现，产生不同的心理感受。他们往往把复杂的、多样化的心理活动简单化、单一化，用同一种方式去应对不同的情况和不同的人，不懂得根据对方的心理变化来调整自己的语言和行动。由于他们不懂得顺应对方的心理、争取对方的好感，因此就不能够利用对方的心理、获得对方的支持。这种以不变应万变的心态，就好像是要用一把钥匙打开所有的锁。这一点事实上就连对门锁有着精深了解的神偷也做不到。

　　很多人在心理上往往还有这样一个误区，即认为体察别人的心理变化是"琢磨人"，是一件不光彩的事情。这其实是一种托词，用以掩盖自己的懒惰和无知，因为体察人心毕竟是一件很费时费力、很费头脑的事情。至于说体察人心是一件不道德的事，就更站不住脚了。事实上，古今中外的伟人大多是体察人心的行家，精于了解他人心理，构成了他们伟大魅力的一部分。

熟悉和掌握他人的心理变化，不仅可以因势利导，更可以化害为利。如果你不能学会了解人心、体察人心，那么就不可能改变自己不尽如人意的社交现状。

培养在社交中观察人的能力

大侦探福尔摩斯破案的故事，已广为流传，脍炙人口。形形色色、离奇古怪的复杂疑案，一经福尔摩斯的侦察分析，蛛丝马迹毕现，真相大白。在作家柯南·道尔的笔下，福尔摩斯完全是一个学识渊博、观察力非凡的人。

有一次，福尔摩斯同他的助手华生同时鉴别一块刚刚得到的怀表。华生的鉴别仅仅停留在怀表的指针、刻度的设计和造型上，不能发现一丝线索。而福尔摩斯凭借手中的放大镜，看到了表壳背面的两个字母、四个数字和钥匙孔周围布满的上千条错乱的划痕。经过周密的思考，福尔摩斯认为：那两个字母表示主人的姓氏；四个数字是伦敦的当铺的当票号码，表明怀表的主人常常穷困潦倒；而钥匙孔周围布满的上千条错乱的划痕，则说明怀表的主人在把钥匙插进孔去给表上弦的时候手腕总是在颤抖，因而这个人多半是个嗜酒成性的醉汉……

福尔摩斯在破案过程中，没有顾及这只怀表的新旧程度和价值，而是紧紧抓住那些与案件有本质联系的细节，进行深入细致的观察。观察是一种有目的、有计划、有步骤的知觉。它是通过眼睛看、耳朵听、鼻子闻、嘴巴尝、手摸等去有目的地认识周围事物的心理过程。在这当中，视觉起着重要的作用，有90%的外界信息是通过视觉这个渠道进入人脑的。因此，也可以把"观察"理解为"观看"与"考察"。

一个人的观察能力与他的知识、经验以及职业兴趣有着密切关系。对于同一块怀表，福尔摩斯之所以能够比华生看到的更多，理解得更深，一下子就能抓住那些不大明显，然而却是本质的特征，正是因为他们有着不同的知识和经验。

我们每天都需要与人进行交流，掌握准确的观察他人的方法，可以使你进一步把握好人际交往中的微妙关系，从而在芸芸众生中脱颖而出，成为社交活动中的焦点人物。

人的观察能力是可以培养的，那么怎样培养自己的观察能力呢？

第一，要有明确的观察任务。在确定任务的时候，可以把总任务分解为一系列细小的和逐步解决的任务。这样可以避免知觉的偶然性和自发性，提高观察的积极主动性。

第二，观察的成功与否主要依赖是否具备一定的知识、经验和技能。俗话说："谁知道的最多，谁就看得最多。"一位富有学识的考古学家，能够在一片残缺不全的乌龟壳（甲骨）上，发现不少重要而有趣的东西，而一个门外汉，却一无所得。

第三，观察应当有顺序，有系统地进行。这样才能看到事物各个部分之间的联系、关系，而不至于遗漏某些重要的特征。

第四，要设法使更多的感觉器官参与认识事物的活动。这样，不仅可以获得事物各方面的感性知识，而且所得到的印象也是深刻的。

第五，观察时应当做好记录。这不仅对于收集和整理所观察到的事实是十分必要和有益的，而且也是促进准确观察的宝贵方法。

听其言、观其行、察其心

心有所思，口有所言。通过语言这个窗口，可以窥视人的内心世界，而社交正是在不同思想支配下的语言交锋。因此，通过语言把握对方思想活动的脉搏，自然是获取人际交往胜利的关键。与察言同样重要的还有观色，考察对方的举止神态，有时能捕捉到比语言表露得更为真实的微妙思想。因为许多举止神态的变化都是下意识的。在某一瞬间，它们可能完全不受主观意识的控制。

心理学研究证明，外界事物对人大脑的刺激，往往会使人体内部某些相应组织的机能在一个短时间内出现异常现象。也就是说，人的喜怒哀乐，不仅是通过口头语言，在更多情况下是通过人的肌体来表现的。

此外，由于个性差异，每个人的思想和感情的流露，又多包含在一种与众不同的习惯性动作、神态当中。在论辩过程中，善于从两个方面洞察对方，那么，你就算成功了一半。尽管心理学为我们揭示了人的思想感情活动在人的肌体上的一般特征，但是，仅仅了解这一点，就想在社交中准确无误地把握对方，显然是不够的。我们应该看到，人不仅具有自然属性，而且具有社会属性。其表现之一就是人具有一种自控能力，即对言谈举止的制约和支配，这种能力对于那些政治家、外交家和社交人员尤为重要。

一、含而不露

社交活动是唇枪舌剑的较量，一般来说论辩双方出现起伏不定的情绪是很自然的，但是对于某些经验丰富的人来说，却可能自始至终地保持着一种镇定自若、温文尔雅的姿态，看上去既不激动，也不冷漠，而是彬彬有礼。你不能说他对你的问题或陈述不感兴趣，可你又看不出他真正的兴趣所在。当你讲话时，他可能笑容可掬地看着你，给你一种好感，而心里却在想着另一个问题。

在社交中，你不能轻易地认为表情温顺的人一定是好人，而应该看到他的另一面。你也不能轻易地认为表情生硬的人不怀好意，而应该看到他很可能有一颗善良的心。总的来说，一个人的言与色或表与里可能是统一的，也可能是矛盾的。这一点，我们不能小看。

二、欲藏故露

就一般情况而论，社交双方总是要尽力克制和掩盖自己情感的外露，留给对方的印象越是神秘莫测，成功的可能性就越大。

事实上，任何人的言谈不可能毫无破绽，绝对的无懈可击是不可能的。有人会利用对方的心理，采用欲藏故露的方法，打一场主动的防御战。你不是在捕捉他神情的变化吗？他索性逆水行舟，将那些按常理本应加以掩饰的神态，赤裸裸地呈现在你面前，将你推向一种惊异、迷惑、犹豫不决的境地，使你无论如何也不敢相信这一切竟是那样千真万确。

三、察言观色

人们的言与色有时是简单外露的，对它的体察是容易的；有时是复杂隐

蔽的，对它的体察就比较困难。一般来说有以下几点应注意。

首先，性格定向和语言定位。社交中的察言观色，说到底是对对方言谈举止、神态表情的微妙变化及其含义进行捕捉和判断，是一个"由表及里"的过程。

性格定向和语言定位，是这个过程的第一步。

性格定向就是通过对其表情、言语、举止的观察分析，掌握其性格类型。你可以甩出一两个对方很敏感的问题，静观一下他的反应方式和程度。值得注意的是，这种观察一定要细致入微，千万不要因为对方看上去似乎毫无反应，就断定他是傻瓜。正如看了悲剧，有人流泪，有人木然，你不能说木然的人就没有被感动。在摸透了对方性格类型之后，就要设法捕捉最能反映他思想活动的典型动作和典型部位，也就是"语言点的定位"。眼、手、腿、脚，身体每一部位的肌肉，都可能是"语言点"的所在。

有些现象的含义人们是很清楚的。如腿的轻颤，多是心情悠然的表现；双眉倒竖，双目圆睁，是愤怒的特征；而微蹙眉头，轻咬嘴唇，则是思索的含义。另外还应该特别注意对方的手，尽管许多人可以巧妙地掩饰许多东西，但还是存在一些普遍性的动作。如愤怒时握紧双拳，或是将纸烟、铅笔之类的东西捏坏，甚至可能两手发颤；兴奋紧张时，双手揉搓，或者简直不知道该把手放在什么地方；思索时，手指在桌面、沙发扶手、大腿等地方有节奏地轻敲；等等。

其次，抓住"决定性瞬间"。任何一个人，对自己神情的掩饰，都不可能达到绝对的滴水不漏。关键问题是，在对方错综复杂的神情变化中，你能否准确判明哪一个变化是有决定性的。对于机智的人来说，其弥补失误的本领也是异常高超的。他不可能让你长时间地洞悉到他的破绽。因此，时机对你非常宝贵。至于究竟什么才是这种"决定性瞬间"的具体显现，怎样才能将其判明并抓住，那只能具体情况具体分析，凭借你的经验和感觉来定夺，无固定模式可循。

最后，主动探察。察言观色，不能理解为被动式的冷眼旁观。事实上，主动进攻，采用一定的方式、手段去激发对方情绪，才是迅速、准确把握对方思想脉络的最佳途径。这里包括以下几点。

一是闲谈探底。即在触及正题之前，漫无边际地谈些与正题无关的话，目的在于观察对方的兴趣、爱好、习惯和学识等情况，如果对方感到厌倦，那么你的漫谈还可起到扰乱其心绪的作用。

二是施放诱饵。你可以若有若无地用一些对对方具有吸引力的话题，判断出对方的心中听想，摸清对方神情变化及心理活动的一般特点和语言点位置。

三是激将法。你可用一连串的刺激性问题，攻击对方，使其兴奋，进而失去对自己情绪的控制；你还可以作出一些高傲、看不起对方的姿态，对他的自尊造成一种威胁，激发他的情绪。

四是逆来顺受。当你没有吃透对方的脾性时，在不违反大原则的情况下，不妨先逆来顺受，等待对方暴露更多的信息，你再对症下药，对方自然会心悦诚服地接受你。

如何从细节观察男人——读懂男人的行为与体态

◎三种距离看男人

一、远距离看男人

站在百米之外，冷冷地看，悄悄地看，最好是他看不到你，你却能观察到他。看他走路的姿态，看他骑车的样子，看他路遇不平的步法。如果天上下着小雨，看他是不是马上躲避；如果前面有贼，看他是不是会逃避；路边放个钱包，看他会不会看看周围没人马上偷偷拾起；身边来个盲人，看他会不会牵住盲人的拐杖送盲人走过危险。如果你有心，你就能看到一个男人的气质，看到他是不是你的理想交友对象。

二、中距离看男人

站到10米之外，默默地看，静静地看。看他衣服的颜色，是新潮还是传统；看他读书的样子，是张皇还是专一；看他受委屈后、遇到困难时的神态；看他的吃相，看他的醉态，看他上网游戏的痴样；看他观察女人的神态，是惊鸿一瞥还是盯着不放。如果你有缘，你就能看出一个男人的内心色

彩、城府肚量，感觉到一个男人的力量。

三、近距离看男人

站在1米左右，真实地看、热切地看。与他做一次关于爱情与事业的谈话，与他共唱一首浪漫的歌。与他走过一段荆棘丛生的山坡，看他划破双手，是不是还在护着你的身体；与他共涉一条不知深浅的小河，看他有没有皱眉，有没有牵着你的手臂。如果你真的有心，就能看准什么样的男人只适合做你的朋友，什么样的男人应该成为你的爱人。男人外表雄赳赳，但在女人面前展览情感，瞬间就会变得软弱非常。他会把生死交托在女人手上，随女人的心思左右。

◎ 如何从举止看男人

要想了解一个男人，除了不惜花费时间和他倾谈，了解他的为人之外，从一些简单的、非语言性的细节处也可透视他。心理学家迈尔·布洛博士曾说过："仅通过解读他的衣着和行为，你就可以十拿九稳地确知他的本性。"

男人既是永远长不大的小孩，又是圆滑精怪的世故老人。但是透过他的举止，却可以看到真相。

一、满嘴时髦话的男人

经常在公众场合，如饭店、地铁见到这样的男人：他们满腹经纶，滔滔不绝，从美国大选到伊拉克战争内幕，从股票走势到演艺圈绯闻，无所不知，一网打尽。此时，他的听众里一定有一位姿色还算过得去的女人，这是他演说的激情动力。这样的男人即便与你单独相处，可能给你发言的机会也不会多。他时时处处要使自己处于中心，他忍受不了自己甘作听众。其实，这样的男人活得很累，而且从内容来说，除了他嘴上说的，肚里不会再有更多。

二、斤斤计较的男人

曾经有一位朋友说过这么一个故事，说她的前任男友不缺钱、有学问，家境也不错，唯一的缺点就是太过斤斤计较。比如两人去外面吃饭，买单时核实价格当然不能算错，但他太有心机。他明明有那家饭店的贵宾卡，但买单时，他并不出示，而是要等到账单来时再拿出来。他说先出示的话，折扣就是假的了。买生日礼物，他会穿越整个城市，跑上无数商店，货比三家，结果只为了花费区区一两百元。这位女友最后忍无可忍，考虑再三，还是了断了与他的3年恋情。她说，没钱精打细算情有可原，有钱再斤斤计较那就是品质有问题了，而且这种品质无法改造。

三、凡事挺身而出的男人

男人不爱你很可恨，但反过来如果男人过分爱你，那也很讨厌。这样的场面大家都不陌生：车站上人满为患，车来了，一些男人身先士卒，勇猛无比抢在前头，为的是为女友抢得一个座位。胜利后他们用喜悦的神情看着女友，傻女人可能认为理所当然，有眼光有头脑的女人则应嗤之以鼻了。这类不讲公德，缺乏起码做人品质的男人还是早早避开的好，结婚后，翻脸不认人的往往也会是这种人。

四、油嘴滑舌但富爱心的男人

有些男人很调皮，他们很会讨女人喜欢，甜言蜜语时刻准备说给你听，时髦的东西时刻准备为你送上。在一般人眼中这些人是典型的花花公子，但也不一定。这样的男人你要细加观察和分辨。

F君是一家公关公司有名的"小滑头"，见谁惹谁，特别是女人。弄得公司里的女人对他爱恨交加。有一次，公司的文秘带着自己两岁的女儿来公司，竟让F君喜欢得不得了。此后，F君不断地为小女孩买东西。他说他准备不结婚，就等小女孩长大后嫁给他。再以后，文秘离婚，说若再婚，非F君不嫁。此时，F君竟满脸绯红。大家这才发现F君油滑的外表底下其实有一颗宝贵的爱心。

现代社会的男人就是这样，有点爱吹嘘，有点爱虚荣，有点要滑头，但吹嘘中也许藏着真实的一面，虚荣中也许含着进取的一面，滑头中也许透着机灵的一面，在一番雾里看花之后，关键是要看清其内涵。

◎如何从衣着看男人

如果你要观察和评判一个男人，除了前面所讲的从观察他的行为举止入手之外，不妨透视以下几个穿着外表上的"窗口"，也许就会从中得到你所想知道的东西。

一、男人的鞋

从男人的鞋就可看出他是否有很强的信心，以及他是否在乎细节之处。爱鞋的男人一定很爱女人，他一定会细心呵护所爱的女人。所以，选择一个爱鞋的男人，就保险得多。反之，不爱鞋的男人，他肯定对细微之处不在意。那么他能留意你的生日、纪念日，以及你最钟情的香水品牌等小事吗？

二、男人的帽子

在运动场地或周末休闲旅游时，总喜欢戴一顶棒球帽的男人，看上去很时髦、随意，应该是一个热爱运动，思想开放的阳光型男人。有一些步入中年的男子，有时喜欢用一顶圆顶礼帽作为自己的行头，这样的人可能希望留给别人稳重、老派的绅士印象。

然而，现在的男士一般很少戴顶帽子来装饰自己。但是如果偶然遇见戴帽子的男士，那你不妨多加揣摩，从中一窥他的"真情"及品位。但是，不要排除戴帽子的男人很可能秃顶的情况。

三、腕表

表之于男人，犹如项链之于女人。表对于男人来说，是最重要的饰物。一旦佩戴上具有个性、品位、男性化的腕表，即使外表并不出众，或穿着普通的男士，也会从中得到一种无往不胜的自信和无穷的力量，细心的女人一眼便知他的激情与阳刚之气。

四、首饰

时下，男性佩戴首饰也越来越多了。爱美之心，人皆有之。可是和你约会的男士浑身挂满了纯金饰品，你见后能不作呕吗？也许大多数女性都会有同感：戴着粗粗的仿佛暴发户的纯金项链、手链的男子，简直是恶俗透顶。如果懂穿戴的男士，他会在袖扣、领结等细微之处稍加点缀装饰，这样的效果才能显示男性的品位。

◎ **如何从走姿看男人**

从"走姿"观察人，世界各国古已有之。观察一个男人怎么走路，并从走姿中透视其内心，你肯定会有所收获，并且觉得妙趣横生。

一、步伐急促的男人

步伐急促的男人不管有事还是无事，不管去办事的地点远还是近，即使他有的是时间，走路时仍旧急匆匆，两脚掌翻得特别快，像生怕误了"赶考"一样。这类男人是典型的行动主义者，大多精力充沛、精明能干，敢于面对现实生活中的各种挑战。

如果下属职工里有这样的男人，老板对他说你再怎样怎样我将开除你的话，他会若无其事地继续干下去。对于这种男人，应该努力发现他们的优点，如：适应能力特别强，尤其是凡事讲求效率，从不拖泥带水等。

二、步伐平缓的男人

这些男人走路时总是一副慢腾腾的样子，就如人们常说的"生怕踩死蚂蚁"一样。别人无论说得如何急他都不在乎似的。这是典型的现实主义派。他们凡事讲求稳重，"三思而后行"，绝不好高骛远，"癞蛤蟆想吃天鹅肉"的情况绝对不会发生在这种人身上。

如果他们在事业上得到提拔和重视的话，也许并不是他们有什么"后台"，而是他们那种务实的精神给自己创造的条件。

三、身体前倾的男人

有的男人走路时习惯于身体向前倾斜甚至看上去像猫着腰，这并不是因为他们走得较快需要改变身体重心来平衡自己，相反你会发现他们大多数的步伐其实非常平稳。

这类人的性格大多较为温柔和内向，见到漂亮的女性时多半要脸红，但他们为人谦虚，一般都有良好的自身修养。

他们从不花言巧语，非常珍惜自己的友谊和感情，只是平常不苟言笑，与人相处也是一副"借他米还他糠"的冷漠，很难与人来往。但一旦成为至交则至死不渝，尤其在恋爱或婚姻出现分歧、决裂时，他们总是抱着"宁肯他（她）负我，我绝不负他人"的观念。也因此他们时常对生活感到厌倦，因为较之其他类型的人来说，他们总是受害最多，而且不愿向人倾诉，一个人生闷气。

四、军人步伐的男人

走路如同做军事操练，步伐齐整，双手有规则地摆动。在我们看来非常

做作，但他们却那样协调。这种男人意志力较强，对自己的信念非常专注。他们选定的目标一般不会因外在环境和事物的变化而受影响。

这种男人往往最讨女人欢心也最让女人讨厌，因为他们一旦看上某个女人，就会死缠烂打非追到手不可。只要这个女人答应他，他愿意每天拉着人力车来接送她。

这类人如果能充分发挥自己的长处，一定收效颇丰，因为他们对事业的执著是其他类型的人不可比拟的。但如果你的上司是这种人的话，日子可就不好受了，很多时候你会"吃不了兜着走"。因为他们一般都比较"独裁"，而且有时候甚至会不惜牺牲任何东西去达到他们个人的理想和目标。

五、踱方步的男人

迈着这种步态的男人是非常稳重的。他们喜欢保持冷静。他们认为面对任何困难事情时，最重要的是保持清醒的头脑，不希望被任何带感情色彩的东西左右了自己的判断力和分析力。

这种男人在他人面前以有理性和自控能力而受到他人的尊重。他们对此欣然接受，但不露声色。他们平时干事非常小心，言谈举止都尽量保持温文尔雅，绝对不愿别人觉得他们粗俗不堪。

这种男人有时也觉得累。为了保持自己的尊严，他们很难在人前笑口常开，绝不流露感情，哪怕一点点。这是他们的准则。

他们通常对自己的身体形态进行严格控制。虽然别人敬畏他们，可他们自己在独处时却感到压抑。因为这种人涉世极深，一般都非常了解人世艰辛与人情冷暖。

◎ **如何从颜色看男人**

有人说颜色是男人性情的"晴雨表"，那么你是否懂得"察言观色"应付男人呢？

一、红色男人——最爱开屏

喜欢红色的男人，热情奔放，性格开朗，处世圆滑得体，人缘极好。他一认识你，就会迫不及待地给你留名片或电话，临别时还爱说一声"有事尽管说"。他是一只爱开屏卖弄的雄孔雀，为了获得你的芳心，他会不停地在你面前展示能力和财力。因为他总是投你所好，所以你的芳心最容易为他所动。

事实上，这种男人往往说得比做得好，亢奋急躁，沉稳不够，在情感上往往广种薄收。因此你和他相处，要听其言，更要观其行。

二、黑色男人——养在深宫人难识

喜欢黑色的男人，是一本西方18世纪的哲学书，深奥难懂。他的性格偏内向，言语不多，常常若有所思。他不轻易把他的内心展现在你面前。他对你极具诱惑力，因为你太想了解他了。可他在你面前总是一副不知情为何物的样子，冷峻而深刻。但他一旦说"我爱你"，那就恭喜你，他是真的爱上你了。

如果爱上了这种男人，你就得费点神，主动一点去献爱。因为这种男人，在事业和爱情方面，如果没有伯乐的关注，就常常"养在深宫人难识"。

三、灰色男人——情池老渔翁

喜欢灰色的男人，最懂得玩弄手腕。一方面他儒雅，深藏不露，好比裹着面纱的中东美女，或烟雨蒙蒙中的神女峰，让你觉得神秘；另一方面他幽默大方，办事果断、利落，颇具男子汉气概。这种男人不仅让你产生"撩开面纱看究竟"的欲望，而且他的风度和特别的品位又让你感到可望而不可即。正当你为他欢喜为他愁时，他可能一副"隔岸观火"的状态。其实他是情池老渔翁，正极有耐心地把握着分寸和火候，在静静地等候着你上钩。

四、白色男人——情场变色龙

喜欢白色的男人，偶倜风流，八面玲珑，是公众中心人物。但是他极具伪装性，因为他绝对不会是一张白纸那么简单，让你一览无余。相反，喜欢白色的男人，其内心有太多的秘密。反射心理学家认为，喜欢白色的男人想用白色来表白自己的单纯。而事实上，他是在蓄意地装扮自己，隐藏自己内心的秘密，从而让你觉得他既单纯又可爱。所以，你一定要知道，白纸虽然最适宜泼墨抒情，但白色也最容易被染上任何颜色。

五、蓝色男人——爱情泥鳅

喜欢蓝色的男人，就像蓝色的大海一样，波起浪涌，情感丰富，兴趣广泛，极富浪漫性。他恰到好处地施展自己的魅力来捕捉你的芳心，让你不知不觉就上了他的贼船。可是这种男人往往"吃着碗里的而想着锅里的"，你

一旦爱上他，他就会想方设法脱身。这种男人是"爱情泥鳅"。有人断言，喜欢忧郁蓝色的男人，百分之五十以上都是"陈世美"。这句话未必有科学依据，但是却很受认同。因此和这种男人交往，你一方面不要为此断言所扰，另一方面也需有所提防。

六、无色男人——白开水一杯

无特定颜色爱好的男人，就像一杯白开水，淡而无味，毫无特质，感情方面无特定的选择。不过，这种男人是不需要你去掂量和警惕他的。他一旦拥有你，便别无"她"求。不足的是你们之间可能缺少一点点浪漫和情趣。这正是白开水的特点，口感虽然一般，但却最自然、最健康。

◎ **如何从酒桌上看男人**

从酒桌上男人对待女人的态度，你会明白他是哪一种男人。

一、拼命劝你喝酒，唯恐你喝不醉，想看你的醉态的男人

这种男人通常是不可交的，首先没有风度，其次肯定对你有所图，或者为财，或者为利，或者为色，也或者是一种变态的心理：喜欢看女人醉酒。无论哪一种都不可取，这种人不能成为朋友。

二、自己不劝你喝酒，也不在乎你喝多少酒的男人

在他看来酒桌上没有性别，只有酒量，能喝就多喝。他自己往往也是尽力而为，却很少喝醉。这种男人往往相当理智，可以引为朋友。你能从他身上学到很多东西，或者作为生意伙伴也很不错。这种男人是理智的男人，值得信赖。只是你们的交往往往像品酒，浅尝辄止，如果无缘，你们绝不会有故事发生，平平淡淡；如果有缘，那一定是一场惊天动地的爱情。

三、不会劝你喝酒，但却关注你一举一动的男人

他心里不想你喝多，可是在众人面前又不好表露。他的目光会追随你，关切你。这种男人是性情中人，他或许还很喜欢你。你如果喜欢他，自然可以和他交往，往往一段美丽的故事就此开始。他会宠你，爱你，但不会粗暴干涉你，给你充分的自由。但是如果你不喜欢他，那还是离他远一点。他是好男人，别伤害他。

四、不光不劝你喝酒，还为你挡酒的男人

这种男人当然是和你有一定交情的，或者对你有好感的。这种男人很有风度，宁可自己烂醉如泥，也不会让你喝多；宁可得罪朋友，也不会让女人受委屈。这样的男人当然值得交往，很有风度，很有英雄气概，但是别去爱上他。他只是适合作大哥，某些时候一定会给你一些帮助，而做情人，你会很累的。

五、酒量很小，却喜欢喝酒，一喝就醉，醉后丑态百出，甚至对你动手动脚的男人

这种男人自制力比较差，而且酒醉后的丑态常常会是他内心深处丑恶一面的暴露。这种男人最没风度，也是最讨厌的。你要么躲他远远的，要么和他保持一定的安全距离，因为他们多数是小人。

六、绝对不允许女人喝酒的男人

这种男人往往是大男子主义，在他的世界里，只有他说了算。现在这样的男人不多见了，但却是最可怕的。他的霸气太盛，占有欲太强，即使做朋友也很难相处，所以要躲开他。

◎如何从选酒看男人

从男人选酒的一刹那，他的心理特点就被他所选中的酒暴露出来。不信，你看看下面的分析对不对？

一、选择啤酒的男人

这种男人与任何人都谈得来，具有服务精神，爱取悦他人，也容易获得别人的好感。

二、选择鸡尾酒的男人

这种男人大多属于善于玩乐的新新人类，很重视气氛。但如果对于鸡尾酒不太重视口味而看重名字的男人，就属于比较怀旧、易伤感、性格比较脆弱的人。这种人比较敏感，容易被环境所左右，是个没有主见和缺乏照顾别人能力的男人。

三、选择威士忌加水的男人

这种男人是重视与别人交往的交际型现代男人，在聚会和宴会时善于制造气氛和融洽关系，是个应酬的好手。在工作上具有敬业精神，很得他人好感。

四、选择威士忌加冰的男人

这种男人是真正喜欢喝酒的人，同时是个实用主义者，凡事都以实用为本，性格开朗，不会装腔作势，与人交往时好恶分明，即使对方是女性也不会因此而有所收敛。这种男人大方、慷慨，但他们的世界黑白分明，容易得罪人。

五、选择白酒（烧酒）的男人

无论是工作还是玩乐这种男人都积极参与，具有活力，性情率直，连私人秘密都会轻易告诉别人，是个心里藏不住东西的男人，也因此而交际广阔，但缺乏耐心和细心。他的女朋友或老婆一定很累，因为这样的男人就像一个任性又可爱的大男孩。他要求伴侣要尊重他的生活方式，因此两个人的世界经常风波不断。

六、选择苏打水的男人

自尊心很强，不甘平庸，有理想，有抱负。他们所追求的是运用自己的知识和能力让生活更加丰富多彩、更加有趣。他们不能忍受平静、单调的生活。因此，这样的男人在恋爱的时候会让女友感到多姿多彩，但婚后的平淡家庭生活会令他感到难以忍受，这就需要配偶有很多耐心。

七、选择不喝酒的男人（酒精过敏除外）

他们是随时要让自己清醒的男人，害怕酒后吐真言。这种男人比较顽固，不愿听从他人的意见，也不会随便表露自己的真实感受，跟这样的男人相处会让人很费心思。性子急的人（尤其是女人）常常会无所适从。

八、选择葡萄酒的男人

现在流行喝葡萄酒，时髦的人都会学习如何品尝，但是人始终有自己的喜好和个性，选择葡萄酒的时候，这一点会很自然地流露出来。在约会时选择喝葡萄酒的男人，基本上不会是个"土包子"，尤其选择在有情调的餐厅与女友约会的男人，是个有见识，社交活跃，并且懂得享受生活的人。

九、选择红葡萄酒的男人

他们大多属于干劲十足的人，想做就做，是个现实主义者，凡事都会着眼于现在，对金钱和权力非常执著，是个不浪漫但很稳健、很实际的男人。

十、选择白葡萄酒的男人

他们是一个拼命追求梦想和理想的人，只是常常忽略小节，因此而丧失一些机会，对于女性而言会是个好伴侣。

十一、选择粉红葡萄酒的男人

这种男人一定是个"情圣"，非常懂得如何运用鲜花、甜言蜜语和礼物去讨好女性，谈恋爱是把"好手"，但作丈夫……这就要看妻子的本事了。好女人是男人的一所学校。

十二、选择香槟酒的男人

他们性格比较挑剔，是个不满足于平凡的人，喜欢追求华丽、高贵，对异性的要求也很高，即便是作为普通的朋友，跟他们相处也要具备相当的条件，比如个人品位要不落俗套，对事物有独到的见解等。

◎如何从吃相看男人

想寻找理想情人的女性，可以多留意对方的吃相。在这里我们借用德国心理学家格伯特的研究成果，使女性朋友们透过男性吃东西的习惯与样子，推测出他的性格、喜好以及他的性爱表现。格伯特告诫说，女士们跟情郎一起用餐时，不要只顾着凝视对方深情的双眸，而要多观察对方如何处理食物，如此便能预知，对方在床上是否异常雄健，甚至能预测他将来是否会是个好爸爸。

格伯特表示，研究人员根据受访女性的描述，将她们的伴侣分成不同类型的情人，再将这些男士的用餐方式加以比较后发现，同一类型的男子的吃相大同小异。根据研究结果，格伯特区分出的男性类型包括"混合型""先洒调味料型""玩食物型"与"先吃配菜型"。

一、"混合型"的男人

他们喜欢把主菜、配菜与酱汁等所有食物混在一起吃，这种男人往往喜欢女强人，不喜欢自己决定事情。同时，他们的性爱表现，通常也了无新意。希望伴侣保护自己的小鸟依人型女性，千万不要跟这种吃相的男人深交。

二、"先洒调味料型"的男人

在菜一端上来、还未入口之前，就会先洒上酱汁或调味料的男人，专横独断、思想保守、控制欲与权力欲极强，一有机会就会作威作福，坚持男主

外、女主内的传统观念，主张"男人做男人的事，女人做厨房的事"。

三、"玩食物型"的男性

他们喜欢自得其乐地拨弄盘中的食物，排成美丽的艺术图案，这种男人是令人愉悦的好伴侣。他们多半性格开朗、富同情心，善于交际、懂得分享。他们可以与女性白首偕老，也有潜力成为未来的好爸爸。

四、"先吃配菜型"的男性

会匆匆吞下配菜，再享用牛排等美味主菜。这种男人事事以自己为先，自私自利，不容易与人剖腹相交。碰到这种男性时，聪明的女人应及早与他分手，以免日后后悔不及。

◎ 如何看吻识男人

触"电"男女在一起难免卿卿我我，缠绵悱恻，亲吻是他们表达情感的最常用方式。据一项对"吻"的调查资料显示，不同的男人喜欢"亲吻"的部位能体现出他们各自不同的心理特征。根据亲吻的不同部位，可以做以下分析。

一、喜欢吻额头的男人

他们是积极创造人生的人，人际关系良好，能给人温柔体贴的感情并且爱在不言中。

二、喜欢吻眼睛的男人

他们是可以不惜一切为爱牺牲的人。他希望能降服心中的情人，而且这种人也喜吻性感地带。

三、喜欢吻鼻子的男人

他们是最喜爱做爱的人，有一点双重性格而且玩性很重，不易建立良好的事业基础。

四、喜欢吻脸颊的男人

他们是希望以和为贵，是重视友谊的人，能始终忠于爱情却比较容易受骗。

五、喜欢吻耳朵的男人

他们是最能善解人意的人，很容易就能了解别人的心事和痛苦，在感情上他敢爱敢恨，却很会利用别人达到自己的目的。

六、喜欢吻嘴部的男人

他们是爱情专一的人，吻了就代表已经以身相许，这种人有很多自信和强烈的道德观。

七、喜欢吻脖子的男人

他们对爱情不专一，无法谈一场天长地久的恋爱，却要求对方苦苦等待。

八、喜欢吻肩的男人

他们精神上极需要安慰，即使内心无比的渴望和需要也不会轻易表达，容易陷入别人的陷阱中。

九、喜欢吻手臂的男人

他们善于寻找人生的机会，懂得试探别人的需要并掌握机会。

十、喜欢吻手背的男人

他们是典型的情圣，既懂得掌握男女感情又懂得伺机而行，野心很大。

十一、喜欢吻手心的男人

他们渴望得到情人的真心相对，通常喜欢有品位的爱情。

十二、喜欢吻脚和脚趾的男人

他们尊重对方的感觉，视对方为生命中最重要的人物而委曲求全地全面配合。

十三、喜欢吻脚心的男人

他们性欲极强，通常只喜欢特定类型的性爱伴侣。

十四、喜欢吻头发的男人

在两性关系上，他们是吃醋、忌妒心重、占有欲望很强的人，也是容易在爱情中遇到挫折和牺牲的人。

◎ **如何看鞋识男人**

有言道"闻香识女人"，这儿则说"看鞋识男人"。每一个男人都不自觉地有其生活上的惯性，而这些习惯就成为他和你平常如何相处的关键。所以，从男人最不经意的鞋子和穿鞋习惯就能了解他们。

一、重复购买固定式样鞋子的男人

这种类型的男人是很念旧的男人。对于自己习惯的人、事、物，总有

一份深深的依恋，就算他的情人无理取闹、任性、孩子气，他也会以一种包容的心态去待她、爱她，直到她渐渐成熟明理。而他的老朋友很多，对朋友十分讲义气，他会为朋友出头且适时伸出援助之手，让老朋友觉得他是个值得信赖的靠山。因此，你若是爱上了他，成为他的"另一半"，不妨多倾听他的烦恼，多体贴他的生活细节，彼此的情感要以稳定成长的方式进行。并且，别忘记要和他的老朋友打成一片，拥有共同的生活话题。

二、节俭穿鞋的男人

买一双鞋子之后，他就非常珍惜它，希望鞋子能穿久一点，可以节省一笔置装预算。而他鞋柜中的鞋子，"鞋龄"都很长，让你印象深刻。在个性上，他是属于拘谨、放不开的保守型男人；在为人处事上，不够圆滑，常常会得罪人而不自知；在人际关系上，周旋的格局较小；在专业领域中，他会因默默努力，而有成功机会。因此，你若是爱上了他，小心！他可是一位"内心热情"的男子。第一次约会时，心中就对你有着无限的遐想，希望能早日和你变成情人，亲密无间。但他那拘谨、保守的个性，又压抑着他内心的波涛汹涌，不敢向你表白，使你摸不清他真正的想法。所以你不妨主动一些，多制造机会让他可以表白，你们更能加速彼此的情感温度，迈向人生的另一个阶段。

三、随随便便穿鞋的男人

这种类型的男人不在乎自己穿什么鞋子，乱穿一通。有的时候鞋子与衣服一点儿也不相配，哪怕是鞋子早已破损、式样过时，他也无所谓。甚至不穿袜子、袜子已破损、穿错，他都可以忍受。在个性上，他是个不拘小节的男人，常常眼高手低。他们私生活没什么条理，又喜欢做白日梦，相信总有一天自己可以一步登天，容易过着自欺欺人的生活。约会时，他注重的是物美价廉的消费，除非他自己想要吃顿大餐，否则他绝对不会主动邀约。你若是爱上了他，会发现他的感情世界纷乱复杂，常常是忘记不了旧爱，又拒绝不了新欢。三角恋、四角恋纠缠在一起，而当一切纷争引爆时，他会选择"逃开"。这种躲避现实的方法，令爱他的人痛苦不堪。所以要小心，别太快爱上这种男人！

四、爱穿正统黑皮鞋的男人

这种类型的男人习惯穿正统黑皮鞋，并且把鞋子擦得亮亮光光，绝对不能忍受自己穿双脏鞋子或旧鞋子出门。这种类型的男人，若是连休假或约会都习惯穿他那正统的黑皮鞋，你可要有心理准备。他肯定有不折不扣的大男人主义倾向，而且对母亲的意见十分看重。你必须赢得未来婆婆的喜爱，才有可能从他的女朋友变成他的妻子。你若是爱上他，可别有想左右他的想法。他有一套属于自己的待人处事原则，绝对不会因为你而修改。他反而会要你认同他的看法，甚至包容他的一切。

五、爱穿休闲鞋的男人

这种类型的男人是注重休闲生活和生活品位的男人。他们对于鞋子要求很高，不但要舒适，而且更注重鞋子的款式，还要搭配合适的服装。在个性上，他喜欢掌握主动权，主观意识强，对自己的要求很严格，对异性的要求更是挑剔。在生活上，他是有规律的计划者，但是偶尔会在圣诞夜或生日舞会中狂欢。和他约会时，你可以感觉到他是个十分体贴的好情人，态度温和有礼，言谈风趣幽默，很容易将约会气氛变得融洽。他也是个十分了解自己喜欢什么样女孩的人。所以和他约会时，即使你不合他的理想，他也会很亲切地送你回家，但是，别以为他对你有好感，他只是有绅士风度而已。

在浪漫夜和你心仪的男人共舞时，不经意询问他穿鞋的习惯，能更进一步了解他内心深处对待爱情和生活的态度。

◎如何看袜识男人

有人说，看男人的袜子可见其品位。其实，男人的很多东西都有关品位，袜子也"举足轻重"，尤其是男人袜子的颜色，足见其真实的性格。

一、穿白色袜子的男人

穿白色袜子的男人个人表现欲比较强烈，经常会自以为是或自命不凡，只穿白色袜子的男人甚至有一点刚愎自用。这样的男人会经常周旋于女性当中。他是为了乐趣倒不见得真的好色，只是借女人来标榜自己的本事。他不会有心情或认为有必要去关心身边女人的真实心理感受。如果女人向他们吐苦水，他们就会说一个美丽的童话来哄你，让你坚信这个童话是因为你才有。于是你破涕为笑，但他依然故我。其实，这样的男人通常感情都比较脆弱，如果先说Bye-bye的是你，那么，你们之间非情人即敌人。

不过，穿白袜子的男人，如果只是交普通朋友的话，他倒是蛮豪爽、侠气的，对金钱也不是很吝啬，并且这样的男人多数有为人称道的一面：或技术，或财富，或相貌，很招女人喜爱。

二、穿黑袜子的男人

穿黑袜子的男人让人最快联想到懒惰：不愿意经常洗袜子。其实这只是一个方面。而最突出的性格写真是，这样的男人相对内向，多数不苟言笑。你说他为人庄重老成、遇事沉稳踏实也未尝不可。他不太喜欢说假话，甚至有些时候宁愿说些无关痛痒或模棱两可的话。但是你若认为这样的男人就一定可靠，那却未必。他可能说一百句话一百句话都是真的，但是，如果有一句话是假的，这一句就是至关重要的。

穿黑袜子的男人通常对老婆都比较"忠贞"，这跟"惧内"没有关系，省了麻烦是真的。也有风流的，那他就是从骨子里好色，而且是"色"字当头，几乎没有"情"的成分。一直穿黑袜子的男人多半在事业上都会或都将会比较成功。因为他们认为，事业是他们一生最首要的目标。

三、穿灰袜子的男人

穿灰袜子的男人是对爱情较为纯情的一族。他们固然追求事业，但是也会把娶到自己心仪的女子做老婆视为人生目标。这样的男人对女人也相应会比较情长，是那种女人喜欢的顾家的男人。

穿灰袜子的男人之间也分喜欢穿灰蓝色袜子的和喜欢穿灰白色袜子的，穿灰蓝色袜子的男人把风流挂在嘴边，不轻易实践；而穿灰白色袜子的男人喜欢追逐风流，较会迎合女性的浪漫情绪。

无论喜欢哪种灰色袜子的男人都会对自己的工作或事业认真努力，兢兢业业。但多数喜欢穿灰白色袜子的男人对自己的未来更胸有成竹一些。如果他学识有足够基础的话，其性格本身所固有的从容不迫及处变不惊会让他有可能起起落落成就一番大事业；相反穿灰蓝袜子的男人会因性格因素受家族及社会机遇的影响，无论从哪方面来讲都不可以称之为潇洒自如的男人。但是你身边若有这样的男人，你倒可以在一定程度上完全信任他。

◎如何看包识男人

你曾留意过男人的包吗？选择什么样的包，跟男人的性格有关，并透露出他们内心复杂而隐秘的情绪。

一、侧背包的男人

用侧背包的男人，有条理、整洁而且生活充满目标。更重要的是，他不大在乎别人的看法，即使被人说"娘娘腔"也无所谓。

二、腋夹包的男人

这彻底颠覆了你对男人的看法。他真是标新立异的楷模。其实你也不必太大惊小怪，也许他仅仅想赶一下时髦，毕竟春夏秀场上，不少英俊男模特就这样夹着包。

三、挎腰包的男人

这种套着皮带挂在腰际上的包包，是许多男性熟悉的款式。不过说真的，这副"工友"装束其实倒真蛮实用的，什么杂七杂八的玩意儿都能塞进去，包括两三斤重的零钱和钥匙，还有你随身不可少的家当。用这种包包的男人，绝对是实用主义者，也许还有亲美情结，因为没有什么包比这种腰包更"美国"了！

四、提手提包的男人

提这种包的男人，有追求成熟和赶时髦的欲望，但又不想过火，所以他们提包的时候，尽量让包远离自己的身体，搞得好像连自己都不知道这个玩意在他身边要干嘛似的。他拿得越远，就表示他越不清楚它的功能、名称、材质、价钱和来处。

五、背运动包的男人

学生时代的男人背个运动包在校园里晃来晃去，显得很有朝气。成年男人背着运动包上街，也许是因为他还留有校园情结，也许是他非常在乎自己的男子气，决不肯向流行妥协。这样的人多少有点固执。

六、用袋中包的男人

把不敢背出去的漂亮包包放在袋子里，这是所有男人包中最理想的上街伴侣。因为这会给人一种你根本没有背、带、提、夹或是拿包包的感觉。

不明就里的路人恐怕还会以为，你是买了不合用的包，正要去百货公司退货呢。用袋中包的男人，既要面子又不肯委屈了自己。他的优点是做事情不怕麻烦。

◎如何从吸烟习惯看男人

虽然吸烟是很不健康的喜好，但是很多男人都吸烟。有的男人吸烟时优雅潇洒，有的人却恰恰相反。男人吸烟时的姿态除了可以反映出他的个人修养，还可以透视出他的内心特点。仔细观察一下，你身边的他吸烟时有哪一种习惯？

一、香烟夹在中指及食指根处

这类男人没有怜香惜玉之心，最怕被人烦或是被感情缚住。他不喜欢娇弱的女性，而外向、好动、性格爽朗干脆的年轻女孩最能令他动心。

二、拇指及食指拿烟

喜新厌旧是大部分男人的特性，但这类人更甚。一般来说，吃饭坐车都要讲究仪态的优雅女士不合他脾胃，而不拘小节并且有点淘气的女孩才是他的最爱。

三、食指及中指中部轻轻夹住香烟，抽时拇指顶下巴

这类男人沉默寡言，爱用眼神及身体语言表达情感。他最怕叽里呱啦的女人，喜欢有双漂亮眼睛，身材瘦长的女性。

四、一边吸烟一边工作或看书

这种人处事谨慎，一夜情永远不会发生在他身上。由于自己的工作能力不弱，所以他比较欣赏能干、较他年长的女性。

五、用鼻或嘴角喷出烟雾

这类男人不喜欢一成不变的生活模式，渴望生活和身边的人时常变化。他渴求的女人身材一定要好。

六、食指及中指指头夹烟

这是个理性的好男人，做事有规有矩，家庭观念很强。他欣赏有才干、温柔、贞洁、贤淑的女性。

七、熄灭香烟时将烟拗弯

这个男人很有男子气概，朋友很多。由于他自己很善于言谈，所以选择伴侣时会选择沉静、踏实的类型。

八、烟蒂吸剩下很短，随意放在烟灰缸里

这是个有始有终，不胡乱花费的男人。由于他很憎恨生活受到别人干涉，所以占有欲强，说话又多的女人不适合他，智慧型的女性才是他的最爱。

九、烟蒂整洁地摆放在烟灰缸里

这是个规规矩矩、很注重细节的人，而且是个理财能手。他不会喜欢一个不拘小节的女人，他要求的是一个心思缜密，注重整洁的爱人。

如何从细节观察女人——读懂女人的行为与体态

◎如何从小动作看女人的心理

女人喜欢用身体的接触来表达自己的善意和亲密。女人在羞于或不善于用语言来表达自己的感情时，就喜欢用身体接触这种最原始的，也是最直截了当的方法作为传达自己感情的手段。

从心理学的角度看，女人较重感情，思考问题也常侧重感觉，而且她们的感官比男性更敏锐，尤其是触觉。所以，女人更习惯于用触觉的感受来替代语言的表达。

女人一旦在心理上接受了与男人的亲密关系，就会渴望对方表现出一些亲密行为，如牵手、揽肩、抚摸头发、依偎、拥抱等。有时这仅是一些单纯的情感愿望，而非肉欲要求。女人对这些细小动作的在意和念念不忘，证明了她对爱人的在意。她会很谨慎地把握身体接触的分寸。当她靠着你时，她会觉得信任、可靠、安全和温暖。她需要这种感觉比"性"更重要，更有满足感。

有人说，女人的一颦一笑都是美的，女人的举手投足都是她内心世界的反应。那么，她的小动作到底是什么意思呢？

一、咬手指是心不在焉

如果你看到哪个女人有这种习惯时，她可能是个梦想者。心理学家认为这种咬手指的无意识习惯，对于任何年纪的人来说，都是坏动作，证明她们生活在梦想的世界里。

二、卷头发表示失望

这种动作大部分属于女人，当她们无所适从或遇到困难时，便有如此动作。相应的是，男人遇到这种情况时大部分是抓脑袋。

三、自我爱抚是在期待别人的夸奖

当你看见一位妇人一边跟人谈话或听人谈话，一边抚摸她自己的胳膊时，表示她非常喜欢自己，但却觉得旁人并不是像她自己喜欢自己那样喜欢她。

四、从手的动作看一个女人是否自私

当你看到一个女人常把手举起，将手掌对着身体，用另一只手的手掌抚摸手背时，你便可以断定她的仁慈心仅止于家庭之内而已。此外，从手指的样子，也可看出一个人吝啬与否，像手指紧靠一起或圈如鸟爪，这都是守财奴的手势。

五、不自觉的手部动作表示忠诚

如果你不相信一个女人的时候，你应该注意她的手部动作。如果她在说"是"的时候手部做平面的运动，你就可以断定她的本意在说："否"；如果她的手做垂直方向的运动时，那么你可以断定她是心口如一。

六、有些动作暴露出女人在感觉她的年龄增大

当一个女人在抚摸颈部、下颚或揉展眼边的皱纹时，你便可以断定：她是在感觉岁数大了。

◎ **如何从打电话的姿势看女人对金钱的态度**

女人是物质的。"物质女人"对金钱的态度却大不相同。看一个女人对金钱的态度，从她打电话的姿势就可以看出端倪。

一、以双手牢牢地握住话筒

这种类型的人，大都是很会钻牛角尖，会瞎操心。她们在金钱方面很小心，即使有喜欢的东西，也要慎重地考虑荷包的问题。她们会将收入的一部分好好地存起来，如果身上有钱的话，也要装作没带钱的样子，这是属于不浪费型的人。这种类型的人大都有自己的存折，并以存款金额的增加为乐事。如果这种类型的女性理财的话，她们有本事尽量存钱，让钱越积越多。

二、握着听筒的中央，并使之离开耳朵

握着听筒的中央，并让听筒离开耳朵，这种动作是表示不想听对方说话。但是，如果一直都是那样握听筒的话，那就表示这个人是个不很重视金钱的人，不怎么会为钱的问题烦恼。在花钱方面，这种类型的人并不输给一般人，不过，她们很清楚钱的价值，不会花冤枉钱。买东西的时候，她们会选择高级品，但是如果没有先在其他店里弄清楚那东西到底值多少钱的话，即使旁边有人，她们也不会马上抢着买。

三、一手握着听筒，另一手握着电话线

这种类型的人，大都为少女型的女性。她们很容易迷惑，即使想买什么，也会左思右想，考虑个没完，往往到最后什么也没买成。虽然那样，但是她们很容易冲动地买下自认为便宜，实际上却很贵的东西，或是买了一些当时喜欢得不得了，过后却很快地弃之不用的东西，而形成浪费。这种类型的人在附属装饰品及吃的方面花钱特别多。此外，她们也常请客，并且可以为别人而把钱花光。

四、握着听筒的下方

这种握法，男性比女性多，如果是女性的话，她们大都很能干，能发挥自己专门的技术，在自己的工作和生活上，也都能独立自主。这种类型的人，是属于乐天派的人，不会为琐事而烦恼。在金钱方面，她们持有该花则花、该省则省的观念。这种类型的人，常想出一些能自己创业致富或别人所没注意到的赚钱方法，因而获取暴利者为数不少。她们是属于不追求虚荣的实用主义者。

五、握着听筒的上方

这样拿听筒的人，大多为女性。在这种类型中，女性化且带有神经质的人有不少。这种类型的女人，对美的判断力很强，也很爱慕虚荣，容易作无谓的浪费，即使她们自己有意要存钱，也很难做得到。一般来说，这类型的女人，较喜欢依赖别人。她们喜欢买化妆品或宝石等物品，将自己装扮得漂漂亮亮的。她们爱美的程度比别人强一倍。

◎如何从坐姿看女人

一个人的坐姿，不仅反映其惯常的性格特征，而且更反映其此时此刻的心理。外国一位心理学家曾说，"一个人的坐姿往往是其心理品质的定格。"因此，我们在人际交往中通过女性特有的坐姿可以窥探到她的内心世界。

一、经常正襟危坐的、目不斜视的女性

她们是力求完美，办事周密而讲究实际的人。这种人只做那些有把握的事，从不冒险行事，但她们却往往缺乏创新与灵活性。

二、爱侧身坐在椅子上

她们心里感觉舒畅，觉得没有必要给他人留下什么好印象。这类女性往往是感情外露、不拘小节者。

三、把身体尽力蜷缩一起、双手夹在大腿中而坐

她们往往自卑感较重，谦逊而缺乏自信，大多属服从型性格。

四、敞开手脚而坐

她们可能具有主管一切的偏好，有指挥者的天性或支配性的性格，也可能是性格外向，不知天高地厚，不拘小节的人。女性若采用这种坐姿，还表明她们缺乏性的经验。

五、踝部交叉而坐

女性采用这种姿势时，通常在双脚相别的同时，双手会自然地放在膝盖上或将一只手压在另一只手上。大量研究表明，这是一种控制消极思维外流、控制感情、控制紧张情绪和恐惧心理、表示警惕或防范的人体姿势。

六、将椅子转过来、跨骑而坐

这是当她们面临语言威胁，对他人的讲话感到厌烦或想压下别人在谈话中的优势而做出的一种防护行为。有这种习惯的女人，一般总想唯我独尊，称王称霸。

七、在他人面前猛然而坐

她们表面上是一种随随便便、不大礼貌、不拘小节的样子，其实说明此人隐藏着不安，或有心事不愿告人，因此不自觉地用这个动作来掩饰自己的抑制心理。

八、坐在椅子上摇摆或抖动腿部或用脚尖拍打地板

这种女人内心焦躁、不安、不耐烦、为了摆脱某种紧张感而为之。

九、和男人坐在一起而有意识挪动身体

说明她在心理上想要与男人保持一定距离。并排而坐的两个人要比对坐着的两个人，在心理上更有共同感。

十、半个屁股坐在椅子上，或者坐在椅子的前沿上

表明此女性信心不足，情绪波动大，内心浮躁不安；坐在椅子的正中间者正相反。

十一、半躺半卧的坐姿

这是很不雅的坐姿，是懒惰、粗心大意、不求上进、混日子的表现。对这种女性，男性可要注意了。

十二、上身坐直，两腿伸直，手臂自然下垂而坐

这种女人办事认真而专心，是个责任心很强的人，同时也很保守。

十三、坐姿坦然，两腿弯曲成直角，一双手放在膝盖上，目视对方

这种女人很大度，很能干，善于创造，对对方持认可、赞同的态度。

十四、双手交叉抱于胸前，两腿伸直而坐

这种女性对对方的见解半信半疑，处于左右动摇的心理状态。

十五、双手交叉抱于胸前，跷着二郎腿而坐

这种女人目空一切，抵抗对方的要求和意见，并给予还击。如在此坐姿上，所跷的二郎腿的前腿不停摇摆，这是一种玩世不恭的表现，并兼有轻浮的特点。

十六、两腿贴在一起的坐姿

这是女性一种虚心、谦谨、求助的表现，这种女人做事细致而谨小慎微，性格内向。

◎如何透过口红看女人

有二分之一的女性每天使用口红。她们中许多人感到，不涂口红如同没穿好衣服一样别扭。你是否知道，使用过一些日子后的口红形状能反映使用

者的性格。不信，你打开口红软筒，看看女人的口红呈什么形状。

A.光头形

B.内凹形

C.一边形

D.浅盘形

E.半圆形

分析结果：

选A：小小的光头说明口红的女主人坚毅果断、精力充沛、办事目的性十分明确。这种女性有幽默感。但同时又认真、敏感。她随时准备帮助周围的人们，通常有许多朋友。

选B：口红是这种形状的女性普遍兴趣广泛，多才多艺，以至于有时遇事难以决断，往往为了一点点小事也会大发脾气。

选C：使用口红抹掉一边剩下另一边的女性喜爱搬弄是非，耍点小诡计。此外，她们热情，但易激动。喜欢旅游和体验新事物也是她们的一大特点。

选D：虽难以置信，但却是事实：口红形状越扁平，该女性越富有浪漫色彩。此外，她是一个有理智的女人，是可以信赖的女友，总能给你提出切合实际的建议。这样的女性记忆力惊人。

选E：半圆形这种女性深知自己想要什么。她有文化品位，富有审美情趣，常给人一种孤僻冷漠的感觉，但如果深入了解后你会发现，她善良和温柔。不过，谁要是欺负她，她会设法报复的。

◎如何从服饰色彩看女人心

新加坡的美学和心理学家合作进行的一项调查表明，女性对服装颜色的偏爱与他们的性格"息息相关"。

偏爱黑色服装的妇女在生活中往往表现出异常强烈的独立性。她们富于主见，善于克制，自我保护意识较强，但表情往往冷峻，内心深处常常潜伏着很强烈的孤独感。

喜欢白色服装的女性往往对各种缤纷的色彩已感厌倦，正处在新的自我探索中或正在适应新的环境，善解人意是这类女性性格上最明显的特点。

喜欢穿红色服装的女性大多有积极的人生观和豁达的处世哲学，她们性格外向、活泼、坦率、真诚。

女性喜欢黄色服装往往是"人缘好"的代名词。这类女性喜欢交朋友、善于表达内心的喜怒哀乐，最容易使人产生信任感和亲切感。

身着蓝色装的妇女则是"才女"的象征。她们的头脑充满智慧，具有较强的决策能力，擅长逻辑推理，责任心很强，但有时却又因自我意识太强而使旁人敬而远之。这类女性尽管聪明，可朋友却少得多。

喜欢粉红色服装的女性处世细腻，富于同情心，关心他人无微不至，性格温柔，但容易偏听偏信则是她们的性格弱点。

钟情紫色服装的女性对自己和别人要求都很严，她们看人直觉敏锐、准确，也颇有组织能力。

女性偏好灰色服装意味着她们的生活态度往往十分被动，培养开朗的性格是克服这种"性格弱点"的良方。

对棕色服装有偏爱的女性最讨厌华而不实，花里胡哨。这些女性观念保守，也不愿向别人显露自身的真实感受。

喜欢绿装的女人也许是最快乐的女人。她们往往充满蓬勃向上的活力，朋友很多，也能愉快地面对挫折和困境。

◎如何从发型看女人

女人的发型往往能最直接地表现女人的品位，也能够因此揣测出女人的心情。当然，女人头发的变化更是社会潮流变化的一种缩影。

男人对女人的发型十分在乎，在与女人相见的那一瞬间，男人会以女人的发型来揣测女人的内心世界，来幻想与女人构成某种关系。

一、高贵柔和的长发

对自己充满了信心，不太可能有嫉妒心，是一个坠入爱河的幸福女性。因对自己充满了自信，相信自己在情人眼中是最完美无缺的，对情人推心置腹的她，是不相信会有第三者出现在他们之中的，倘若真有，她也会全然地

不在意。然而，当不满情绪无法宣泄累积到一定程度时，强烈的报复心态就会爆发。

二、简单清爽的中长发

对自己不是很有自信，因此在面对感情时总是战战兢兢的。对于另一半，很容易因为他人的闲言闲语而对对方产生质疑，在半信半疑、又不愿直截了当问个清楚的情况下，任凭自己胡思乱想，时间一久，除了影响俩人的感情之外，相对地极易产生强烈的嫉妒心，易造成不良的后果。

三、呈现不对称美感的俏丽短发

她是一个极有主见、自尊心强的新潮女性，对于任何事总是能够收放自如。面对爱情，当发现另一半犹豫不决时或者出现了第三者，绝对是立即分手，绝不恋战，并且高唱着"下一个男人也许会更好"的信条，积极主动地去发展另一段新的恋情。

四、突显轮廓之美的新颖短发

她们情绪很容易因为某些事而波动起伏，对于爱情是全然占有的，嫉妒心十分强烈，不容许另一半与异性过于亲密，一旦发现爱情即将逝去，会用尽全力加以挽回，说什么也不愿分手，这种人无形中会造成另一半极大的压力。

◎**如何透过兴趣看女人**

一、爱运动的女人具有理性的美丽

爱运动的女人不认为美容化妆品可以留住青春，即她们不认为金钱是万能的。运动比之于美容，不是一时的缺陷的掩饰，却是自然美和艺术美的长远结合。所以爱运动的女人比爱化妆品的女人，更懂得形体和美。

透过健美运动及健美操，容颜不美的被优美的肌肉线条掩饰了。容颜本来就不错的，腹部脂肪得到控制，乳肌前挺，大腿匀称发达，小腿结实修长。不难想象，这样的女人多么令人心动。

所以健美留得住美丽，爱健美的女人在持之以恒和运动精神促使下，变得美丽和自信，将成为美丽的天使，幸福的宠儿。她可以无愧地说："太阳每天都是新的。"正是这种匀称的体形使她赢得幸福，找到如意郎君。这种自信使她充满活力，工作如意，容易得到上司和同事的喜爱。

二、爱花的女人爱自己

美人总是与花连在一起，花即美人，美人即花。爱花是女人的天性，不爱花的女人不是具有女人味的女人。桂花、水仙、蔷薇、丁香、断肠花，它们的美丽后面无不与女人相关。因此，对女人来说，爱花就是爱自己。

女人在山林间，常常漫山遍野乱跑，这摘一朵，那摘两簇，叫不出名字没有关系，自己闻一闻，还一定要问别人"香不香？"回家时用清水养在花瓶里，往往比上街买来的花更加怜惜。

花的含义多种多样，爱花的女人在男人面前提起某某花她喜欢时，就是在暗示了。譬如她说最喜欢深红的玫瑰，那就是说她爱得很深，他应该行动了。

在爱花女人的眼里，人生总是美的。但花也有凋零之时，所以有时伤感，不是为了工作，一定是为自己如花般快要凋零的青春。这种美丽的伤感是颇有成效的。许多男人当然偏爱如花的女人。想想，哪个男人不愿成为护花使者呢？

三、爱逛街的女人跟美走

世上少有爱逛街的男人，却没有不爱逛街的女人。

我们经常可以在电影或小说中看到这样的场景：丈夫肩上挂着、背上背着、胸前抱着大包小包的东西，神情沮丧无可奈何地跟在妻子后面。而妻子呢，潇潇洒洒在人群中穿梭，眼光还随时浏览着橱窗内的精品。

女人怎么会有那么多时间与金钱走街串巷逛商场呢？事实上她也未必有钱，不买，看看总可以嘛。不去逛怎么知道现在流行什么？不去逛街怎么比较哪儿的东西好和便宜？

逛街另一大乐趣，就是会发现"惊奇"。无论是打折拍卖、讨价还价，总会有所收获。女人对衣服的色彩啦，质地啦，样式啦，皆要品头论足一番，即使她心里非常满意，口头上也要说"不"字，以便杀价。难怪十个男人单独买回东西，十个男人都要受到女人的批评，不是价高便是不好。虽然男人很烦跟女人逛街，但正是由于她的逛街使她会持家，所以大抵都夫妻和睦，不会发生不和或离异。

四、爱艺术的女人是智慧之源

爱艺术的女人令人感到浪漫。这种浪漫不是卖笑调情，而是艺术的启迪。女人学书法，不是为了像男人般要成为书法家；画点山水花鸟，不是为了做女画家；收集几幅字画，不是为了做鉴赏家。女人不像男人那样功利，她们爱艺术是感受到艺术之美，艺术中特有的灵气。

爱艺术的女人呈现出古典风味，这是很美、很有情趣的。美丽的女子常见，然而众多男子都不约而同地爱慕一个女子，往往是看中了这个女子不落俗套的气质。艺术可能就是这气质的启迪源泉。

爱艺术的女人爱艺术的目的是自娱，而不像爱艺术的男人皆有点附庸风雅。表现在生活、工作、爱情上，她们也比较自重自尊，不容易失去属于自己的原则，在爱情世界中也不易被低俗的男人所骗，通常婚姻美满。

五、爱音乐的女人心有所属

女人的声音轻柔、圆滑，本身就是一曲动听的音乐，所以女人的音乐细胞比男人多，这是上天赐予的，不喜欢音乐似乎是说不过去。

音乐是女人，女人就是音乐。音乐给女人以憧憬、幻想、回忆。音乐的暗示就是给女人生命的暗示。丝丝缕缕，缕缕丝丝，多少音符如潺潺的溪流，如春野的鸟，在低低地诉说女人情怀。

爱音乐的女人，灵魂被幽幽的短笛招了来，多愁善感。男人多愁善感有点神经质，怪怪的，女人则是天经地义。这种多愁善感是真实的，她掉下的泪是实在的，总能够感人。

爱听音乐的女人能得到男人的欢心，大抵就是因为她显示出具有古典的、忧伤的美。就像那支招魂的短笛将女人的魂招了来，又将男人的魂招到了女人身边，而且婚后夫妻总是和睦相爱，子女健康聪明。

六、爱打扮的女人最懂男人心

心理学家说："女孩子从两周岁就开始进入无休无止的打扮时代了。因此，世界上最畅销的东西就是女人的服装、女人的化妆品和美容品。女人的裙子似乎始终是服装店老板赖以牟取暴利的热门货。"

爱打扮的女人不仅仅是为自己的男人，也有社会性目的。女人与女人之间的嫉妒，是几千年说不尽的话题，再漂亮的女人也往往要用服饰和化妆品来炫耀自己，以求与人家争艳。

当然，女人的女性美及聪明才智也是男人所关心的，但每个男人仍会为女人的美貌而倾倒和叹服。如果这世界上没有因打扮而带来的花花绿绿、五彩缤纷，世界不是太单调了吗？

女人就像春天，美丽的衣饰就像春天里的鲜花。春天没有鲜花就不是春天，女人没有漂亮的衣饰就不是女人。男人口上说只是爱女人本身，其实有一部分爱是隐藏到色彩中去了，爱打扮的女人是最懂得男人心理的。

◎ 如何从鞋看女人

如今，无论是大街小巷，还是舞厅派对，人们只要低下头就会发现，脚上的鞋，尤其是女人的鞋，大都色彩缤纷、争奇斗艳、式样新异。然而大多数人看鞋，关注的是鞋的品牌、欣赏的是鞋的美丽，可大千世界无奇不有，有人看鞋则是要从这云里雾里的鞋中，解读出许多不为人注意的秘密。

在美国内华达大学曾进行过一次有趣的测验。老师让一些学习心理学的学生，根据所提供的人头像和鞋子图片，在无其他任何线索的条件下确定人的身份。最后，学生们都以极高的准确率，分辨出了公司经理、家庭主妇、花花公子、体育专栏作家、演员、律师、应召女郎、工人、秘书等身份。1950年2月4日的《生活》杂志，也搞过类似的测验，同样达到了很高的准确度。由此可见，鞋子，不仅仅是穿在人脚上的一种日常生活用品、装饰美化用品，它还能反映人的一种身份、地位、性格、能力、兴趣……

为什么鞋子拥有这么多的秘密？因为鞋子套着的是人的脚，而脚又隐含着不少埋在人们内心深处最原始、最本能的生物动机、精神欲望。在西方精神分析学说的鼻祖——弗洛伊德眼中，"脚是一种非常古老的性象征，鞋子或拖鞋则常常是女性生殖器的象征"。甚至有的西方专家更加直截了当地指出：大脚趾是男性阴茎的象征，脚趾与脚趾之间的缝隙是女性性器官的象征。按照弗洛伊德的理论，人的思想、性格、行为……一切的一切都是与性密不可分的，既然脚属于性器官的一部分，那么人潜在的意识、内心的欲望等，也就自然而然地与脚存在着千丝万缕的联系。

一、穿尖头鞋的女人

曾经有一度女性最流行、最时尚的便是尖头鞋。尖尖的鞋头究竟意味着什么？实际上，女人穿着尖头鞋招摇过市、漫步于大庭广众时，就像堂吉诃德手中挥舞的一把剑，在向一种原有的、传统的社会生活规范发出挑战。它试图证明，现代的女人比起她们的前辈，更勇敢、更直白、更坦率、更开放，更无所顾忌、敢作敢为。因此，这种尖尖的鞋头，象征着她们的野心、进攻性、征服欲、占有感，以及一往无前的精神。所以穿着尖头鞋的女人，不仅时尚、漂亮、新潮，更主要的是在她们的潜意识中，她们自己是这个时代的主角。她们不但要摆布自己的命运，还希望控制住男人的脉搏，当男人们面对着像利剑一样的女人鞋尖，唯一的出路大概只有退却和投降。

研究发现，鞋子与脚的吻合松紧程度，还能反映出一个女人的性心理状态。一般情况下女人的年龄越大、性器官越松弛，穿鞋的宽松度就越大，而年龄越轻、鞋越尖、鞋与脚的吻合程度越紧密的人，对性生活质量的要求越高。所以经常爱穿着尖头鞋、紧身鞋、喜欢鞋与脚紧贴着的女人，对事业生活各方面的参与性，对丈夫、情人的关注度都比较高。她们非常注重性生活和感情生活的质量。她们自我、自恋，控制欲、征服欲特别强，对自己想掌控的人不是贴身紧逼就是遥控指挥，且不达目的誓不罢休，但有时达到结果后，或虚荣心满足之后，她们又会突然失去兴趣，撤退得无影无踪，令人不知所措。

二、穿拖鞋的女人

从古到今、由东方到西方，总有些人将脚看作人体中最具有性意味的器官。因此人的脚，特别是女人的玉足，按照传统观念是人的隐私，一般是秘不示人的。在古代如果偷看女人的脚，是被视为一件极其下流肮脏的事，更不用说摸女人的脚，因为这在当时与强奸没有什么区别。所以古代女人的"三寸金莲"，是要包上一层又一层的裹脚布，然后塞入绣鞋藏匿于闺房之中。然而世界上所有的人，多多少少都有点窥视别人的嗜好，就像人们爱赏花，不就是在窥视植物美丽的生殖器官吗？只不过花是不会提出抗议的。

可是人在公众场合，随意窥视他人的隐私是道德和法律所不允许的。

所以，女人的暴露欲、男人的窥视欲，都必须借助于一个合理合法的途径加以满足，此时女人的脚和鞋，也就成了满足这种欲望最合适的传递载体。现代女人两只拖鞋天足一双，少遮少掩登堂入室，正是女性盛行身体裸露的一种象征。它既展示了女人的魅力，又诱惑了男人。所以喜欢穿拖鞋外出的女人，大多有着一种暴露性感、释放美丽、被人欣赏的冲动。她们自信、轻松、随意、散漫、我行我素、较少约束。她们不一定有很高的人生追求，也不愿意过十分清贫困苦的日子，唯一的生活标准就是舒适自由。如果女人穿的鞋子不是无跟就是漏趾，甚至几乎全透明，那么这种人的心理设防程度往往较低，对于感情和性的付出较为随便。由于脚是性器官的象征，因而女人面对一个男人时，倘若随意脱鞋、露出足脚，甚至脚与异性的身体发生接触，这是她向男人发出的一个非常强烈的性信号。所以在民间人们常将那些性行为较为随意的女人喻为"破鞋"，其道理就在于此。

三、穿高跟鞋的女人

现在不论是银屏、T型舞台，人们看到最多的就是所谓的厘米美女。这里的厘米美女指的就是穿高跟鞋的女人。因为在女人美学辞典里，性感指数是与她的鞋跟高低成正比的。鞋跟的升高可以使女人身体修长、亭亭玉立、挺胸翘臀、曲线突出、凹凸有致，变得风情万种。高跟鞋从16世纪第一次在法国宫廷现身至今，尽管医学专家再三呼吁鞋跟过高不利健康，但女人们仍旧是乐此不疲，没有哪位愿意放弃自己脚下的那几寸高跟，因为就是这小小的数厘米能让女人化腐朽为神奇。

所以男人们千万不要小瞧了这几个厘米。俗话说得好"站得高，才能看得远。"女人就是需要凭着这高跟鞋傲视群雄。这鞋跟上的几厘米，不仅是生理上身高的延长，更是心理位置的无形提高。因此穿高跟鞋的女人，鞋跟越高、架子越大、气派越足，经常是自以为是、耀武扬威，似乎个个是女王似的。她们基本属于那种可远距离观赏，而不宜近距离亲近的一类人。女人穿高跟鞋，还有一个重要的效用就是增强女人的平衡功能，因而穿的鞋跟越高、鞋跟越细，甚至可在小小的圆桌跳起"伦巴、探戈"的女人，多数是社交场上的高手，公共关系的专家，特别是那些喜欢将高跟鞋与系踝带连在一起的女人，常常会让男人在不知不觉中为她的性感所征服，糊里糊涂地走进

她早已设好的陷阱罗网。据性学研究人员研究，经常穿高跟鞋，可以令人腿部内侧的肌肉更结实，有提高女性性能力的妙用！因而女人穿高跟鞋往往具有双重含义，一方面是提醒男人注意她的性感，另一方面则是在激发自己的性能力。

此外，从女人鞋跟（也包括男人）的磨损程度，还可以看出她的心理稳定性。凡是鞋跟一侧明显磨损，而另一侧鞋跟基本正常者，其人心理状况多数极不稳定，时常情绪波动、反复无常，做事犹疑不决、拖泥带水，决策时更是人云亦云、优柔寡断。

◎如何透过泳装看女人心理

当你欣赏泳装美女时，不要被她们动人的曲线迷晕了头。其实，凭借着泳装的款式和颜色你可以了解她们的内心。心理学家发现，女性选择泳衣的款式和颜色，往往暴露出她们的意图和心态。甚至可以由此了解女性内心的真正欲望和对异性的态度。

依颜色喜好做性格判断，始于德国心理学家鲁米艾尔，此后，这种研究风行世界。运用某种特定的颜色，或者改变你对颜色的喜好，还能帮你改变情绪和性格。

一、红色的泳装

喜欢红色泳装的女性，做事积极主动，意志坚强，不轻易服输，很难受别人左右。她们在恋爱方面一贯主动热情，最受年轻男士欢迎。努力赚钱，大方花钱。她们还是Party Animal，在晚会上总把自己当重要人物。

二、黄色的泳装

喜欢黄色泳装的女性比较理性和冷静。对自己的智慧和能力充满信心，因此也期望获得他人的赏识。从外表上看她好像很温顺，其实却很好强。在金钱上，她很豁达，除非手头真的拮据，否则不会很在乎钱。

三、蓝色的泳装

喜欢蓝色泳装的女性个性温柔细腻，气质优雅，但比较敏感，是容易受伤的女人。她们憧憬温情和浪漫的爱情，重视友情，常为他人花光了钱，缺乏赚钱或储蓄的头脑。

四、绿色的泳装

喜欢绿色泳装的女性具有两面性。在花钱方面比较理性，不会在冲动之下肆意购物。

五、紫色的泳装

喜欢紫色泳装的女人，具有天生的鉴赏力，有个性。许多设计师都会喜欢紫色。此种女人讨厌平庸，喜欢独特的构想。在消费方面，她们抱着该花则花、该省则省的态度。

六、黑色的泳装

喜欢穿着黑色泳装的女人，分为两种截然不同的类型，要么老实、朴素、不喜欢引人注意，要么总喜欢哗众取宠。对于金钱，她们要么节俭，喜欢朴实安定的生活；要么充满野心和欲望，爱过奢靡的日子。

七、白色的泳装

喜欢白色泳装的女性，一向平和冷静，善于表达自己的感情。她们较少受华丽外表的迷惑，更在意的是内心的情感和精神。她们不喜欢太出位，不爱很抢眼的东西。她们诚实、责任感强，秀外慧中。表面上看她们会掌握金钱，事实上，常会把钱花在不该花的地方。她们对自己的身材和美丽很有自信，恋爱时很少会先向对方表达爱意。

◎如何读懂女人的无声语言

实验发现，一个人要向外界传达完整的信息，单纯的语言成分只占7%，声调占38%，另55%的信息都需要由非语言的体态语言来传达，而且因为肢体语言通常是一个人下意识的举动，所以它很少具有欺骗性。因此，当一个男子向一个女子求婚时，他大可不必等到她开口应允，看看她紧抿的红唇、低垂的眼帘和微微颤动的肩膀，答案就不言自明了。

有效地读取肢体语言所包含的信息不仅有利于你与女性的交往，而且还可以帮助你了解一个女人的内涵。

一、头部姿态的语言

习惯头部上扬的女人通常自视甚高、傲慢而唯我。或许是因为她们的条

件一般都不错，追求她们的男人又较多，所以她们对男人的要求很高，却很少能够真正体谅男人的苦心。

头总是低俯的女人通常内向而温柔，虽然有时显得缺乏激情，但是能细心体贴、关照男人。

头部侧偏的女人通常充满好奇心，但偏于固执。她们很容易与男人一见钟情，却没有相伴一生的忍耐力。

二、手和手臂的语言

握手是男人接触陌生女子身体的主要机会，通过这个机会你可以抓住她传达给你的信息。手心干爽的女人性格开朗，也可能表示对此次晤面没有特殊的兴趣。手心潮湿的女人性情较内向，也可能表明她的内心很紧张或很恐惧。要找到两者间的差别就须看她的眼睛是躲闪还是微闭。

握手时手心朝上的女人多是柔顺易于相处的，手心朝下的女人多是争强好胜不肯服人的一类。而只伸出手指的女人多是精于世故，吝啬贪婪，同时还传达出一种蔑视的意思。一般来说女人在与男人握手时较少用力，但如果她突然施力，那肯定是在暗示什么。男人一定要注意观察她随后的举动。

女人的手形变化很多。不断地摩擦双手的女人是在期待着什么，如果加上眼睛的直视，可以肯定她在期待着男人进一步的亲近。喜欢十指交叉的女人往往可能是恋爱受过伤害，是一种很明显的本能防卫，但假如她是双肘支撑着交叉双手，那又可能表明她对自己的诱惑力相当自信。而把十指相对做成尖塔型的女人，通常表示的是她只对男人的话而不是男人本身感兴趣。

手在与身体其他部位的接触时能传达更丰富的信息，但都是具体环境中才表现出来。例如，用手不停地触碰鼻尖，是因为犹豫不决；用手触摸耳朵是对男人的说话内容产生怀疑；用手揉眼睛是在拖延时间，是女人对付不大容易回答的问题的常用手法；用手搔头显然是烦躁不安；用手捂嘴是在掩饰自己真实的想法；而用手在面部摩挲则表示她对谈话毫无兴趣，心不在焉。

下面再说说手臂。标准的交叉双臂姿势没有特别的含义，不过是女性一种本能的自我保护，但如果长时间维持这个姿势就表明消极的态度。加强的交叉双臂姿势是一种敌视的象征。用双手握住双臂的姿势表明了紧张和不知所措。掩饰的双臂交叉是常在公众场合露面的女人的传统姿势。这种女人多数虚伪而且老练。

三、腰腹部和臀部的语言

女人腰部传达的信息如果不依靠裸露或触摸，男人是很难捕捉到的，然而臀部的信息很多。

走路时左右臀上下摆动的女人往往热情而不拘小节，好幻想不喜欢户外运动。走路时左右臀几乎不摆动的女人现实而富于功利心，她们像喜欢运动那样喜欢恋爱，目的似乎只为了自己。臀部安静时自然上翘的女人多数热情开朗，喜爱交际又敢爱敢恨。臀部安静时下垂的女人多数性情温顺，对爱情专一而且执著。

四、胸部的语言

女人胸部的曲线最醉人，但是近年胸垫一类的饰物已经让人无法看出端倪，所以只能从女人挺胸还是含胸辨认女人。这无疑也使破译胸部语言的工作变得简单起来。

喜欢挺胸的女人肯定充满自信，心中很少有传统的女卑观念，是现代新女性的代表，也表明她们的心态健康而积极。

喜欢含胸的女人肯定不那么自信，或者天性羞涩。她们的人生观相对消极，多愁善感，渴望爱情又缺少勇气，只会默默等待。

五、双腿的语言

只要是女人，她的双腿便会在有意无意地活动间透露出真实的心理活动。这对于想知道她们心意的男人很有帮助。

（1）平行型：这是女人落座时最普通的安放双腿的形式。这样坐的女人大都是年纪不大的女学生。她们对于自己的外表和健康很有自信，所以对男人的要求很高。除了符合她们条件的男人以外，她们都不予理睬。

（2）一条腿靠在另一条腿上：把右腿跷在左腿上面的女性，是比较有涵养而保守的，内向又较理智，习惯压抑、控制个人感情。不到特别的时机绝不轻易吐露真情。把左腿跷在右腿上的女性正好相反，天性喜爱冒险，恋爱时积极而大胆，是标准现代女性。

（3）双腿一起弯曲：这是富于罗曼蒂克幻想的女人。她们一般都家境不错，非常注意自己的行为是否检点。她们的缺点是不时地炫耀自己的高贵，从不肯承认自己的情感，多少有点做作。

（4）十字型：把双腿交叉成十字型的女子多是情窦初开的少女，未经世事，对男人也毫无经验，只要男人稍事殷勤便不难和她们交往。

（5）脚尖交叉型：采取这种方式安放双腿的多有自恋或同性恋倾向，或恋爱受挫，厌恶男人的女人。男人最好避开她们。

（6）展开双腿型：女性中展开双腿的极少。如果不是因为太胖或下肢有病的话，这样的女人疑是较大胆放纵的类型，缺少教养也缺少对男人的真情，或者是有过性体验而性意识淡漠的女人。

女人的体态语言是复杂多样的，每个女人又各具个性，以上几种破译法只是单一环境下的共性特点。实际生活中的女人绝不可能静坐一隅任男人品头论足。因此，男人若想真正了解女人体态语言的含义，必须具体问题具体分析，否则仍然只是茶余饭后不精彩的猜测，甚至产生更多误解。

◎ **如何从提包看女人的性格与心理**

我们常可看见一些女性拿着比身上衣服更引人注目的提包行走在路上。她们买这些提包时，丝毫不考虑其与自己身上的服色是否协调，只想到这个提包是多么的引人注目。这种类型的女人富于幻想，但略显轻佻。

梳妆整齐、穿着典雅而又常常拎一个不讲究的旧提包的女人，大都爱莫名其妙地激动。她们的生活表面上看起来颇为幸福，但是实际上却有一些不为人知的烦恼。除此之外，她们天生有逃避困难的本能，爱把那些看起来困难的事情推到以后再去解决。

如果一位女性经常更换提包，并且一买就是好几种，那么她通常精神状态很不稳定，缺乏固定的观点和兴趣。

一、混杂型提包

在这种类型的提包里，即使是最常用的物品，也会被放置在提包的最底下。当提包主人欲取出一包面纸或者只是想找一本电话簿时，就得把提包里的东西全部掏出来不可。

这种提包的主人奉凡事都"无所谓"的态度为日常生活的圭臬。一般来说，她们待人殷勤热情，对区区小事从不斤斤计较。但由于过分的随便或者无所谓，她们也常常会造成别人的麻烦，譬如答应人家的事没办等。

这种类型的女人容易与人打成一片，相处融洽，但因为其随随便便的生活态度，更容易让人气得和她们"断交"。

二、整齐型提包

这种提包与上述的混杂型提包正好相反，任何需要的东西，总是触手可及。持这种提包的女人，一般都有强烈的上进心，办事可靠，品行端正，待人接物彬彬有礼。

一般而言，她们的自信心很强，并富有组织才能，是不可多得的工作好伙伴。

三、收集型提包

在这种提包里，有过期的电影票，皱巴巴的挂号单，广告单，信件，照片……整个提包仿若回忆的集合场，随手一拿都是一段过去。

有这种把所有可能具有某种意义的私人物品都塞在一个大皮包内之习惯的女性大多富于幻想，缺少条理，也不太善于处理各种生活上的琐事。在一般人眼中，她们看起来可能有点迷糊。不过，她们也明白自己的缺点，所以也都只买大型的提包。

四、全面型提包

这类提包中应有尽有，诸如备用眼镜，保健药盒，指甲剪，针线包等等，不管要什么，它的主人都能如变魔术一般的从中取出。

持有这种提包的女人善于处理各种实际问题，并且很能持家，心地也比较善良。

五、公事型提包

提包里经常装有各种笔记本，还有各种面值的邮票，信封，厚厚的记事簿，专业杂志，当天的报纸，并且肯定还有一枝以上的笔。

持有这种类型提包的女人，尽管性格各异，但她们有一个相同之处，即自信和缺乏幽默感，对许多事情看法过于简单幼稚，所有的心思都放在工作上，但这并不意味其工作表现必然良好，只是面对工作的她们可能比面对日常生活的她们更有信心。

◎ **如何从饮食方面看女人的性格与心理**

一、从餐桌仪态判断女人的内心世界

专家指出，一个人进餐的仪态或多或少会泄露出其部分的真正性格。这种论调应用在女性身上，作用尤其明显。

比如说，等待食物上桌时，表现得坐立不安的女性，或者是食物一端上桌，便立即狼吞虎咽的女性，大多曾经吃过苦，或少时家贫。

进餐间讲究整洁的女性不但注重食具本身的清洁，进餐时若有一颗面包屑掉落也要马上拾起来；用餐后，还会将用过的盘碟或者点心篮等叠起来，方便侍者收拾。这类女性颇能欣赏他人的努力，若遇上同样爱好整洁的人，很容易成为好友。

至于食物一端上桌，不先尝味道便胡乱添加调味料的女性具有爱冒险的性格，但做事可能会流于草率，不经思考，而且这种行为等于是对厨师的侮辱，故而非常不受厨师们的欢迎。

而喜欢一面进食，一面唠叨不休的女性通常急于与人交谈，以至于来不及将食物吞下肚便又开始喋喋不休。这类女性在处世时往往也显得比较性急而咄咄逼人。

相对于前者，进餐时一声不响的女性则可能是个美食家，一心一意放在食物上，也可能是生性害羞或孤僻，有意利用不断进食的动作避开和其他人应酬。

二、进食的方式反映了女人的内在性格

（1）浅尝即止型。这种类型的女性食量小，相对于小小的食量其个性亦保守，行动谨慎，墨守成规，稳重有余而活力不足。

（2）风卷残云型。这种类型的女性进食速度快，有点狼吞虎咽，大部分个性豪放，精力旺盛，具有过人的狂热，办事果断，待人真诚，并具有强烈的竞争心和进取精神，是相当不错的工作伙伴，但若欲当成人生伴侣，除非你能确定自己精力过人。

（3）仔细咀嚼型。大部分的女性都要求自己细嚼慢咽，这是基于对美丽的要求，只有慢慢地吃才能拥有曼妙身材。但有一种女人天生就进食缓慢。

她们喜欢细细品尝每一口食物。这类型的女性行事周密和严谨，对自己没有把握的事绝对不做。她们生性爱挑剔，有时甚至让人觉得挑剔得近乎冷酷。

（4）饮食过量型。这种类型的女性对饮食不加节制，遇到爱吃的食物一饱方休。其体格大部分也挺可观，不过相应其可观的体格，其心胸也多开阔、性格直爽，令人喜欢接近。团体中如有这么一号人物必能团结全部的人心。然而，其缺点是喜怒哀乐常常溢于言表，从不掩饰，故而也易得罪人。

（5）独食型。这种类型的女性总爱单独进食，不愿与人分享。她们大多数性格冷僻，流于孤芳自赏，但本质坚毅沉稳，责任心强，言行一致，恪守诺言。若有这样的下属，必能获得令人满意的工作成绩。

（6）来者不拒型。这种类型的女性对于入口的食物从不选择，有什么吃什么。她们多属个性随和、不拘小节、生命力旺盛、多才多艺一族。超强的耐力让她们可以同时应付多种工作而游刃有余。

三、观察女性的吃相

一个人吃东西的时候也是最不伪装自己的时候。

会将食物分割成若干小块，再逐一食用的女性，一般都很小心而谨慎，做任何事情都很细致，但有时难免流于保守和顽固。

吃东西很快的女性精力充沛，在工作上可能是个动作很快的工作狂，与其快速移动的身影相应和，其下决心的速度也很快。

不管吃什么东西都慢慢地一口一口细细品尝的女性会花时间反反复复地思考同一个问题，直到她认为没有问题时，才会作出最后决定。此外，她们也比较挑食。

四、从择食的习惯看女性的性格和心理

（1）喜欢吃蒸制食品的女性。性格比较内向，不轻易激动，心里常常犹豫和动摇，但很少流露出来。

（2）喜欢吃冷食的女性。她们比较坚强，且不愿意表现自己，不太好接近，对大自然有浓郁的兴趣。

（3）喜欢吃清淡食物的女性。她们不大注重人与人之间的往来，也不大善于与人接近，情愿万事独行，性格每每是沉静的。

（4）喜欢吃甜食的女性。她们热情开朗，平易近人，就是有些软弱和胆小。

（5）喜欢吃辣的女性。她们善于思考，遇事有主见，典型的吃软不吃硬，唯一令人不悦的就是喜欢挑别人的毛病。

（6）喜欢吃煮炖食物的女性。她们性情温柔，和谁都谈得来，也喜欢幻想，但对于幻想的事物是否能实现，则一点也不计较。

（7）喜欢吃烧烤食物的女性。她们上进心强，做事也能专心致志，但性情急躁，专爱出馊主意，又缺乏当机立断的勇气。

（8）喜欢吃酱菜的女性。她们比较稳重，常常埋头苦干，且做事有计划，但不太看重人与人之间的感情。至于对酱菜类不感兴趣的女性则多富于亲近人的感情，没有架子，容易亲近，对学问极有钻研精神，也能吃苦，不过毅力不足，所以易因受挫而转移兴趣。

（9）喜欢吃油炸食品的女性。她们勇于冒险，但情感丰富，容易触景生情，虽然常希望自己能闯出一番事业来，但却易因受挫而灰心丧气，更糟糕的是还会引发脾气。

（10）喜欢吃肉食的女性。她们很喜欢支配别人，具有强烈的领导欲，富有活动力和进取精神，在社交上颇活跃，与任何人都很合得来。

◎如何从笑声看女人的性格与心理

喜欢"捧腹大笑"的女性，通常富有幽默感和爱心，绝对不会妒忌别人，更不是"憎人富贵厌人贫"的那类可怕人士。

经常"纵声狂笑"、笑到肚腹疼痛的女性，平时可能是沉默寡言一族，不过看似平静沉着的她们一旦笑起来常常一发不可收拾。这种女性的笑声固然令人侧目，不过其为人通常可靠，且在公众场合颇受人欢迎，因为她对每个人的笑话都很捧场，令说笑话的人感觉很有成就。

会在人前开怀大笑的女性，生性坦率热情，办事决断迅速，绝不拖泥带水，但感情相当脆弱。

而大笑起来，全身都不住地晃动，笑得"前俯后仰"的女性，生性坦白，对一切都会直言不讳，并且喜爱施予，绝不吝啬，故也极受家人和朋友的欢迎。

相对于上述会在人前开怀而笑的女性，总是躲起来"窃窃而笑"的女人，大都生性保守，对别人的要求高；不过，她们却是不可多得之可共患难的朋友。

而好静悄悄微笑的女性，都是头脑冷静，心事不易向外人披露的人士，可别让她看似温柔的微笑给骗过去了，她可不像你想象中的纯真善良，不过也不邪恶就是了。

别人笑时，也会附和着微笑的女性，热爱生活，而且生性乐观，与她在一起是件令人愉快的事。

笑的时候总是用手遮着嘴巴的女性，在众人面前挺自持的，是一个不愿倾诉心中情的人，她的秘密连至爱亲朋都不会知道。不过她的保密能力仅止于她个人的事情，并不适用于其他人，所以你如将自己的秘密一五一十地向她诉说，请小心自己成为他人闲聊的主角。

笑声干涩、若断若续的女性外表略带冷漠，在冷漠的表情下还拥有一颗现实的心，故能冷眼旁观、冷静分析，颇能洞察别人的肺腑。

笑声尖锐的女性通常富有冒险精神，精力充沛且感情丰富，乐观而忠诚可靠。

笑声低缓、几近无声的女性，生性多愁善感，情绪极易受别人左右和影响，个性颇富浪漫色彩，易与人相处。

笑声柔和而平淡的女性，性格厚重，深明事理，凡事为人着想，而且善于处理人事纠纷。

笑起来会发出"吃吃"声的女性，严于律己，富有创造性，想象力丰富，而且具有高度的幽默感。

第4章
赢得他人好感，拉近心理距离
——让自己处处受人欢迎的社交技巧

　　有谁不希望让人喜欢？应该不会有人希望别人都讨厌自己吧！可是，让人喜欢好像并不是那么容易。你每天所接触的人，老板、同事、客户、家人、朋友，人人都喜欢你吗？恐怕未必吧！就连自己心爱的人，男女朋友、丈夫妻子，有时我们也不免怀疑，他们是不是真的喜欢自己。

　　要想赢得他人的好感，除了培养受欢迎的自我特质，还要掌握必要的社交技巧，把握社交的每一个细节，不失时机地展示自我，恰如其分地与人交谈，拉近双方的心理距离，为你的社交创造如鱼得水的环境，从而成为一个处处受人欢迎的人。

怎样的人受人欢迎

"喜欢"是一种微妙的感觉。它和爱情一样，往往没办法用言语表达出来，而只能凭心灵去体会。即使是相爱中的人，要说出"我爱你"也不是件容易的事。同样的道理，一般人很少会对别人说："我喜欢你。"

因此，是不是受人喜欢就变成一种直觉。你是不是受人喜欢，只有你自己才能体会得到，没有人会鲁莽地告诉你，他们心中真正的感受。奇妙的是，我们心中总是清清楚楚地知道，谁是受欢迎的人物。更遗憾的是，这个人往往不是自己。仔细想想，人们喜欢的对象，大半都具备相同的特质。不论在什么场合，总是某些类型的人特别讨人喜欢。我们会说："他在任何地方，都能谈笑风生。""别人总是喜欢围在他的身边。""只要他一出现，气氛就愉快多了。"

这些备受欢迎的人，大半都具备以下几个特点。

第一点是亲切。爱摆架子的人，人人看见都会敬而远之。能够随时随地放下身份地位，和其他人愉快相处，这样的人才让人由衷喜爱。不论是大官、大老板、大人物、大明星，乐于接近周围的人，随时保持快活的心情，愿意说些家常话，这种和自己家人一样的亲切态度，往往使人乐于接近，而且发自真心地受到吸引。

第二点是开朗。每天开开心心的人，谁见了都会喜欢。脸上带着笑容，与他见面也会觉得自己变得愉快。这种乐观态度不自觉地就会感染到身旁的人，大家不由自主地就会想接近他。

第三点是热心。在团体中热心的人，总会得到别人的尊敬。很多人为了一些小事，怕麻烦，只会一味地推托，总是觉得为什么是我来做，总是怕吃亏，这样的人是不易受欢迎的。热心的人，在大家正需要帮忙时，会挺身而出；有时会不计较自己损失的利益来造福大众。这样的人，我们往往会被他的所作所为所感动，而敬重他。

第四点是幽默。会说笑逗大家开心的人，去哪儿都占上风。人人都喜爱开心果，谁爱愁眉苦脸呢？或许他们背后有满腹苦水，但是面对大家时还是把欢笑带出来，谁能不爱他们呢？

第五点是好看。丑陋的人里面，也有讨人喜欢的，不过生得好看，到处都会占一点便宜，这是不可否认的事实。诗人说："美是永恒的喜悦。"喜欢美好的事物，本来是人的天性。美丽的人，到处被人簇拥着，也是这种天性的反映。外表、打扮、穿着能让人觉得赏心悦目，也是吸引人的重要条件呢！

而另外两个很重要的条件就是"人缘"与"亲和力"。总是会有一些人生来就带有一种特质，人缘就是特别好。大家提到他时就会有不一样的反应。所以如果你拥有一身好的条件，但人缘不好的话，还是失败的。而一些大官、大明星，如果没有亲和力，只会摆架子，那样的人，虽然地位高或者知名度高，还是不算成功的。

上述的特质，都是受欢迎的人的特质，你做到了哪些点呢？多多观察你四周拥有这些特质的人，在你遇到任何情况时，想想这样的人会怎么处理事情，相信你也会变成一个很受人欢迎的人。

让别人感觉你"很成功"的社交技巧

一、恪守信用，立身之本

所谓"守信用原则"，就是说到一定要做到。这听起来既简单又合理，但是绝大部分人就是做不到。假如一个人兑现了他曾经许过的所有诺言，他可能会成为一位杰出人物。

我们都遇到过类似的不幸，也为这样的"食言"而痛心疾首。行失于言是一种极糟糕的形象，你一定要像避瘟疫一样避免。

假如你想要创立一项长久而富有效益的事业，你就必须准备长期与别人合作。你的产品，加上你执行守信用原则的能力，将决定着你能否在长期的经营中取得成功。如果你想要事业长盛不衰，你就必须塑造这样的成功形象。

二、出色的工作增添你成功形象

通常，塑造一个成功的形象的最好方法是工作成绩突出。你的杰出表现及其带来的声誉，将使人们知道你是多么了不起。人们从你昔日成功的记录，或仅仅通过目睹你工作时的风采，就可认定这一点。如同你看见一个网球运动员在球场上挥洒自如的身影，就认定他是个职业选手一样，当人们看见你在所从事的领域里的非凡表现时，他们也不会怀疑你的职业水平。

如果你的事业刚刚起步，或虽然经过几年的发展，但仍然没有达到理想的水平，你可以运用"成功孕育新的成功"原则。你应该做的第一件事是：总要表现得忙忙碌碌，绝不要让你的顾客们知道，你的业务少得可怜；相反，要给他们留下你总是"日程全满"的印象。

运用"成功孕育新的成功"原则，来塑成功形象的技巧是：有一副看上去很成功的外表。如果你的衬衣领已经磨破了，皮鞋脏兮兮，西服的翻领款式过时，领带也不干净，那么很显然，你无疑是个失败者。

"成功孕育新的成功"原则，要求用那些可以提高你的形象的象征物来装饰你办公室的墙壁。学位、学术证书以及类似的东西都能很准确地告诉顾客，你是多么出色。你获得的奖章、奖状也有同样的效果。

三、娶一位好妻子，给你的形象加高分

在树立自己成功的形象时，不要低估你的伴侣对你形象的影响。在很多生意或社交场合，你的妻子都扮演着对你的事业至关重要的角色。她留给别人的印象如何，肯定影响着人们对你的看法。

如果你是个商业专业人员，带妻子出席一些跟业务有关的社交活动，就显得非常重要。这不仅因为你的客户们在场，而且你的潜在的顾客也在场。这些未来的顾客及其夫人们对阁下和尊夫人的印象如何，可能决定着你们能在多大程度上说服他们接受你们的服务。如果他们发现尊夫人魅力十足，他们将作出积极的反应。假如尊夫人使他们大失所望，那么阁下同他们做生意的希望就会化为泡影。

大多数情况下，你可采取很多措施改进你妻子的形象。例如，你知道她酒量很小，就要注意不要让她太放纵自己。如果她由于对有关业务的知识知之甚少而出丑，你就应负责多教给她这方面的东西。假如她智力尚可，她很

快就会获得一些你业务方面的知识，你就会惊奇地发现，在未涉及专业性太强的问题时，她谈起生意来还是很在行的。事实上，纯专业性的问题一般也不会在这样的场合讨论。

建议你的夫人在与业务有关的社交场合，避免谈论有争议的问题是非常明智的，谈论有争议的问题有时会使她陷入极大的困境。

自然啦，任何时候尊夫人都应表现得像个贵妇人才对。常言说得好："只要她还是个贵妇人，你就拥有一笔财富，而不是一个负担。"当然，她的外表在很大程度上决定着别人对她的印象如何。而且毫无疑问，她的衣着风格同你的一样重要。因为女人总比男人更需要打扮。所以支付得起的话，不妨给她买几套高档衣服，这是一笔很划算的投资。尊夫人身着高档服装，配以珠宝玉器，不但树立起了她的成功形象，也使你看起来充满了成功的希望。你那些客户的夫人们通常对她们的丈夫们有很大的影响力，她们将向丈夫评说你夫人的打扮是否得体。

任何时候，你妻子试图打扮成当地最性感的女人都不合适。通常她应比较谨慎地穿上时装，这样，即使给男人们也能留下好印象。

四、幽默的形象，让你"亮"起来

具有适当的幽默感，不仅能给你的事业带来极大的好处，而且会使你的工作更有乐趣。幽默可以消除紧张情绪，创造一种轻松愉快的工作气氛，从而使你的事业更为成功。它同样也是塑造成功形象的一个重要因素。每当面临选择时，绝大多数人都愿意与那些有幽默感的人打交道。

通常情况下幽默确实可以帮助你打开僵局，但在某些特定场合也许会适得其反。掌握"火候"非常重要。否则，就可能弄巧成拙。例如，这样向一位很有身份的潜在的顾客进行推销就十分荒唐：从后面拍一下他的肩膀，问道："嗨，伙计！听说过那个女旅行推销员的笑话吗？"再比如当你的生意正经历着困难而走下坡路时，你不会欣赏你的律师跟你开什么破产的玩笑。

在当今复杂的社会中，许多人灰心丧气，精神萎靡。因为压力和紧张情绪比以往任何时候都普遍，所以恰当的幽默就显得越来越重要。它经常是缓和尴尬局面的最好办法。如果你天生就有幽默感，那一定要发扬它，因为这无疑是一种优秀的品质，人们会因此而乐于与你共事。

五、与杰出的成功者交往合作

同什么样的人合作对你的形象产生着巨大影响。并不是要你把对自己形象不利的朋友们都甩了，但是跟什么样的人打交道确实跟你的形象有关。俗话所说的"物以类聚，人以群分""与狗居，必惹蚤"，并非无稽之谈。这两句谚语都非常正确，特别是从别人将做何反应的角度讲。例如，如果你有一些地位显赫而且功成名就的朋友，人们就会想，"他一定颇有本事，否则，怎么能跟那些人在一起。"如果你的朋友全是些失败者，那么，即使这不会严重损害你的形象，那它也不会对你产生积极的影响。还有，如果你在公司里整天同那些声名狼藉的人打得火热，你的形象也会受损。要强调的是，为了塑造更好的形象，要换换朋友们，而且要搞清楚同你合作的人中，哪些人有助于你的形象塑造，哪些人则有损于你的形象。

如果你的朋友是出类拔萃的人，别人就会认为你大概也是这样的人，或认为你迟早会成为这样的人。正因为如此，名牌大学才受到望子成龙的家长们的青睐。他们知道，名牌大学的气氛足以熏陶出与众不同的气质。对子女的事业成功将大有好处。

让别人感觉你"可以信赖"的社交技巧

一、不要刻意隐藏缺点，要知道，刻意隐藏缺点是"欲盖弥彰"

百货公司偶尔会举行次品大拍卖。一旦这种大拍卖展开，每天都会吸引许多的人前往抢购，为什么次品也会这么的受欢迎呢？

人的心理通常是隐恶扬善的，所以他们会想尽办法去掩饰缺点，宣扬优点。因此，一旦有人明白地指出自己产品的缺点，反而会让人觉得这家公司很诚实而对它产生信赖感。（当然价钱低也是吸引人抢购的原因之一。）

做人的道理也是一样。将自己的缺点明白地表示出来，往往会得到别人的信赖。但这并不是说要将自己的缺点一五一十的全都说出来，这样做不但得不到上述的效果，反而会收到破坏自己形象的反面效果。

那么应该怎么做效果才会最好呢？我们可以透露自己的缺点，但不能太多，顶多透露一两项无关紧要的缺点就行。有少许小缺点的人，给人的感觉往往是"虽然有少许缺点，但大体上很好"。这样的人往往更能获得别人的信赖。

二、知之为知之，不知为不知，是知也

有一次美国加州大学一位教授讲课。课上教授提出他做的老鼠实验的结果。此时有一位学生突然举手发问，提出了他的看法，并问这位教授假如用另一种方法来做，实验结果将会如何。会场的听众都看着这位教授，等着看他如何回答这个他根本就不可能做过的实验。结果这位教授却不慌不忙，直截了当地说"我没做过这个实验，我不知道"。

同样的情况若发生在某位"好知"的教授身上，情形可能就会完全不同。他一定会绞尽脑汁，说出"我想结果会是……"的话。

一般人都有不想让别人看出自己弱点的心理，因此，很难开口说"不知道"。但有时承认不知道，反而可以增加别人对我们的信任。

因为直截了当地说不知道，会给人留下非常诚实的印象，并且敢说不知道，其勇气也是别人所佩服的。因此对于这种人所说的其他答案，别人会认为一定是千真万确的才会说，因此对他也就会更加的信任。

三、放慢说话的速度，给人留下诚实的好印象

优秀的推销员绝大部分都是木讷型的。虽然这并不表示口齿伶俐的人不适合当推销员，但口齿伶俐并不是一个推销员所必须具备的条件。事实上，太过于伶牙俐齿，往往会让人产生反射性的怀疑——真的这么好吗？反过来说，若是木讷点，反而会令对方产生"诚实"的印象，会有听听看再说的念头。

当然，要促使顾客有购买欲望，必须运用各种促销技巧才能达成。但最重要的，首先就是获得对方的信任。

这一点不仅推销员，在任何需要说服别人的场合都可能应用得到。尤其是想打动一个人的心时，说话速度太快往往只会导致相反的结果。或许我们是不想浪费对方太多的时间，才会快速地叙说我们所要表达的一切，以免因太多地占用对方的时间而留下坏印象。但事实上，我们传达给对方的不只是一些表面的数据资料，最重要的是让对方产生信任感。因此若不能获得对方的信赖，表达再多的资料也是枉然。

因此，我们应该借助一些技巧，来争取对方的信任。其中最简单且有效的方法，就是将说话的速度放慢。尤其是与人初次见面的时候更须如此，才不会给对方留下轻浮的坏印象。

四、对有信心的事，越小声叙述越会显得有分量

人的思想是很奇怪的，他们判断一件事，有时并不依据对方的说话内容，而是依据对方说话时的表情和态度。

例如，我们责骂小孩时，若用很大的声音去骂，往往会使小孩产生反抗的逆反心理，反之，若用温和亲切的方式劝导，反而可以收到良好的效果。

五、果断地表达你的观点

算命的人在给人算命时，虽然开头会讲各种模棱两可的话，但到了最后，一定会说"你将会如何如何……"，而不会说"你可能会如何如何"。这些算命的人，对于武断式的心理暗示效果非常清楚，才会说出这样的话，让人产生信服的感觉。

另外，这类暗示效果也常被应用在催眠术上。

当初松下电器公司开始创建时，松下幸之助把奋斗的目标设定在谁也无法相信的最高数值上。但他本人却充满了信心，对任何人都表示"松下公司一定会如预期的成长"的态度，获得了大家的好感，结果业绩竟然真的达到了他预期的要求。

像这样使用武断式的言论，正是表现自己有信心的绝妙方法之一。

六、打电话给别人时，先问一句："你现在有空吗？"

有时别人打来的电话并不见得会受欢迎。因为你在开会或者是正在与重要的客户谈论公事，有时往往会因为一个电话而打断了你的谈话。反过来说，若打电话的人在对方非常忙碌的时候，叙说自己想表达的事，相信对方也不见得会听得进去。

因此，想让对方听进去我们想说的话，就必须让对方有愿意听我们说话的心情。打电话时对方产生这种心情的最好方法，就是在开始说话以前，先问清楚"你现在有空与我谈话吗？"等对方答应了才开始进入主题。

像这样先征求对方同意，再开始进入主题，会给对方非常诚心的印象。反之，若用"谈5分钟就好"这种强迫的方式，然后延长为10分钟，甚至15分钟，那给对方的印象就会非常的恶劣。

另外，就算对方当时没有时间听电话，但若使用上述的方法，会让对方觉得很舒服，则当时就算没有空，他也会主动地告诉你何时有空，到时你可再打去，这样就会达到你通电话的目的。这种利人利己的小事，是我们绝对不能忽视的。

七、提前10分钟到达约会的地方

与人约会要守时，是尽人皆知的道理。但若是由自己主动邀请的约会，那我们就必须比约定的时间提前10分钟到达，以表现出自己的诚意。

不迟到是一种守信的行为，因此可以给人留下诚实的印象，进而对这个人产生信任感。但最重要的不是守时，而是不让对方等。因此就算我们准时到达，但若对方已先我们而到，就失去了意义。因此我们应该比预定的时间提早到达，以便等待对方的到来。

另外，我们有时参加一些重要的集会，会让我们觉得很紧张。此时若能稍早到达约会的地方，让自己先适应一下环境，那多少可以消除我们的紧张感。

八、只借一二十元也如期偿还，可提高别人对你的信任感

骗子最常用的方法之一，就是先向人借一点小钱，而且有借必还，等到建立起信用后，再借一笔大钱，然后逃之夭夭。虽然时代不断地进步，人们的知识水准也不断地在提高，但上当的人却仍然层出不穷。

随着时代的进步，金钱的价值越来越低，因此许多人认为借一点小钱根本就用不着还。这些骗子就是利用了人们的这种心理，来建立起自己诚实的形象，达到诈骗的目的。

我们也可以利用这种方法，建立自己的信用。换句话说，就是要靠向人借一块钱，也要记得还的方法，来建立起别人对我们的信任感。

这一论点不仅适用于金钱，就是与人做小小的约定时，也同样地要依约履行。这样的人才会让人信任，无论做任何事也都将更为顺利。

九、直截了当地承认过错，可以表现自己的坦诚

考试差的小孩，往往会不敢直接回家，或者是回家后找一大堆理由，尽量推卸考不好的责任。

其实，我们向人道歉时，最好的办法是直截了当地说出对自己不利的一

切。这样原本想对你发动攻击的人，就会丧失攻击的动机，因为这正表现了你的诚实。事实上，这比找一些借口支吾其词地向人解释来得有效且勇敢。

因为支吾其词，往往会给人逃避责任的印象，更会给人极不好的印象，并且还会给对方有"他根本就没有真正认错的诚意"的感觉。相反的，若直截了当地认错，就可以增加自己的信誉，让对方有不妨让他再试一次的想法。由于道歉态度的差异，往往会给人截然不同的感受，这一点我们务必要牢牢记住。

十、与其辩护，不如弥补

某公司在开会时，发给每位与会者的资料中，因人为的因素少印了几张重要的文件，虽然这几张文件对该会议并没有造成严重的影响，但事先负责影印这份文件的年轻女职员，却被她的上司叫去狠狠地骂了一顿。

这位女职员在郑重道歉后，要求她的上司让她重新影印一次，把完整的资料补发给与会的人。听到她的这项要求，上司对她的印象突然改变了。因为她不只用道歉来弥补此次工作的过失，还设法用实际的行动来弥补自己的过失，表现了强烈的责任感。从此上司对这位女职员就留下了深刻的好印象。

因此，有过失时，与其辩护，还不如立刻提出改善的方法，较能表现自己的责任感，而获得对方的好感。

十一、一句"像我这样的人"，往往能消除别人对我们的不信任感

在众多的学者及评论家的座谈会中，主办单位安排了一位家庭主妇列席发言。当轮到她发言时，她居然用"像我这样的家庭主妇……"作为开场白，但结果却成了一篇非常精辟的演讲，实在让人刮目相看。

她很高明地利用了人们的心理。那就是利用"像我这样的人……"引开了人们对她不满、不信任及愤怒感。当然在场的人对她可能并不会有不满或愤怒感，但却多少会有不信任感，可是她靠着这一开场白打破了别人对她的不信任感，收到了比预期更好的效果。

因此，若认为别人会不信任我们，我们可在开始说话时模仿这位女士的说法，打破对方对我们的不信任感，然后再进入说话的主题。

十二、复述对方的问题足以表现自己对这件事情的认真态度

有一些人虽然喜欢演讲，但却不喜欢答复台下的人所提出的问题。的确，他们所提问题的内容有时真是莫名其妙，有时甚至会与讲演的内容毫不相干。关于这一点，有一位评论家所使用的方法就值得我们学习。

他的方法其实也很简单。每当有人向他提出问题时，他总是不厌其烦地重复一次对方的问题，再开始进行解答。而在重复问题的这短短的时间当中，他就可以思考着该如何回答。这种方法往往可以让询问的人留下"他真的在认真思考我的问题"的印象，自然而然地对他产生了好感。另外，重复对方的问题还有另一个优点，那就是可以让询问的人确认自己询问的是否就是这个问题，避免因听错或会意错，而答出不相干的内容。

这种回答的方法在面试等较严肃的场合尤其有效。在这种情况下若能用这种方式回答问题，可以让主考官留下"认真"的好印象。试想，如果主考官发问后，你就立刻冲口回答或沉默不语，主考官会有怎样的感觉？收到的效果当然会是负面的。因此，不论回答的答案是否得体，开始回答问题前，先复述一次问题，绝对可以让对方留下好印象。

十三、积极响应对方的话题

我们打电话时，若对方一直闷不吭声，我们一定会觉得很不好受，似乎有被对方忽视的感觉。

这一点不只在电话中，就是与人面对面谈话时，若对方毫无反应，我们也一定会觉得很不好受。

此时我们虽然可以用"嗯""喔"等语气表示我们确实在听，但最好的方法是在说到某一个段落时，重复一次对方所说的内容的重点。这样不但能消除对方的不安全感，同时也可以让他觉得我们很专心地在听，理解力也很强。事实上，这一点在公事上也可以加以应用。当上司命令我们做事时，每次都复述上司命令，则上司会认为下属确实已经理解了他的命令而感到放心。另外，复述上司命令，对我们本身而言，同时还具有加强记忆的作用。因此，无论从哪个角度来看，复述命令对我们而言，是绝对有益无害的。

十四、"请你听我说"听起来比"我要告诉你"谦虚得多

想让对方对我们产生信任感，最主要的一点，就是要消除对方的警戒心。

而在谈话时，最重要的一点就是要让对方觉得他是主角。"我要告诉你"是以说这句话的人为"主"，因此对方的感受往往不如"请你听我说"

来得悦耳。这不但是以对方为"主"，并且还可以表现自己的谦虚，是件一举两得的事。

十五、满足对方不经意间流露出的愿望

有位任职于某企业的经理，曾讲述了一件令他很感动的事。他说有一位任职于他的客户公司的年轻职员，有一天拿了一瓶他们家乡的土特产酒来送给他。经追究其原因才知道，原来不久之前，在他们一起喝酒的时候，这位年轻的职员向他表示，他们家乡所酿的土特产酒味道不错。结果这位经理就不经意地向他表示，方便的话，哪天就送他一瓶。这位年轻职员果真没忘记他们之间的约定，把酒送来了。这种诚意着实使他深深地感动。

一般来说，不信守约定被认为是件不好的行为，但喝酒时所定的约定却是例外，因此若能遵守喝酒时所定的约定，将会让人刮目相看。

事实上，想让人留下深刻的印象，"意外感"所占的比例往往是相当大的。因此，若想让人留下深刻的好印象，就必须遵守一些非正式的约定，这样对方将会因感到意外而留下更深刻的好印象。

十六、从容不迫地道别

有些人在工作告一段落，要与客户道别时，会一边整理东西一边向客户道别。虽然这很可能是一种无意识的小动作，但这样做往往会让人觉得你归心似箭，而留下坏印象。

我们必须意识到，道别是一种独立的事件，不可以把它和其他的事情合并进行，否则一定会给对方留下坏印象。

十七、倾听失意者说话，可以获得对方的信任感

心里有什么不舒服，往往可以因找到倾诉的人而得到松弛，而人际关系也因此得到润滑。

可是人一旦陷入低潮，往往会连与人谈话的兴致都没有，但心里想诉说的苦楚却越来越多，这是一种恶性循环。

对于这样的人，我们应该尽力去帮助他。而他实际上最需要的，就是一个愿意倾听他诉苦的人。因此我们可以邀他喝酒或请他吃饭，慢慢地松弛他的内心，让他愿意开始倾诉他的苦恼。我们若如此地从心底去帮助他，日后他对我们的信任感将会大大增加。

十八、对不在场的第三者表示关心，可以加强对方对我们的好印象

有位初任职某出版社的年轻编辑到朋友家拜访。当谈到一半时，他不时地看表，然后突然站起来向朋友表示，他还有另一个约会必须赶去。当这个朋友送他到门口后，他果真跑着去赶赴另一场约会了。

或许有的人会认为他的这种态度很没礼貌，但他当时给人的印象，却是真正地关心另一个人，给人留下了很好的印象。

当然他当时并非是表演给人看的，而是真的要赶赴另一个约会，但若想"表演"一下也未尝不可。例如当我们与人交谈到一半时，可以起身打个电话，然后跟对方说"我下一个约会可能会迟到10分钟，所以必须先打个电话跟他说明一下"。如此一来对方一定会设身处地地想，假如我是他的下一个约会对象，他也会同样地关心我，而对他留下很好的印象。

十九、在实际行动上关心女性

善于追求女性的男人都有一个特色，那就是非常会献殷勤。只要对方需要，任何事他都会帮她做到。因为他们深知想对女性表示关心，与其体现在言语上，倒不如在实际行动上帮她们一点小忙。这是由于女性的警戒心通常比男人强，因此若只在口头上表示喜欢她，往往会收到反效果。但若用实际行动来表示，则情况就大不相同了。因此经常帮她一点小忙，远胜过用言语夸赞她好上千百倍。

二十、身体姿态，反映品行

在传统习惯中，与身份地位比自己高的人见面时，为了表示敬意，必须挺直腰坐得端端正正。事实上，就算说话毕恭毕敬，若表现出一副吊儿郎当的态度，别人也绝不会留下好印象。因此，第一次见面的人谈话时，切记绝不可跷起二郎腿，否则就算在其他方面的表现都很好，也会给对方留下坏印象。

让别人认为你"做事很积极"的社交技巧

一、开会时起立发言可以加强自己发言的分量

有些演讲会由于主讲人发言的时间较长，主办单位会特意准备椅子让主

讲人坐着发言。碰到这种情形，你可以婉拒对方的好意。

为什么？因为同样的演讲内容，站着和坐着说给听众听的效果完全不同。以歌星在舞台上的表演为例，站着唱与坐着唱不但歌声的效果不同，它们给人的感受也完全不同。前者会比后者更让人觉得有活力。同样的道理，讲演时站着说，听众的感受往往会更为强烈。

因此，开会时若起立发言，给人的感受一定比坐着发言更强烈、更有迫力（压迫力）。此外，站着发言的另一个优点，可以居高临下，把握全场听众的气氛。

特别是那些对自己的讲演没有信心的人，更应该站着发言。虽然发言内容是一样的，但站着发言这一小小的改变，就可以使听众留下"积极"的好印象。

二、比别人抢先接电话可以给人"做事积极"的印象

动作比别人慢，往往会让人留下做事消极的印象。因此若想让别人留下做事积极的印象，就要比别人早一步行动。

例如电话铃响时，比别人抢先接电话，有客人到公司洽谈，立刻上前接待。虽然这都只是一种小小的动作，但会让人留下反应快、做事积极的好印象。

三、比别人早到公司可给人留下做事积极的印象

有位职员刚进入公司时，每天都是最早到公司上班的人，有时会因到得太早，甚至连公司的大门都还没开！虽然他谦虚地表示是由于他的能力较差，必须比别人早到公司上班，来弥补自己能力的不足，但事实上他每天都那么早到公司，绝对有其正面的意义。

试想，其他的同事睡眼惺忪地赶到办公室时，你已经卷起袖子在做事了，他们的感受将会如何？积极、有干劲就是这样表现出来的。

四、挺直腰杆快步走可给人留下精力充沛的印象

有位曾在高级餐厅打工的学生说，他们进入餐厅正式工作以前，除了有各种基本知识训练外，老板还再三交代他们在餐厅内工作时，必须以快速的步伐行走。

许多人很佩服这老板，因为若让侍者慢吞吞地走，不但服务速度会慢，同时也会让客人留下不好的印象。慢慢地走往往会给人一种很疲倦、无精打采的感受。让侍者快步走，可以说是这家餐厅的优良传统，这就是他们自我表现一种方法。

不只是侍者，任何人只要挺直腰杆快步走，就会让人觉得积极、有干劲！

走路的方式往往会被人们所忽略，但却是我们在自我表现中不可忽视的重要一环。

五、用力握手可以让对方感觉你很强大

握手不仅是一种交际的礼仪，同时也是表现自己的强力武器。仔细地观察一下那些政治家，一连与数十甚至数百人握手后，他们的手已经因失去血色而显得苍白，由此不难推测他们是多么用力地与人握手。

从心理学的角度来看，一个人若是被人用力地握手，自己就会很自然地用力握回去。握手虽然看起来只不过是手与手的交流，但实际上却也是一种心与心的交流。因此，用力握手可以让对方感受到自己的热情与意念，并给人一种强大的印象。

事实上，握手愈用力，愈可以让对方留下深刻的印象。反过来说，若是对方用力地握我们的手，我们下意识中就会用力地握回去，以免自己居于下风。的确，被人用力一握，往往会感受到一股强大压力。尤其是被第一次见面的人用力一握，那种强烈的感受常会使人更难忘。

六、坐沙发时，千万别"陷身其中"

假如你正在很认真地向一个人解说某件事的时候，对方却将自己的身体深深地陷入沙发中，你会有什么感受？如果对方是上司那还没话说，如果是同事，你可能就会向他说"你能不能认真地听我说"。为什么呢？因为将身体深深地陷入沙发的姿势，在别人的眼中，看起来往往就是一种不认真的态度。特别是连上半身也深深地陷入沙发中，给人的印象将会更为恶劣。

相反的，若仅坐椅面的一半听人说话，例如只利用椅面的前三分之一部分来坐，给人的印象会更好。尤其是采用这种坐姿时，身体的上半身会自然地向前倾，可让对方产生聚精会神的感受，因此会让对方产生做事积极的印象。好好利用这一效果，可以有效地表现自我，让对方留下好印象。

七、边听边记笔记可让人感觉你在认真地听讲

在你讲演时，总会有一些听众拿着笔记本边听边记。不知不觉中你会对这些人产生好感。

因为记笔记不但表示要留下一份记录，并且还显示了想将对方所说的话，留在记忆中的积极态度。

当然任何人都不会把没用的话一一记下来，反过来说，做笔记就是表示认同对方说话的内容，对于对方是一种敬意的表现。

好好利用这种心理，可以使对方感受到我们的心意。通常上司对你说话时，就是再无聊的话你也不得不听，此时若能用记笔记的方式，不但能消除无聊感，同时也可以让上司留下好印象。

一边听讲一边记笔记，是需要有灵活的头脑才能胜任的工作，因此勤记笔记不但可以表现出自己的能力，更有事半功倍的效果。

八、卷起衣袖工作，可给人留下做事积极、有干劲的印象

将长袖衣服的袖子卷起来，露出肌肤，可以使人产生充满活力、做事积极的印象。听说年轻的女性往往会对卷起衣袖做事的男人产生好感。据了解，岂止是年轻的女性，任何人对卷起衣袖做事的人都会产生好感。

九、签名的字体大一些，可以让人留下深刻的印象

政治家与一般人的名片最大的差别，就是政治家的名片上除了姓名之外，其他如住址、电话等一概不印，并且姓名也用比一般人使用名片还大的字体来印刷。这些都显示出想让对方记住自己姓名的意图。

这一点值得我们学习。事实上姓名就是我们的另一个身份，只要对方记住我们的姓名，也就等于认识了我们。因此签名时尽可能将字体写大一些，就可以加深对方的印象。根据一位教师的经验，通常将自己的姓名签得很大的学生，他的学业成绩虽然不一定就很好，但往后的成就却往往会较大，这就显示写大字的人较具有积极性！

十、边说边打手势可加强给对方的印象

在美国的学校里，基本上每个学生在课堂上起立发言都是边说还边打各种手势。这种热烈的学习气氛，在东方学校的课堂上是不易见到的。尤其是当学生要表达与教授相反的意见时，那种激烈辩论的情形，在东方更是很少看不到的。

还有当我们观赏政治家演讲的影片时，也会发现他们常使用各种激烈的手势，来加强演说的效果。这正是政治家的个人魅力所在。

或许这是国民性的差异缘故，东方人说话时通常不打手势。但我们若能在说话时配合一些手势，就可以使对方的印象更为深刻。

由此我们可以知道，倘若手势打得好，有时谈话的内容虽然不怎么样，也可让对方留下深刻的印象，所以我们不能忽视手势的重要性。

十一、参加事先没有安排座位的集会时，主动坐到上司的旁边，可以表现自己的自信心

在大学里，上课时通常没有排固定的座位，但奇怪的是每一次上课时，同学们所坐的座位却几乎都是固定的。成绩好、喜欢发表意见的同学，通常会坐在距离老师较近的座位，而成绩差、常常心不在焉的同学，则通常会坐在后面几排的座位。

其实这个道理非常简单。坐前几排的学生不但较容易为老师所重视，就是被老师叫起来解答问题的机会也比坐在后排的学生多出许多。因此对自己有信心的学生，就会选择前排的座位，反之，对自己没信心的人，就会很自然地往后坐。

同样的心理也会出现在一些公司职员的身上。对自己越有信心的人，越喜欢和上司在一起。因此，参加事先没安排座位的会议时，主动坐在上司的旁边，可以表现自己的自信心。

十二、额外的工作以及意外的工作，可使别人感受到你的热忱与诚意

新闻记者的工作是相当辛苦的。他们1天24小时，都必须为了采访新闻而工作。有时他们好不容易找到了他们想访问的人，但被访问者却以"没什么好谈的"理由而予拒绝，他们便白忙一场。

在外行人的眼中，或许他们的这种做法被认为是在浪费时间，但事实上他们却有必须这样做的理由。他们是想凭着1天24小时不停地工作，让受访者产生怜悯的感受，进而因同情而透露一些消息。虽然受访者也知道记者用的是苦肉计，但却仍会产生同情心。

有一位任职于某杂志社的记者，就为了想获得一位正在监狱服刑犯人的独家新闻，在他入狱的3年内不断地写信和他联络，结果在他出狱后，果然让他采访到了他所需要的独家新闻。

因此，有时额外的工作以及意外的(别人不会想到的)工作，反而可使别人感受到你的热心。

十三、到对方的住处请教可以显示自己的热忱与诚意

有人常说"公务人员的服务态度欠佳"。虽然最近他们已经开始改善他们的服务态度，但仍让人有不舒服的感觉。究其原因，最主要的是我们必须到他们那边才能办事。

此外，到这些场所办事，往往会被这些公务员连名带姓地叫来叫去，而这种直呼其名的叫法又通常是上司对下属的叫法，因此，被叫到的人往往就会感到不是滋味了。

上述两种原因，往往会成为我们身心两方面的负担。一件小小的手续有时必须花上一整天的时间才能办好。而这种不愉快的感觉，就是让我们对公务人员的服务态度产生抱怨与不满的原因。

和人见面也是一样，如果对方表示"到我公司来吧"，有时就会觉得很不是滋味。相反的，若对方说"我到你那边去吧"，就会有很舒服的感觉。因为在自己熟悉的环境与人见面，心里总会多一层安全感。

为了显示自己的诚意，我们不妨到对方的处所请教，虽然这样会比较累，但"收成"却往往会非常的丰硕。

十四、将自己的"梦想"说出来，可以增加自己的魅力

表现自己魅力的方式很多，而其中很值得一试的，就是将自己的"梦想"说出来。

例如，我们可以对别人说"我希望将来能住在国外，最好是在西班牙买一个小城堡……"或许有人会觉得你幼稚无知，但一般人却会觉得说这些话的人天真可爱，充满了魅力。

有"梦想"的男人才是富有魅力的男人。"在我有生之年，一定要用我的双脚走完丝绸之路。"有这种"梦想"的男人是否会让人觉得有魅力？答案应该是肯定的。

拥有远大目标的人，他的整个人都会给人有一种"大"的感觉。女性和这样的男人在一起，就会产生连自己的"梦想"都可以实现的感觉。

"梦想"就是幻想，因此就算是完全的超现实也无所谓，只要拥有属于自己的"梦想"，整个人就会充满了魅力。

十五、该认真时就全心投入，该笑时就开怀大笑

有些人无论是高兴或烦恼，都不会在脸上显示出喜怒哀乐的表情。

当然，面无表情的人并不代表他们内心是冷酷的。相反的，这种人的心思，有时会比正常人更细腻、更富神经质。

由于面无表情，别人就无法从他们的表情中了解他们的心思。因此，对于这些看起来毫无反应的人，人们自然就会产生"他们反应迟钝"的感觉。

感情的表现越积极，越能让人了解当事人内心的感受，而感受性强的人，往往也会让人觉得非常有魅力。因此，我们在应该认真的时候，就要全心投入，在该笑的时候，就开怀大笑，才不会让人觉得我们反应迟钝，而留下坏印象。

十六、用手握着麦克风演讲，较易表现出自己独特的形象

相信任何人都有在不同的场合讲演的机会。当使用麦克风说话时，我们用手拿着麦克风讲演，更能增加自己的魅力。

使用麦克风最重要的一点，就是口与麦克风之间的距离应该保持一定，这样听起来会比较舒服(声音不会忽大忽小)。通常较少使用麦克风的人，往往会在不知不觉中将自己转向背后的黑板，使自己与麦克风间的距离拉长，从而使声音变小。这是一般人最常犯的错误，我们务必要注意这一点。

如果我们将麦克风拿在手上使用，就可以随心所欲地走近听众席进行讲演，如此更易拉近我们和听众间的距离。所以当我们使用麦克风讲演时，不妨用手握着麦克风保持一定的距离，就可获得很好的效果。

让别人感觉你很有才干的社交技巧

一、在开始发表自己的意见之前，先说明自己的意见范围

说话清晰，可以让人觉得"头脑好"，这一道理相信大家都同意。但如何说才能口齿清晰呢?

最好的方法，是一开始就将今天所要讲的话有哪几大项，以及每一项的内容又如何等先说清楚。

为什么要先做上述的报告呢？由于人类是一种喜欢推理的动物，因此一旦事先表明了大概的内容，听众就可以一边听讲，一边进行下一步骤要说什么的推测，并且由于有了某些心理上的准备，他们对讲演内容的吸收也会特别快。

换句话说，事先简单地说明将要讲演的内容，由于听众已经有了某种程度的心理准备，因此就算讲演的人偶尔口齿不清，也不会影响到听众的感受，还可以让他们产生"此人头脑不错"的印象。

二、每次都能将意见归纳成三大项，别人就会对你的归纳能力留下深刻的印象

人们对于"三"总是有一种特殊的感觉，"三"往往可以带给人们一种安全感。

具有说服力的人，往往善于利用"三"的战术。日本某商社的副社长土光敏夫先生就是其中的佼佼者。他对于任何问题的答复都是"这个问题有三个答案"，并且在回答问题时也都将问题归纳成三大项。这样不但问题被整理得容易理解，对于整个问题的探讨也颇有助益。

反过来说，若将问题的答案仅仅限定为一项，则容易使人有一种武断的感觉，如限定为两项则又易使人有左右摇摆不定的印象。

事实上，演讲的人若能将问题归纳成三大项，则在进行演讲的时候也将会顺利得多。

三、任何话都尽量在3分钟以内说完，也是表现"自己头脑好"的诀窍

我们常常可以看到类似"3分钟讲演术"以及"3分钟自我介绍"的书。事实上"3分钟"对我们而言，的确具有特殊的作用。通常一般人讲3分钟的内容，是不用看稿可以侃侃而谈的极限。

据有人在广播电台主持每天2分50秒的迷你节目的经验，发现这一时间正好可以不多不少地讲完一个主题。以一般谈话的内容而言，一分钟太短，5分钟又太长。

为什么？事实上3分钟是人类表达自己意见的最适当时间。任何谈话只要有3分钟，就可以表达得清清楚楚。超过此时间所说的话，很可能就是废话了。

说话最重要的目的就是要让听众有良好的感受。世界上没有任何事会比内容贫瘠的话，更令人觉得无聊的了。因此，与其多说废话，倒不如将说话的内容，精简在3分钟以内说完，反而容易让听众接受，并且听众还会对讲演者产生"此人头脑不错"的印象。

四、凡是考虑周到，想到最坏的结果

举一个很简单的例子来说，假定有一位汽车推销员，他每月销售业绩是30部汽车，但本月份他只销售了10部汽车。如果，事先他已向上司报告说："这个月由于其他车厂推出新型车，因此预测自己本月份只能卖出四五部汽车。"如今卖出了10部汽车的这一事实，看起来就不再是一项缺憾而是一项突破了。但若他事先向上司表示"虽然这个月份其他车厂推出了新型车，但我至少可以卖出十四五部汽车"，则售出10部汽车的这项事实，就会被认为是一项"失败"。这也从另一个角度解释了本书第二章所讲过的"欲扬先抑"定律的潜在内涵。

五、平常说话时偶尔加入一两个专业名词，可以使人感觉你有深度

当我们坐在车上或咖啡厅里，听到旁边有人说外国话或专业名词时，我们的目光往往会不由自主地去注视他们。

这种现象就是记忆心理学上所谓的"凝离效果"。例如，若将一个特殊符号放在一大堆数字当中，则这个特别符号一定会特别醒目，这就是所谓的"凝离效果"。

所以当你追求女朋友的时候，如果常在谈话中加入一些外语，对方往往会觉得你很有学问。一旦感觉某人有学问，对于这个人谈话的内容就会格外注意。

反过来说，若总用这种方法，则不但"凝离效果"会越来越淡，并且反倒会使对方感觉谈话的人肤浅甚至卖弄。如此不但达不到表现自己有学问的目的，反而会给对方留下坏印象。因此，得适可而止。

六、若想让别人接受自己的意见，可以尝试以名言或谚语的方式表达自己的意见

有时我们想拒绝一件事，往往会由于某些因素，使我们无法很干脆地拒绝，因为一不小心就可能又树立了另一个敌人。

此时，我们就必须找借口来拒绝了。但若所找的借口又与自己有密切的关系时，虽然对方因此接受了我们的拒绝，但他同时也会感觉到直接被人拒绝的愤怒。

那么如何才能既不伤感情又达到拒绝的目的呢？通常，若要真正地做到两全其美，是相当困难的。这里有一个比较理想的方法，你不妨试一试。那就是翻一翻历史，找一找历史名人们说过的话，是否有适合自己目前处境的名言。若有，则我们可借该名人的话，向对方表达自己想表示的意思。例如，我们可以用"孔子曾说……"的方式来表达(暗示)自己目前的心境。这样一来，对方的感受往往也不会再那么强烈，而我们想拒绝的目的就达到了。

此外，引用名言或谚语，往往也可以加强自己的说服力。这就是心理学上所谓的"威光暗示"效果。

七、叙述数字时若将个位数也表示清楚，可提高别人对自己的信赖感

试想，如果我们听到对方把小数点以下的数字，都清清楚楚地说出来，我们有什么感觉？是否会认为对方的记忆力惊人？通常有些人之所以被尊为"超人"，就是因为他们肯下功夫，将小数点后的数字都记起来的缘故。

其实牢记数字，往往还能让听讲的人产生信赖感。例如，有一位杂货店的老板到银行申请贷款时，他要求银行借他91万元。银行的经理觉得很奇怪，就问他为何不干脆借100万元。这位老板很坚决地表示，他贷款的金额经过他仔细计算，确实只须借91万元，因此他只要借91万元即可。银行经理听到后觉得他非常可靠，于是立刻批准了他的贷款。

八、对于畅销书就算没读过，别人提到时也要表现出感兴趣的样子

无论从事何种工作，一旦丧失了时代感，就不可能会有任何进步。事实上，在各种变化都很激烈的时代，"时代感"是每个人都不可缺少的一种素质。

为了达到具有时代感的目的，我们必须对流行语、广告词、电视的热门节目、各种周刊、杂志以及畅销书等，都有一定程度的了解。虽然许多流行现象并没有太值得我们学习的地方，但由于它们是一种社会的时尚，因此我们也不能轻易地否定他们。

虽然有人认为，只读畅销书的人没什么水平，但事实上却不尽然。姑且不论它的内容如何，只要由它能在短短的时间里就拥有一二百万的读者这一

事实来看，就可以知道这实在是一种不可忽视的社会时尚。

因此，虽然我们不见得一定要读完所有的畅销书，但在报纸杂志上看到介绍畅销书的文章不妨看一看，对于我们只有好处而没有坏处。原因是我们很可能在许多聊天的场合，听到其他的人以目前畅销书内容来作为话题。若自己连书名、作者都不清楚，试想别人对你的印象将会如何？

畅销书明显地反映了一个时代的各种事物，因此我们不妨换个角度，从为何现在这本书会变成畅销书的立场，来对畅销书进行研究。

九、文章中千万别出现错字或漏字

文章的好坏、有趣与否，往往会因读者兴趣的不同而有不同的评价。不过文章中若有错字、漏字，则相信对任何人都会留下恶劣的印象。

在极端的情况下，一篇好文章很可能会因为一个错字或漏字而被否定了。其实许多错误往往只要稍微注意一下，就可以发现的，但若不加以注意就马虎地交出去，往往会给人不够细心的感觉。

另外，通常错字、漏字太多的文章，往往还会让人对它的内容是否正确也产生怀疑。每一篇文章风格各异，它代表了作者的思想，并且还将广为流传，因此在写文章时，就必须特别小心了。

十、就算字不漂亮，只要工整得让人容易阅读，也会给人留下好的印象

在批改学生的作业时，最感到头痛的就是学生写的字既脏又乱。所谓的脏与乱并不是指字写得漂亮与否，而是指他们往往会将写错的字直接涂掉。

其实就算字写得不够漂亮，也应该可以写出容易让人阅读的字体。如果字容易阅读，阅读的速度也会相对提高，阅读心情就会愉快，对写这篇文章的人自然会产生好印象。

十一、和人一起吃饭时，若一直举棋不定，不能决定自己要吃什么，会给人留下判断力不足的印象

有些人在与人一起到餐厅用餐时，常常无法决定自己要吃的东西。另外，有些人还会在好不容易决定自己要吃的东西后，又要求取消而另外再更换其他的东西。此时，如果是女孩子，旁人还可以容忍，但若是男人如此，则会给人留下判断力不足的坏印象，并且还会被人瞧不起。

这样的表现会给人一种优柔寡断的印象。虽然有人或许会说，只不过是

无法决定自己想吃什么，怎么会被人认为优柔寡断？根本就是小事一桩。但若换个角度来看，就因为是小事，才必须更加注意。

倘若我们要做一个与自己或公司未来命运有关的重大决定时，任何人都不可能立刻决定。就算看似立刻决定，那也是由于他平时就已对这个问题进行了思考，早就胸有成竹。

不过对于决定自己要吃什么，相信任何人都应该能在短时间内决定。若连吃什么这种决定都要想来想去，则别人就会很自然地联想到，若让他决定一件比吃什么更难、更重大的问题时，他的表现又将如何。

十二、与人约定下次见面时间时先翻看一下记事本，再确定时间，可给对方留下很周密的印象

与人约定时间时，对方通常会有两种反应：一种是表示什么时间都可以，而另一种则表示要翻一翻记事本，看看哪个时间可以。

排除一些特殊的情况之外，对于前者人们可能会有"无能"的感觉，对于后者则会留下工作能力很强的印象。

这是由于一般人通常都很忙的缘故。而随时都有空的人，给人的感觉是很闲，很闲又会让人联想到无所事事，能力不强。事实上，有些推销员就算知道自己某一天有空，在与人约定时间时，也会掏出记事本装作要确定自己那天是否有空，以使对方留下他能力很强的印象。另外，边看记事本边约定时间的另一个好处，就是可以让对方留下做事谨慎，不会到时忘了约会时间的好印象。

十三、故意让人看看写满预定行程的记事本，可让别人留下能力很强的印象

有时无意间看到了别人写满预定行程的记事本，往往会被它吓一跳，并且立刻会产生这个人工作能力一定很强的印象。这也是一种忙就是能力强的直觉反应。同样的，当我们看到写满姓名、电话及住址的记事本时，也会很自然地产生这个人交际一定很广的印象。

利用这种心理，我们可以给人留下我们工作能力很强的印象。虽然有点做作，但效果往往很好。

十四、经常重复一些小命令可使对方觉得你是领导者

有些已婚男士会告诫新婚男士，从新婚的第一天起，就应该以命令的方式与太太沟通，将来太太才会听话。事实上这种现象若以心理学的观点来看也是相当合理的。

男士在结婚后，若能立刻对妻子表现支配者的态度，久而久之妻子就会习惯于丈夫的这种态度。例如，丈夫可以对妻子表示"倒杯茶给我""拿报纸给我"或"马上把洗澡水放好"等，让妻子自然产生"丈夫就是支配者，妻子就是服从者"的印象。

相反的，若一开始就表现出夫妻平等的态度，则一辈子就都必须维持这种关系。

类似的情形在办公室中也可以适用。对于那些不把上司看在眼里的职员，上司只要以命令式的口气与之说话，就可以很自然地改变他对上司的印象。

十五、想让人觉得你是"大人物"，最好的方法就是将各种动作放慢

从前有位朋友曾与一位号称最伟大的记者有过一面之缘，虽然他的言谈举止相当有深度，但给人的感觉不但不像个大人物，反而有点像瘪三。事后想想，这是由于那位记者的各种动作不够稳重的缘故。虽然动作与人的本质并没有直接的关系，但我们对一个人的印象，却往往会因他所表现的动作而有所改变。

人一向就有一种先入为主的观念。通常所说的大人物，他的各种动作一定是缓慢而稳重的。因此若想让别人把你当作大人物般地看待，就应该刻意地将自己的各种动作放慢。缓慢且稳重的动作，不论在视觉或心理上，都可以让对方感觉到你是个大人物。

十六、逆光走向对方会使人产生此人较"大"的感觉

欧美人士相当重视心理学在商业上的应用。尤其是身为公司的高级干部，他们平时更重视自己的服装、室内摆饰等，都以尽可能给人留下好印象为目的。

在美国还有人专为此论点写的一本很厚的书。书中分别说明大人物的谈吐(由如何选词造句到每句话之间应停顿多少等)、应对表情、说话的语调姿态、抽烟的姿势等，巨细无遗。其中最让人觉得有趣的，就是它还提到"逆

光走向对方会使人产生此人较'大'的错觉"。

逆光当然不容易让对方看清楚自己脸上的表情，因此会让对方产生不知道他在想什么的威胁及压迫感。有些人甚至按自己谈话的对象或内容，调整自己房间内灯光的明亮度，来制造最适当的气氛。

我们或许还用不着做到这种地步，不过在与人说话时选择逆光的位置的确比较好。因为逆光会使对方看不清楚我们脸上的表情，万一我们有时露出犹豫不决的表情时，对方也不容易察觉，从而可使对方对我们留下好印象。

十七、直条纹的衣服可使你看起来较高

错觉是视觉心理的一种原理。其中常被人应用的是直条纹与横条纹带给人的视觉差异。这项错觉原理常被应用在服装上，我们若想使自己看起来个子高一点，不妨穿直条纹的衣服，反之，若想使自己看起来胖一点，则可改穿横条纹的衣服。

对自己身高不满意的人，可以常穿直条纹的衣服，使别人产生错觉。根据美国一所大学的研究报告，身高与未来的升迁有绝对的关系。一般人站在个子比自己高的人身边，多少总会感受到有一股压迫感，这是一项不争的事实。换言之，身材高大的人可以让别人产生自己能力强的错觉。因此我们应该多穿直条纹的衣服，让自己看起来更高更大。这样可以给别人一种大人物的印象。

十八、好笑就笑，不懂就承认，才不会让人觉得你反应迟钝

以前有两位杂志社的编辑，有一次为了连载小说的刊登事宜，两人一起到一位小说作家的家中拜访。其中有一位是老资格的编辑，另一位则是初出茅庐的新编辑。

见面时由老资格的编辑展开话题，但是为了将来容易交接工作的考虑，他仍刻意地安排让同来的新编辑有说话的机会。可是很意外的，那位新编辑却根本不搭腔。第二天，那位作家就打电话来向老编辑表示"昨天与你同来的那位老弟头脑是否有问题？"

听了以上这个故事，我们一点都不会感到惊讶。因为一个人在说话时，都希望让对方有印象。倘若对方一点反应都没有，他一定会大感失望。因此我们在听人说话时，不妨偶尔加入"吓我一跳""了不起"等语表示同感，

让对方感到我们在关心他。这样也可以给对方留下头脑反应快的印象。

十九、重复"我认为……""我的……"等语，可以加深别人对自己的印象

我们在一些政论会等场合，经常可以听到演讲者在他们的话中，不时重复"我认为""我的……"等语。对于这些从事政治活动的人而言，向大众推销自己是最迫切需要的事。而多用"我"这个字眼，正是加深别人印象的主要方法。

与欧美的语言相比，东方人原本就比较少用"我"这个字，并且在日常的生活中，东方人通常都会尽量避免用"我"这个字。那么为何东方人会避免用"我"这个字呢？最主要的原因，就是在潜意识中想逃避责任，不想让对方知道这是自己的意见、自己的感受。换而言之就是一种潜在的防卫意识，认为如此做的同时还能避免与周围的人发生冲突。

的确，一个人若不时表示"我的看法是……"或"我认为……"，则往往会给人自大、固执的印象。相反的，若想让别人对自己留下强烈的印象，则不妨在言谈中多使用"我认为……""我的……"等语，则必然可以让别人留下深刻的印象。但这种方法不宜使用太频繁，否则反而会有反效果。这一点必须特别注意。

二十、将自己的"特点"归纳在三个以内，可以加深别人的印象

在日本的东北部，有一家知名度颇高的饭店。这家饭店虽然并不是什么百年饭店，但附近有喜庆宴会时，都会选择在这家饭店举行。据了解，当地的人认为若能在这家饭店举行婚礼，是件非常值得骄傲的事。这家饭店之所以能够如此成功，完全要归功于这家饭店的总经理，他将该饭店的特点归纳为两个。

其一是他们推出只有他们的饭店才能制作的正统式餐饮。其二是他们所装设的吊灯，都是价钱极为昂贵的高级货。据说他们最小房间中所装设的吊灯，价值就有4 000万日币，大房间中的吊灯，价格更高达1亿日币！因此，当你到达那个城市之后，只要向计程车司机表示要到这家饭店，司机就会立刻反问："是那家装设昂贵吊灯的饭店吗？"或"是那家推出正统餐饮的饭店吗？"

另外，有一位参议员，由于他在竞选时仅以单一的政见作为号召，从而使他的政见因其简单明了而变得家喻户晓，深入选民的心，最终在选举中获胜。

由上述这些例子，我们不难了解，尽量将自己的特点归纳为少数几项，反而更能加深对方的印象。这可避免因特点过多，而使对方感觉眼花缭乱，无所适从。

当我们参加面试时，与其想让主考官留下"本人文武全能"的印象，还不如强调自己真正精通的一项（例如"我对爬山很内行"等），反而可以让对方留下深刻的印象。

二十一、专精于某一件事，往往可以让人刮目相看

在日本NHK担任巴洛克音乐解说的皆川达夫先生，因在NHK从事巴洛克音乐的解说工作，而获得意大利的音乐最高奖。他也是巴洛克音乐的权威。他的本职是教大学西洋音乐史的教授，但他的兴趣却极为广泛，有的兴趣甚至和他的本职毫无关系。高中的时候他曾参加歌舞剧的演出，而且对于葡萄酒也非常内行，甚至还写了一本有关葡萄酒的书。

虽然一般人或许无法像皆川先生一样，对于任何事都非常深入，但专门研究某一件事并且深入探讨，则是任何人都能做到的。例如，对葡萄酒有兴趣的话，只要稍微下一点工夫，很快就能精通，甚至成为专家。或者以世界各国的语言来练习"早安"和"你好"，或者学习一些口技(如学公鸡叫)等都可以给别人造成深刻的印象。这些雕虫小技虽然看似无聊，但往往可因此使别人对你刮目相看。

找个机会露一手，就可以加深别人对你的印象，他们绝不会觉得你无聊。

二十二、说出别人意料不到的话，可提高对方对自己信任感

有个人以前为了改建房子，找了一位木匠来估价。结果这位木匠对他说："这么好的东西拆掉实在太可惜了！如果是我的话就会原封不动地留下来。"听到他这么说，这个人立刻对该木匠产生了信任感。虽然原本就听说他的手艺非常好，但由于是第一次找他干活，因此对于他是否值得信赖，事实上并没有把握。但这种疑虑由于木匠的那句话而一扫而空。

为什么？因为他没说出别人预期他会说的话。我们通常会由对方的职业或社会地位，推测他会说什么话。例如我们认为推销员一开口，就会说出一连串推销自己新产品是如何优良的话，而木匠则应该会鼓励人尽量改建房子。因此，当对方说出与自己预期正好相反的话，往往就会因惊讶而不由自主地对他产生信赖感。

二十三、不按旧例往例办事，可给别人留下"能干"的印象

一些公司每年都会举办许多活动，因此每个职员都会有承办活动的机会。当我们被选派承办活动时，正是我们表现自己的大好机会。此时若能避免因循守旧，就可以给同事留下"能力强"的印象。

不过也不必样样都与众不同。例如，主办年终聚餐活动时，只要选一个别人都没去过的好场所，让大家吃惊一下，那也就够了。

但必须注意的是，若平时工作不努力，只在主办一些宴会时大出风头，则别人对他的印象也不会太好，或许别人会私下戏称他是宴会部长。

因此，这些与众不同的变化，最好别太夸张，应该尽可能在一些细节上去求变化。另外，自己平时的工作表现也必须力求完美，这样才能让同事留下工作能力强又会玩的好印象。在社会上只会工作不懂娱乐的人，并不见得会受到别人尊敬，既会工作又会玩的人，才真正会受到大家的尊重。

二十四、腰部挺直的坐姿，可让人留下"才俊"的印象

腰部挺直给人的印象往往会非常好。缩成一团地坐在椅子上，不但表现出没有自信，并且还可能让对方留下你畏惧他的印象。

正确的姿势会让人产生私生活正常和思想正直(即不会胡思乱想，把别人的好意当成恶意)的印象。另外，正确的坐姿还会给人诚实的印象，以及能力强、"才俊"的印象。

在参加会议或面谈等重要的场合时，尤其应该注意挺直自己的腰杆。事实上，在这类场合，腰杆是否挺直，往往是成败的关键所在，因为驼背的人再怎么看，都不可能会像是"才俊"。

再从心理学的观点来看，驼背的人通常都比较内向，防卫意识也比较强，同时也可能是较不合群的人。

二十五、说话时直视对方的眼睛，可以给对方留下好印象

由于工作的关系，我们经常会接触到各式各样的人。他们的年龄、嗜好、职业与社会地位都不尽相同。其中最能让人留下好印象的，是那些与你

说话时直视你眼睛的人。

谈话时相互凝视对方，对双方来说都会产生紧张感，因此我们会因为在潜意识中想逃避这种紧张，无意中将视线飘离对方的眼睛。最明显的例子就是搭乘电梯时，大家都会不约而同地注视电梯的天花板或地板，避免彼此目光的接触。

因此，我们若能注视着对方的眼睛说话，相对地，就会让对方留下我们对自己充满自信的好印象。相反，若我们逃避对方的视线说话，则往往会让对方留下自信心不足的印象，同时也会在不知不觉中降低了自己在对方心目中的分量。

许多人都有眼睛看着下方说话的习惯。这种表现往往会让对方留下非常软弱的印象，对当事者来说，是非常大的损失。直视对方的眼睛说话虽然会有少许的紧张感，但仍应养成注视对方眼睛说话的习惯。尤其要说服对方时，这一点绝对必要。因为注视对方的眼睛说话，正是让对方感受到你的压力及信心，同时也是提高说服力的最有效方法。

二十六、想让人感觉你的魅力，就应尽量做年轻的装扮

有一位著名的模型船收藏家，他家里的每一个角落都摆了各式各样的模型船。除了这项兴趣之外，他对组织乐团也有浓厚的兴趣，还经常举办各种演奏会。

收集模型船和组织乐团举办各种演奏会的活动，对于他的经济而言，完全没有正面的影响，因此一些较为现实的人，或许会认为他从事这些活动很不值得，但大多数的人却会对他投以钦佩又羡慕的眼光。因为他的做法，可以解脱现实社会的各种利害关系，将自己完全地投放到自己的兴趣当中，给人一种纯真的感觉。尤其是男性若能抱有这种纯真少年般的作风，往往会让周围的人感受到一种与众不同的魅力。

因此，若想让别人感觉自己的魅力，就不妨做年轻的装扮。这里所谓的年轻装扮并非要穿戴成年轻人的样子，而是要由内心深处流露出一种属于年轻人才有的气质。另外，将自己少年时的梦想说给别人听，也是显露自己魅力的好方法。

增加与他人的亲密感的社交技巧

一、强调自己与下属有共同的目标，可以缩短彼此间的距离

以前有一部电影，剧中有位老谋深算的公司经理计划利用现任职位上的客户资源开办一家新公司赚笔大钱。于是他找了2名以前的手下，共商创业的事。后来他发现若只有他们3个人，人数太少，将很难成功。于是他要他的手下另外再找7个人，以便组成10个人的创业团队。

他的手下顺利地找到了他们所需要的人手。但这位经理却发现，他与这7个新伙伴根本就不认识。他们是否值得信任实在是一个大问题。

于是他想到了每晚分别与一个新伙伴共进晚餐的好办法。席间他除了交代各人所负的任务之外，还郑重地向他们表示"我也跟你们一样需要钱"。

结果由于彼此有了共同的目标，这个计划最后终于成功了。

事实上像上述例子中这样沟通彼此间共同的目标，往往可以迅速地拉近彼此间的距离。这就和一旦发生战争，国民间的感情就会迅速地拉近的道理是一致的。我们若能将这一技巧应用到工作上，往往会获得意想不到的好效果。

二、与人初次相见，坐在他的旁边较易进入状态

相信每个人都有过这样的经验，那就是与人面对面谈话时，往往会特别紧张。因为人与人一旦面对面，眼睛的视线难免会碰在一起，容易造成彼此间的紧张感。

相反的，与人肩并肩谈话，在精神上绝对比面对面谈话要来得轻松。因此，与人初次相见，坐在他的旁边往往较容易进入状态。这一点同样适用与异性约会的时候。

三、尽量制造与对方身体接触的机会，可以缩短彼此间心理的距离

有位评论家曾经说过，有一次当他去百货公司买衬衫时，售货员小姐立刻拿皮尺，帮他量颈围。由于此时的售货员必须与他靠得很近，所以会使他产生好像与亲人在一起的感觉，而生意也往往在这种气氛下成交。

事实上，每个人都拥有一个无形的"自我保护圈"。通常除非是非常亲密的人，否则不容易侵入这个范围。但反过来说，若对方已经侵入了这个圈内，则往往就会产生对方是自己亲密者的错觉。

一本杂志上有一句很有趣的话——只要男女开始勾肩搭背，他们就已经是情人。的确，人与人之间有了直接的接触，彼此间的距离会一下子缩短了许多。

因此，若想在短时间内，缩短与刚认识者间的距离，最简单的方法就是尽可能地制造与对方身体接触的机会。

四、面带微笑地谈话更能拉近彼此间的距离

著名的节目主持人崔永元，之所以会受到大众的欢迎，并非由于口才特别好，而是由于他总是能微笑着听人说话。

同样，虽然说些笑话有改善彼此间紧张关系的润滑作用，但有时一不小心，也可能会弄巧成拙。因此，与其费尽心思逗人笑，不如认真听对方说话自己笑，反而可以拉近彼此间的距离。大家一起笑，很快地就能消除彼此间的紧张感，并且可以在很短的时间内建立亲密感。人与人之间的关系，也会因此获得很大的改善。

五、若与对方有共同点，就算再细微的也要强调

"你家住哪？" "喔，那个地方我以前常去，附近是不是有一家卖香烟的杂货店？" 像这样，为了缩短与对方之间的距离，只要是可以拉近彼此距离的话题，就算再细微的也要强调。

人与人之间一旦有了共同点，就可以很快地消除彼此间的陌生感，产生亲近的感觉。这样不但可以使对方感到轻松，同时也具有使对方说出真心话的作用。

事实上，我们每个人都具有这样相同的心理。例如两个陌生人一旦发现彼此竟然曾就读同一所小学，顷刻间就会产生"自己人"的感觉，立刻会打成一片。

找一些共同点强调一下，往往会收到意想不到的效果。

六、将与自己关系密切的人名写在电话记事簿的首页，会让他欣喜万分

当你到一位交往很久的同事家做客，你们尽兴地谈完准备回家的时候，他对你说："这些文件待会儿再送到您家。"说出他顺手打开电话记事簿，准备确认你的电话号码与住址。突然间你发现，你的名字竟然被写在第一位。老实说，你当时一定非常高兴。

每个人对"自己"都非常敏感，因此一旦发现自己受到与众不同的待遇

时，不是感到非常兴奋就是感到非常愤怒。

如果将与自己关系密切的人名，写在备忘录的首页，往往可以让对方感到高兴，而收到意想不到的效果。

有一位在心理学方面很有研究的学者，有一次应邀去演讲。他刚刚到达会场，主办这次演讲的主持人竟然没头没脑地问他："您是学什么的？"既然请他来演讲却又问他是学什么的，着实让他火冒三丈。当时他立刻就拂袖而去。请人来演讲或帮忙，事先应对对方有所了解，是必要的礼貌。因为每个人都希望获得别人的关心，一旦感觉别人忽视了他，任何人都会感到不愉快。相反，若表现出了解他，很关心他的样子，别人就会因高兴而对你留下好印象。

表示对别人关心的方法很多，其中记住对方曾经说过的话，然后向对方表示"您曾说过……"，是相当好的一种方法。另外，记住对方的兴趣、嗜好或计划等，再找个机会赞美他一番，也是一种很好的方法。

七、任何事都先征求对方的意见，可使对方感受到被关切之情

几年以前，一位教师曾经帮他的一名学生做媒，让该学生与一个女孩子相亲。相亲的地点安排在一家大饭店的餐厅。当教师问他的学生"你要点什么"时，他的学生竟然没有回答，反过来问那位女孩要点什么。

他的这一反应让教师放心了。教师想，这次相亲一定会成功。果然没错，这个学生和那个女孩最终走到了一起。因为任何事都先征求对方的意见，可以使对方产生被关怀的感觉，对方当然会留下好印象。另外，征求对方的意见，还可以给人一种被赋予选择权的感觉，而选择权在现代社会又通常是达官显贵的特权。由此联想，就会让对方产生自己在这群人中最受尊重的感觉，当然会觉得非常地舒服。

任何人被人尊重，绝不会不高兴。

八、指出对方的服装或饰物上的小变化，可使对方感觉我们在关心他

一般的丈夫，都不太懂得奉承自己的太太，更不会拍太太的马屁。例如，太太去美容院回来，丈夫内心也觉得她的确比以前漂亮了，但却不会顺口赞美她几句。而太太本身也由于得不到丈夫的赞美，往往会产生"丈夫不关心我"的感觉。

每个人都希望被人关心，并且对于关心他的人，会很自然地产生好感。因此，若想让对方对自己产生好感，最好的方法就是积极地表现出你真正地在关心对方。所以，我们对于对方的服装或随身饰物等，要随时注意，稍有变化就赞美他几句，这样往往可以让对方感到愉快。

上述的方法对女性尤其重要。因为女性往往比男性更重视自己的容貌与装饰。对方一旦觉得你在关心她（或他），就会自然地对你产生亲切感。

九、若想让对方觉得我们关心他，就该夸赞他的各种潜力

对于关心我们的人，除非他的关心会伤害到我们，否则对方的一切我们大都不会计较。尤其是当对方关心与我们自尊心有关的问题时，我们往往会对他产生好感。

那么怎样的问题，才是与自尊心有关的问题呢？其实，夸赞对方的各种潜力，就是很好的方法。例如，与其说"你的发型很好"，不如说"若再剪短一点会更可爱！"这样说，对方就会觉得你真正地关心他，自然会对你留下好印象。

十、使用"请教""帮我"等语气，较易获得对方的好感

有些人天生就有老人缘。而社会上真正掌握权势的又大多数是一些老年人，所以这些人往往就因此而可以平步青云。事实上，他们并没有使用什么特殊的方法，他们只不过是常用"请教"的姿态，来争取老年人的喜爱。

另外一种常用的方法是撒娇。事实上，任何人对跟你撒娇的人，通常都不会产生坏印象，而且会觉得对方很可爱。

虽然撒娇能否成功，是否恰到好处，与撒娇者个人的"天赋"有绝对的关系，但一些技巧却也可以影响撒娇的成败。例如：我们可以用"请教""帮我"等语气，来达到撒娇的目的。若对方是自己的前辈或同乡等，与自己有某种关系的人，采用这种方式将会有相当高的成功率。另外，若对方是同事或年长者，这种方法也会有不错的效果。

试想，别人尊称一句"前辈，一切拜托你了"，他那种尊敬你的心情，怎会不博得你的好感，对待这样的晚辈，你又怎么忍心不去帮助他。

十一、常用"我们"这两个字可以拉近彼此间的距离

有位心理专家曾经做过一项有趣的实验。他让同一个人分别扮演专制型、放任型与民主型等三种不同角色的领导者，而后调查其他人对这三类领导者的观感。结果发现，采用民主型方式的领导者，他们的团结意识最为强烈。而研究结果又指出，这些人当中使用"我们"这个名词的次数也最多。

事实上，我们在听演讲时，对方说"我认为……"带给我们的感受，将远不如他采用"我们……"的说法，因为采用"我们"这种说法，可以让人产生团结意识。

小孩在做游戏时，常会说"我的""我要"等话，这是自我意识强烈的表现。在小孩子的世界里或许无关紧要，但若长大成人以后仍然如此，就会给人自我意识太强的坏印象，人际关系也会因此受到影响。

人的心理是很奇妙的，同样的事往往会因说话者的态度不同，而给人完全不同的感觉。因此善用"我们"来制造彼此间的共同意识，对促进我们的人际关系将会有很大的帮助。

十二、会话中多叫几次对方的名字可以增进彼此间的亲近感

欧美人士常会在谈话中，不断地称呼对方的名字，往往会使刚刚才认识的人产生彼此已经认识了很久了的错觉。因此，会话中多叫几次对方的名字，可以增进彼此间的亲密感。

十三、记住对方"特别的日子"(如结婚纪念日、生日等)，可以给对方增加好印象

相信许多人若不是太太提醒，往往会忘了自己的结婚纪念日。如此健忘，太太当然会怀疑他是否还真的爱她。

技术高明的推销员，会善用这项人们常会忽略的事，来达到加强对方对自己好感的目的。例如，他们会在对方的生日，打个电话祝他生日快乐，或者当对方的结婚纪念日快来时，寄一张贺卡。虽然这都只是一个小小的动作，但却会有意想不到的好效果。

十四、赞美对方较不易为人所知的优点，可以加深对方对你的好印象

就算再差劲的人，也会有一两处值得赞美的优点。例如，一个人或许没有什么优点，但玩台球的技术却很高明，或者酒量非常好等都可以加以利用。有的人很在意自己的这些小优点，有的人根本就不在意。但无论如何，别人赞美他，一定会使他感到高兴的。

有时锦上添花式的赞美，引不起对方太大的喜悦。例如，对一位已被公认是很漂亮的女孩子说，你真漂亮，由于她平时已被夸赞惯了，所以很难让她觉得兴奋。相反，若能找出对方较不易为人所知的优点，则往往可以使对方感到意外的喜悦。

十五、每次见面都找一个对方的优点赞美，是拉近彼此间距离的好方法

有一家商店生意非常兴隆，原因就在于他们店里的每一位店员，都不断地与购物的人聊天。他们除了会向客人打招呼之外，还不断地找客人的优点来夸赞。例如，他们会向一位太太表示"您这件洋装很漂亮"，然后向另一位太太表示"您的发型很好看"！他们虽然不断地赞美别人，但却是按每一位客人不同的个性，选择适当的赞美词。

因此很自然地，这些客人在潜意识中，就会产生到这家商店购物就可以受到赞美的心理，而越来越喜欢到这家商店。

如果我们每次见面都被人夸赞，自然而然地会想再见到这位赞美我们的人，这是任何人都会有的心理。因此，每次见面都找出对方的一个优点来赞美，可以很快地拉近彼此间的距离。

十六、见面时间长，不如见面次数多

据说必须靠拜访客户来争取业绩的工作，最有效的工作方法，就是经常到客户那里去坐一坐。它的道理就类似我们读书时，同样是读12小时，但连续读12小时，其效果绝对不如一天读2小时，连续读6天的效果好。

人际关系的培养，主要是要让对方觉得自己亲切而留下好印象。而逐次给对方留下的好印象，将比集中一次让对方留下的好印象更不易被淡忘。

通常有人认为，偶尔陪人通宵达旦饮酒或聊天等，可以很快拉近彼此间的距离，而让人留下很深刻的印象，但这样造成的好印象，若不继续加强，很快地就会消失。试想，当别人问"你和某某人的关系如何"时，其一是"我们只见过一次面"，其二是"我们偶尔见面"，其三是"我们时常见面"。这三种答案，给人的印象当然有很大的差别。因此，若想与人建立亲密的关系，记住，见面的时间长不如见面的次数多。

十七、"投人所好"可以加强对方的好感

有一位朋友，一向习惯在别人名片背后，密密麻麻地写上一大堆资料。

起初有人以为他是为了便于了解对方，才故意记录的。后来才发觉他的真正用意，比别人想象的还高明，使人更加佩服！原来他所写的资料，并不是对方的年龄、籍贯等，而是记载自己如果下次再与他碰面时，必须做些什么！其中他最重视的，是对方的兴趣。他会刻意搜集与对方兴趣有关的所有资料，并于下次见面时将这些资料(情报)当作"礼物"馈赠。例如，对方的兴趣是钓鱼，他就会收集有关钓鱼这方面的资料，并于下次见面时与他大谈钓鱼之道。当对方一听到他对钓鱼如此了解，会产生"同好"而感觉倍加亲切。

或许有人会认为如此太过于功利主义，但事实上却不尽然。收集各种资料，不但下次见面可以有共同的话题，对于自己知识领域的充实也是有利无害的，并且以长远眼光来看，这将是一项非常有用的自我表现方法。

十八、表达感谢之意，写信比打电话好

由于电话的普及，我们往往会忘了写信的作用。但若要加强对方的印象，尤其是需要向对方表达感谢之意时，写信的效果比打电话好得多。

为什么呢？因为写信比打电话麻烦。因此，写信往往给人一种有诚意的感觉。并且信件可永久保留，每读一次信件，对对方的印象就会不由自主地加深一次。另外，信函是一种视觉的效果，通常视觉效果，比听觉效果给人的印象更深刻。

还有一点也相当重要。那就是有些在电话中不大好意思说的话(例如"此恩终生难忘"等)，用信函来表达就容易得多了。

信函的内容在"密度"方面，也比电话强多了。试想，我们若将电话中3分钟所讲的内容，用文字来叙述，其字数将会有多少？因此我们不难了解，打电话时我们必定说了不少废话，写信就可以避免这种缺点。所以，我们应该尽量以写信代替打电话，这样不论在哪一方面，都可以给对方留下较好的印象。

十九、想缩短与异性间的距离，应该直呼其名而不要连名带姓地叫

有人说，男女之间的交往，可以由相互称呼对方名字的改变情形，看出彼此间关系的进展。事实上，男女之间刚开始交往时，通常都是连名带姓地叫，等到关系比较亲密后，就直呼其名了！

因此，若想缩短与异性间的距离，就应该直呼其名，避免连名带姓地叫。

二十、想缩短与紧张者间的距离，可以采用稍微粗鲁的举动

有一位教授常与人一起进餐。许多第一次与他见面的人都会感到紧张，有时就算他再三地向他们强调不要紧张也没有用。此时他就会使出他的最后法宝——脱掉上衣(甚至连衬衫也脱掉)，拿起桌上的蛋糕就吃。紧张的人看到了这一情形，虽然会愣一下，但随即就会完全放松了。与此相反，譬如，上司正襟危坐在上，然后向下属表示"今天有意见的可以说出来，不要客气！"在这种情况之下，哪一个职员敢吭一声呢？

如果对方处于紧张的状态，我们不能消除对方的紧张感，就无法与对方建立亲密的关系。因此，想缩短与紧张者间的距离，不如用粗鲁点的举动，往往可以收到意想不到的效果。

二十一、有时用粗鲁的方式说话，可以缩短彼此间的距离

下属对上司说话，不用尊敬的语气是不对的，但上司对下属若采用较粗鲁的方式说话，有时反而会让人觉得亲切。

有的人就因为看起来太严肃了，因而在不知不觉中吃了闷亏。这些人若能在某些场合用粗鲁的方式说话，将可以收到使人觉得亲切的效果。

二十二、穿着与同事类似的服装，可以缩短彼此间的距离

物以类聚，穿着打扮类似的人，往往容易聚在一起。这种现象在心理学上称为"同步化"。因为人类可以借着与周围的人共同的行动，获得安全感。

事实上，穿着类似的服装，并不是女性的专利，男性在公司穿着与同事类似的服装，也具有缩短彼此间距离的作用。

有的记者会因采访的对象不同，而改穿不同款式的服装，以便增进与被访问者间的亲密感。服装的重要作用由此可见一斑。

二十三、善用口头禅可以增加别人对我们的印象

有位著名作家，他每次接电话时，开口总是先说"我是可怜的人！"为什么要加上"可怜"两个字呢？据说这是他为了逃避编辑们向他催稿而想出的一种绝招。试想，他自己已经说出他为了赶稿、交稿忙得筋疲力尽，这么"可怜"的人，编辑又怎么忍心再向他催稿？

事实上，使用这种方法除了有上述的功效之外，同时还具有让对方留下深刻印象的作用。

有一位从事推销工作，业绩相当不错的朋友，他的推销绝招就是常常打电话给他的客户，并且对方一接电话，他就立刻用很开朗的声音问道："最近好吗？"结果每次客户一接到他的电话，听到这句问候语时，就知道是他，并且还对他留下深刻的好印象。如果每个客户都对他留下好印象，他的业绩当然会好。像这样善于利用类似口头禅的话，往往可以让对方留下深刻的好印象。

二十四、闲聊自己曾经失败的事，比谈自己成功的事，更易拉近彼此间的距离

男人聚在一起，大多会谈些不登大雅之堂的话题，来拉近彼此间的距离。此时若谈自己曾经失败过的事，会比谈自己成功的事，更容易拉近彼此间的距离。因为老是炫耀自己成功的光荣事情，容易让人产生反感，而留下不好的印象。

增强你的幽默感的社交技巧

幽默是一种魅力，也是一种人格力量。幽默所包含的特性是逗人快乐，所包含的能力是感受和表现有趣的人和事，制造愉悦的气氛。对于个人而言，懂得幽默的人往往比不懂幽默的人更具有吸引力和凝聚力。

◎具有幽默感的人受人欢迎

在人际交往中，幽默是心灵与心灵之间快乐的天使，拥有幽默就拥有爱和友谊。凡具有幽默感的人，所到之处，皆是一片欢乐和融洽的气氛。在无法避免的冲突中，幽默感不强的人会面临考验，是拍案而起，横眉怒目，还是悲天悯人，大智若愚？幽默家的高明在于即使到了针锋相对之时，也不像通常人那样让心灵被怒火烧得扭曲起来，而是仍然保持相当的平静。在对方已感到别无选择时，幽默家仍然有多种多样的选择。

一个秃头者，当别人称他"理发不用花钱，洗头不用汤"时，他当场

变了脸，使一个原本比较轻松的环境变得紧张起来。一位演讲的教授，也是一个秃头，他在自我介绍时说："一位朋友称我聪明透顶，我含笑地回答：'你小看我了，我早就聪明绝顶了。'"然后他指了指自己的头说，"我今天演讲的题目是外表美是心灵美的反映。"教授就这样开始了自己的演讲，整个会场充满了活跃的气氛。同样是秃头，同样容易受到别人的揶揄和嘲笑，为什么不同的人得到的却是别人不同的认可，其间的缘故就是有没有幽默感。

幽默家兼钢琴家波奇，有一次在美国密歇根州的福林特城演奏，发现听众不到大半，他当然很失望也很难堪，但是他走向舞台时却说："福林特这个城市一定很有钱，我看到你们每个人都买了两三个座位的票。"于是整个大厅里充满了欢笑，波奇也以寥寥数语化解了尴尬的场面。

由此可见，幽默不仅反映出一个人随和的个性，还显示了一个人的聪明、智慧以及随机应变的能力。但需要注意的是，幽默既不是毫无意义的插科打诨，也不是没有分寸的卖关子，耍嘴皮。幽默要在人情人理之中，引人发笑，给人启迪。这需要一定的素质和修养。

生活中应用幽默，可缓解矛盾，调节情绪，促使心理处于相对平衡状态。著名的喜剧大师卓别林曾说："通过幽默，我们在貌似正常的现象中看出不正常的现象，在貌似重要的事物中看出不重要的事物。"

可见一个社会不能没有幽默。有人形象地说："有幽默感的语言是一篇诗文，有幽默感的人是一座雕像，有幽默感的家庭是一间旅店，而有幽默感的社会是不可想象的。"人们给保加利亚的卡尔洛沃城冠以"笑城"的美称，该城被称为是讽刺与幽默之乡。这个城里的人们言谈中常有幽默、谐趣之语。性格开朗乐观，成了卡城居民的普遍品格。

我们常有这样的体味，在会场或课堂上，一席趣语可使笑语满堂，气氛和谐而轻松，增加了接受效果；在友人间的笑谈中，一则笑话，常令人捧腹不止，在笑声中交流和深化了感情；在旅游登山时，一句幽默，引出一阵嘻嘻哈哈，顿使人倦意全消，鼓劲前行。可见，幽默与笑是情同手足的姐妹。上乘的幽默是鼓劲的维生素，是交际的润滑剂，是智慧的推进器。

"不懂得开玩笑的人，是没有希望的人。"这是俄国文学家契诃夫说过的一句话。幽默是一种特殊的情绪表现。它可以淡化人的消极情绪，消除沮丧与痛苦。具有幽默感的人，生活会充满情趣。许多在他人看来痛苦烦恼之事，他们却应付得轻松自如。这是因为他们掌握了幽默这一适应环境的工具，学会了面临困境时减轻精神和心理压力的有效方法。

◎怎样培养幽默感

一、领会幽默的内在含义，机智而又敏捷地指出别人的缺点或优点，在微笑中加以肯定或否定

幽默不是油腔滑调，也非嘲笑或讽刺。正如有位名人所言：浮躁难以幽默，装腔作势难以幽默，钻牛角尖难以幽默，捉襟见肘难以幽默，迟钝笨拙难以幽默，只有从容、平等待人、超脱、游刃有余、聪明透彻才能幽默。

二、扩大知识面

幽默是一种智慧的表现，它必须建立在丰富知识的基础上。

一个人只有有审时度势的能力，广博的知识，才能做到谈资丰富，妙言成趣，从而作出恰当的比喻。因此，要培养幽默感必须广泛涉猎，充实自我，不断从浩如烟海的书籍中收集幽默的浪花，从名人趣事的精华中撷取幽默的宝石。

三、陶冶情操，乐观对待现实，幽默是一种宽容精神的体现

要善于体谅他人，要使自己学会幽默，就要学会雍容大度，克服斤斤计较，同时还要乐观。乐观与幽默是亲密的朋友，生活中如果多一点趣味和轻松，多一点笑容和游戏，多一份乐观与幽默，那么就没有克服不了的困难，也不会出现整天愁眉苦脸，忧心忡忡的痛苦者。

四、培养深刻的洞察力

提高观察事物的能力，培养机智、敏捷的能力，是提高幽默的一个重要方面。

只有迅速地捕捉事物的本质，以恰当的比喻，诙谐的语言，才能使人们产生轻松的感觉。当然在幽默的同时，还应注意，重大的原则总是不能马虎，不同问题要不同对待，在处理问题时要有灵活性，做到幽默而不俗套，使幽默能够为人类精神生活提供真正的养料。

逗笑是幽默的基本表现特征是"无笑无以言幽默"。康德说："在一切引起活泼的、感动人的大笑里必须有某种荒谬悖理的东西存在着。""笑是一种从紧张的期待突然转化为虚无的感情。"康德的这两句话，都在一定程度上反映了幽默致笑的因果联系。

◎ 可以形成幽默、带来笑声的话

在社交活动中，一句幽默的话常常可以使所有人的开怀大笑，创造其乐融融的社交气氛。那么，哪些话容易形成幽默，给人带来笑声呢？

一、奇异的话使人开心而笑

幽默常常能造成使人出乎意外的奇因异果，从而令人惊奇地发笑。康德所讲的"从紧张的期待突然转化为虚无"，就是指来自幽默的结构常常能造成使人出乎意外的奇因异果。

例如，老师对学生们说："牛顿坐在苹果树下，忽然有一个苹果掉下，落在他的头上。于是，他发现了万有引力定律。牛顿是个科学家！"

"可是老师，"一个学生站了起来，"如果牛顿也像我们这样整天坐在学校里埋头书本，会有苹果掉在他头上吗？"本来老师是讲牛顿受苹果落地的启示，发现了万有引力定律，成为了科学家，而学生却冷不丁冒出一句含有不应该埋头读书的结论，真是出乎意外，超出常理。

下面的例子也是如此：经理正忙得不可开交，电话铃响了，女秘书起身接电话。

"谁的电话？"经理问。

"您的太太打来的。"女秘书说。

"说什么了吗？"经理又问。

"她说吻你。"女秘书说。

"好极了，"经理头也不抬地吩咐道，"你先替我收下，然后再还给我。"

真亏经理想得出，吻居然也能转接。这实在是不合常理的，但这样的话新奇怪异，使人大大出乎意料，所以能引来别人的笑。幽默就是要能想人之未想，才能"出奇致笑"。有人说："第一个把女人比喻成花的是智者，第二个把女人比喻成花的是傻瓜。"这句话似乎有点偏激，但新奇、异常的确是幽默构成的一个重要因素。

二、巧妙的话使人赏心而笑

幽默的核心是应该有赢得使人赞叹不已的巧思妙想，从而产生令人欣赏的欢笑。俗话说："无巧不成书。"巧可以是客观事实上的巧合，但更多的是主观构思上的巧妙。巧是事物之间的某种联系，没有联系就谈不上巧。如果能在别人没有想到的方面发现或建立某种联系，并顺乎一定的情理，就不能不令人赏心悦目。

例如，老师："亨利，你们在班上用得最多的三个字是什么？"

亨利："不知道。"

老师："回答得完全正确。"

这是一则很值得回味的致笑力很强的幽默小品。你可以笑老师的糊涂：亨利说不知道，这是他在告诉老师不知道老师的问题，老师为何还说他正确？你也可以这样理解自己发笑的原因：亨利回答得歪打正着，他的"不知道"正巧合了答案"不知道"。老师则将错就错、移错为对，倒是一种挺幽默、挺机智的裁定方式。你也可以这样认为：我之所以发笑，因为我此时此刻从"不知道"这一个语形上双关到亨利的不知道与"不知道"那三个字之间两种性质截然不同的情景，即由双关心理而发笑。其实，怎么发笑都是有理由的，因为这个幽默本身就是一种"巧"的构成，本身就令人赏心悦目。我们可以从多角度分析，有多种取向。当然，这里有一个层次深浅的问题。

下面的两个例子也是以回答巧妙而产生幽默效果的：

例一：某学生的英语读音老是不准，老师批评他说："你是怎么搞的，你怎么一点都没进步呢？我在你这个年纪时，已经读得相当准了。"

学生回答："老师，我想一定是您的老师比我的老师好。"

例二：林肯总统小时参加一次考试，老师问他："你是愿意答一道难题，还是愿意答两道简单的题？"

林肯答："还是答一道难题吧。"

"好，请你回答：鸡蛋是怎么来的？"

"鸡生的。"

"那么鸡又是从哪来的呢？"

"对不起，老师，这已经是第二道题了。"

三、荒谬的话使人会心而笑

幽默的内容是往往要含有使人忍俊不禁的荒唐言行，从而使人情不自禁地发笑。俗话说："理不歪，笑不来。"荒谬的东西是人们认为明显不应该存在的东西，然而它居然展现在人们面前，不能不激起人们心灵的震荡，发笑。

例如：某人的女儿刚满一岁就有人来说媒，说对方是个两岁的男孩。此人认为此事很荒谬，就也用荒谬的话语回道："我女儿才一岁，他儿子就两岁了，将来我女儿十岁，他儿子就二十岁了，我干吗要找个老女婿！"妻子更胜一筹地说："你算错了，咱们女儿一岁，明年就两岁了，不正与人家同岁了吗？"

"某人"对说媒的人感到十分气恼，小小的孩子就要谈婚论嫁，实在让人难以接受。可是说媒的人是朋友，你又不便直接回击他，让他下不来台。聪明的主人及其妻子便一唱一和地说了一番很是有悖常理的话，把自己"反对"这层意思蕴含在其间。说媒的人听到这些"蠢话"自然心领神会，一笑而去。因其荒谬，才有致笑效果。

再看下面这个例子：一人要出远门，临行时嘱咐其子："我走后，如果有人来找我，你就说我有点小事出门了，并请他进屋喝茶。"此人深知其子愚呆，怕他忘记，又把这番交代的话写在纸上。儿子把纸条放在袖子里，时不时拿出来看看。可是过了三天，还不见有人来。儿子以为这纸条没用了，就把它给烧了。烧后第二天，来了个人找他父亲。儿子急忙到袖子里找纸条，找不到，便说："没了。"客人一听，以为他父亲死了，惊问："几时没的？"儿子对曰："昨天晚上就烧了。"

风平浪静的水面，投进一块石头，就会一下子发出响声。常规思维的心理，被超常的信息搅扰，也会引起心波荡漾、心潮起伏、心花怒放。奇异、巧妙、荒谬就是这种超常的信息，就是幽默之所以致笑的要因，也是我们学会幽默应把握的要诀。

幽默的形式有多种多样，既有愉悦式幽默、哲理式幽默，也有解嘲式幽默、讥讽式幽默。为了达到幽默的礼仪效果，对同志、对朋友宜多用愉悦式幽默或哲理式幽默，对自我、对友人也可根据情况适当运用解嘲式幽默，对待敌人、恶人则要用讽刺性幽默，以便在幽默讥讽中，给对方以鞭挞。

幽默的使用还必须根据具体情况具体分析，尤其是对于长辈、女性、初次相识的人，幽默一定要慎用。同时，幽默要注意"度"，一旦过了头，就可能被对方误解为取笑与讥讽而造成不愉快。

幽默是润滑剂，能使僵滞的人际关系活跃起来；幽默是缓冲装置，可使一触即发的紧张局势顷刻间化为祥和；幽默是一枚包裹着棉花团的针，带着温柔的嘲讽，却不伤人。幽默也充分显示出幽默者和被幽默者的胸襟和自信。

获得他人好感的社交技巧

社交中如何获得别人的好感呢？社交心理学的专家们建议可以从下面八个方面入手。

一、多提善意的建议

当一个人关心你时，只要这份关心不伤害到自己，并且对方还提了一些善意的建议，你当然会欣然接受，对这个人产生好感。那么，反过来你对别人若也如此，别人也会同样对你产生好感。

满足他人自尊心最佳的方法就是善意的建议。对方是全职妈妈时，仅说"你的孩子很有教养"，只不过是句单纯的赞美词；若是说"你培养孩子的教养很有一套，但注意不要束缚了孩子的天性"，对方定能感受到你对她的关心。若是能不断地表示出此种关心，对方对你必然更加亲切信任。

二、偶尔暴露自己一两个小缺点

有时坦率地暴露缺点，反而会迅速获得对方的信任，给对方留下一个正直、诚实的深刻印象。

只是暴露自己的缺点并不是毫不保留地将所有的缺点都暴露出来。如此做了，反而使人认为你是个毫无可取之处的人，因而丧失了你的信任。

暴露的点只要一两个就可以了，可使他人把这一两个缺点和其他部分联想在一起，因而产生其他部分毫无缺点的感觉。但这绝不是狡诈，只是交际

的策略和需要。因为也没有人会拿自己的缺点和别人交往。"这个人有点小缺点，但是其他方面挑不出毛病来，是个相当不错的人"类似上述的想法就能深深植入他人的心中。

三、记住对方所说的话

招待他人或是主动邀约他人见面，事先多少都应该先收集对方的资料，这是一种礼貌。换句话说，表现自己相当关心对方，必然能赢得对方的好感。

记住对方说过的话，事后再提出来做话题，是表示关心的做法之一，也是说话的策略之一。尤其是兴趣、嗜好、梦想等事，对对方来说，是最重要、最有趣的事情，一旦提出来作为话题，对方一定会觉得很愉快。在面试时，不妨引用主考官说过的话，定能使主考官对你另眼相看，留下深刻的印象。

四、注意对方微小的变化

不论是谁，都渴求拥有他人的关心。而对于关心自己的人，一般都具有好感。因而，若想获得对方的好感，必须积极地表示出自己的关心。只要一发现对方的服装或使用的物品有些微小的改变，不要吝惜你的言词，立即告诉对方。例如：同事打了条新领带，"新领带吧！在哪儿买的？"像这样表示自己的关心，绝没有人会因此觉得不高兴。

另外，指出对方与往日的变化时，愈是细微和不轻易发现的变化，愈使对方高兴。不仅使对方感受到你的细心，也感受到你的关怀，转瞬间，你们之间的关系就会远比以前更亲密可信。

五、呼叫对方的名字

欧美人在说话时，频频将对方的名字挂在嘴边。例如："来杯咖啡好吗？莱克先生。""关于这一点，你的想法如何？莱克先生。"这种说话方式往往使对方涌起一股亲密感，宛如彼此早已相交多年。其中一个原因是他感受到对方已经认可自己了。

在我们的社会里，晚辈直接呼叫长辈的名字，是一种不礼貌的行为。但是，平辈之间借此频频呼叫对方的名字，来增进彼此的亲密感，应是个非常有益于彼此交往的方法。

六、注意细节，投其所好

就像前面那位总是把他人名片的背面写得密密麻麻的人，与其说他是为了整理人际资料或是不忘记对方，倒不如说是为了下一次见面做好准备。也就是说，他将对方感兴趣的事物记录下来，再度见面时，就可以对方感兴趣的事情作为话题。即使只是见过一次面的人，若能记住对方的兴趣，对方必然会感到你对他的重视，会对你产生很好的感觉。

七、温暖的微笑

我们在与人交往中，不管是同意人家的意见还是不同意，都不要摆出一副冷冰冰的面孔，谁也不愿意和态度冰冷的人谈话。即使是出于某种无奈而非谈不可，对方在心底也已经产生了反感。试想，这样的谈话能有好结果吗？因此，我们在交往中要学会笑，学会用笑给人以温暖。不论对方是谁，有怎样的见解，如何让人讨厌，你可以不和他交谈或躲开，但摆一副冷面孔总是无益的。有这样一个故事：

飞机起飞前，一位乘客请求空姐给他倒一杯水吃药。空姐很有礼貌地说："先生，为了您的安全，请稍等片刻，等飞机进入平稳飞行状态后，我会立刻把水给您送过来，好吗？"15分钟后，飞机早已进入了平稳飞行状态。突然，乘客服务铃急促地响了起来，空姐猛然意识到：糟了，由于太忙，忘记给那位乘客倒水了。空姐来到客舱，看见按响服务铃的果然是刚才那位乘客。她小心翼翼地把水送到那位乘客跟前，面带微笑地说："先生，实在对不起，由于我的疏忽，延误了您吃药的时间，我感到非常抱歉。"这位乘客抬起左手，指着手表说道："怎么回事，有你这样服务的吗？"无论她怎么解释，这位挑剔的乘客都不肯原谅她的疏忽。

在接下来的飞行途中，为了补偿自己的过失，每次去客舱给乘客服务时，空姐都会特意走到那位乘客面前，面带微笑地询问他是否需要帮助。然而，那位乘客余怒未消，摆出一副不合作的样子。

临到目的地前，那位乘客要求空姐把留言本给他送过去。很显然，他要投诉这名空姐。飞机安全降落，所有的乘客陆续离开后，空姐紧张极了，以为这下完了。没想到，她打开留言本，却惊奇地发现，那位乘客在本子上写下的并不是投诉，相反却是一封热情洋溢的表扬信："在整个过程中，你表现出的真诚的歉意，特别是你的12次微笑，深深打动了我，使我最终决定将投诉信写成表扬信。你的服务质量很高，下次如果有机会，我还将乘坐你们

的这趟航班。"空姐看完信，激动得热泪盈满了眼眶。

八、谦虚是一种美德

谦虚之所以受到尊崇，就因为它是做人的美德及事业成功的法宝。但是，在现实生活中，谦虚也并非想做就能做到。有的人得到领导的表扬、同事的夸奖，内心里着实想谦虚一番，却寻找不到适当的表达方法。要么手足无措，面红耳赤，支支吾吾，要么说一些"归功于集体、归功于人民"的套话，听起来让人觉得虚假。

那么，在社交场合，不同的时间，不同的环境，不同的氛围，如何用不同的方式表达自己的谦虚，给人留下一个良好的印象呢？

（1）转移对象。如果表扬或赞美使你感到在众人面前窘迫的话，你不妨想办法转移人们的注意力，使自己巧妙地"脱身"，把表扬或赞美的对象"嫁接"到别人的身上，但要有所依据，不然会显得空和假。

（2）妙设喻体。直言谦虚，固然可取，但弄不好会给人一种虚假的感觉。特别是两个人之间，如果仅仅说"你比我强多了"这类话，容易有嘲讽之嫌。遇到这种情形，你不妨用一个比喻方式，巧妙地表达自己的谦虚。

（3）自轻成绩。任何称赞和夸奖，都不可能毫无缘由，或者因为某件事，或者因为某方面的成绩。这时你不妨像绘画一样，轻描淡写地勾勒一笔，却在淡泊之中见神奇。

（4）相对肯定。面对别人的称赞，如果把自己说得一无是处，不但起不到谦虚的作用，反倒给人一种傲慢的感觉。正如俗话所说："过分的谦虚等于骄傲。"现实生活中，类似这样的情况屡见不鲜。所以，谦虚要掌握一定的分寸。

（5）征求批评。面对人们的赞美，诚恳地征求大家的批评，这是表现你谦虚精神的一种最有效的方法。但要注意适当适度，不然虚心也就变成了虚假。

在社交生活中，我们可以根据不同的场合、不同的环境、不同的交际对象，不断创造自我，虚心学习。只要虚心而诚挚，努力追求谦虚的品格，在谈话时保持平和坦诚的态度，尊重对方，就一定会成为一个受人敬重的人，说话的分量也会相应增大。

受领导欢迎的社交技巧

◎ 领导欢迎什么样的下属

一、精明强干，才会得到领导的器重

领导一般都很赏识聪明、机灵、有头脑、有创造性的下属。这样的人往往能出色地完成任务。有能力做好本职工作是使领导满意的前提。一旦被人认为是无能无识之辈，既愚蠢又懒惰，便会有被辞退的风险。

二、向领导请教，才意味着"孺子可教"

谦逊自古以来就是中华民族所推崇的一种美德。在今天的社会生活中，我们固然不提倡在什么问题上都保持一团和气的谦逊君子行为，但在与领导的相处中，谦逊还是相当重要的。谦逊意味着你有自知之明，懂得尊重他人，有向领导请教学习的意向；意味着"孺子可教"。谦逊可让你得到更多人的支持，帮助你更好地成就事业。

三、关键时刻，要为领导挺身而出

常言道：疾风知劲草，烈火炼真金。在关键时刻，领导才会真切地认识与了解下属。机遇难得，不要错过表现自己的极好机会。当某项工作陷入困境之时，你若能大显身手，定会让领导格外器重你。当领导本人在思想、感情或生活上出现矛盾时，你若能妙语劝慰，也会令其格外感激。此时，切忌变成一块木头，呆头呆脑，冷漠无能，畏首畏尾，胆怯懦弱。如此，领导只会认为你是一个无知无识、无情无能的平庸之辈。

四、在领导面前不要吹牛皮

在领导面前，不要吹牛皮，编瞎话，谎报军情。弄虚作假者，往往失信于人。通过欺骗领导而暂时得到的好感和荣誉，是不可能长久地维持下去的。

当然，诚实有诚实的艺术，一般要考虑时机、场合、领导心情、客观环境等因素，否则，诚实也会犯错误，招致领导的反感和不满。

五、在领导面前不要计较个人得失

今天，中国人虽然已承认了"利益"这个概念，大多数领导也比较注重考虑下属的利益要求，但是若过于注意金钱物质利益之争，也并非对你有利。

如果你喋喋不休地向领导提出物质利益要求，超过了他的心理承受能力，在感情上，他会觉得压抑、烦躁。

如果"利益"是你"争"来的，领导虽做了付出，但并不愉快，心理上会认为你是个"格调"较低的人，觉得你很愚蠢。

如果你的领导是个糊涂虫，与他争利益得失，反倒会把你的功劳一扫而光。"利"没有得到，"名"也会丧失。最好的办法是让领导主动地给，而不是你去"争"。

你的工作干得漂亮一些，尽最大能力满足他的要求，并且有些特色，有所创造。明白的领导会量力而行，用物质利益奖励你，无须你"争"。

六、与领导交谈时，不可锋芒毕露

君子藏器于身，待时而动。你的聪明才智需要得到领导的赏识，但在他面前故意显示自己，则不免有做作之嫌。领导会因此而认为你是一个自大狂，恃才傲慢，盛气凌人，而在心理上觉得难以相处，彼此间缺乏一种默契。与领导相交，须遵循以下原则：

（1）寻找自然、活泼的话题，令他充分地发表意见，你适当地做些补充，提一些问题。这样，他便知道你是有知识、有见解的，自然而然地就会认识了你的能力和价值。

（2）不要用领导不懂的技术性较强的术语与之交谈。这样，他会觉得你是故意难为他；也可能觉得你的才干对他的职务将构成威胁，并产生戒备，而有意压制你；还可能把你看成书呆子，缺乏实际经验而不信任你。

七、提建议时，不要急于否定领导原来的想法

提建议时，多注意从正面有理有据地阐述你的见解。有民主要求，还要有民主素质，即要懂得尊重他人意见，尊重领导意见。这样，他才会承认你的才干。

对领导个人的工作提建议时，尽可能谨慎一些，必须仔细研究领导的特点，研究他喜欢用什么方式接受下属的意见。大大咧咧的领导可用玩笑建议法，严肃的领导可用书面建议法，自尊心强的领导可用个别建议法，喜赞扬的领导可用寓建议于褒奖之中法等。

八、体会领导处境，理解领导难处

角色换位法，有助于体会领导的心境。有些人单位工作干得很好，当了领导却一筹莫展，尤其苦于处理各种人际关系。因此要主动地帮助他分忧解难。在其犹豫不决、举棋不定时，主动表示理解和同情，并诚恳地做出自己的努力，减轻领导的负担，会令他极为高兴的。

九、不要当面顶撞领导

批评领导时，必须照顾其面子，不要令他下不了台。当面顶撞是最愚蠢的。进谏方式很多，如动情法、比喻法、寓规劝于褒奖之中等。

十、要主动找机会与领导交往

领导需要了解下属，下属也需要了解领导，这是正常的人际交往，不必担心别人的议论而躲避领导。你若希望领导喜欢你，看得起你，那么首先要让领导看得见你。

十一、慎重对待领导的失误

领导在工作中出现失误，千万不要持幸灾乐祸或冷眼旁观的态度，这会令他极为寒心。能担责任就担责任，不能担责任可帮他分析原因，为其开脱。此外，还要帮他总结教训，多加劝慰。

持指责、嘲讽的态度更易把关系搞僵，矛盾激化。那样，你就再不要指望领导喜欢你了。

十二、不要在背后议论领导的长短

须知"隔墙有耳"，打小报告的人正在寻找材料好去告密，你的议论为他的拍马屁正好提供了时机。倘若把你的话添枝加叶，传到领导的耳朵里，你辛勤工作的成绩，可能会因几句牢骚话而抵消掉。

十三、多赞扬、欣赏领导

赞扬不等于奉承，欣赏不等于谄媚。赞扬与欣赏领导的某处特点，意味着肯定这个特点。只要是优点、是长处，对集体有利，你可毫无顾忌地表示你的赞美之情。领导也是人，也需要从别人的评价中，了解自己的成就及在别人心目中的地位。当受到称赞时，他的自尊心会得到满足，并对称赞者产生好感。如果得知下属在背后称赞自己，他一般倾向于加倍喜欢称赞者。下属喜欢领导，领导也自然喜欢下属。这是人际交往中相悦作用的结果。

十四、适当顺从与认同你的领导

领导可能并不比下属强多少，但只要是你的领导，你就必须服从他的命

令。人虽然都有一种不愿意服从别人的心理，但对于比自己强的人还是能接受的。因此，有必要多寻找领导优越于你的地方，作出尊敬他、学习他的姿态。凡是尊重、服从领导的部下，即使最初领导对他一点好感也没有，也会逐渐改变印象。只要你认识到尊重领导的必要性，就会从心理上解除对服从的抵触，从而摆脱那种耻于服从的感情。

十五、掌握领导的好恶

无论是谁，都会喜欢听一些话，而讨厌听另一些话。喜欢听的就容易听进去，心理上就会觉得舒服。你的领导也不可能摆脱这种情绪。部下要掌握领导的特点，倘若在汇报中插入些领导平素喜欢使用的词，就会让他另眼相看。

此外，对领导的工作习惯、业余爱好等都要有所了解。如果你的领导是一个体育爱好者，你就不应在他的球队比赛失败后，去请示一个需要解决的其他问题。一个精明老练的、有见识的领导是很欣赏了解他、并能预知他的愿望与心情的下属。

十六、把功劳让给领导

中国人在讲自己的成绩时，往往会先说一段套话：成绩的取得，是领导和同志们帮助的结果。这种套话虽然乏味得很，却有很大的妙用：显得你谦虚谨慎，从而减少他人的忌恨。

好的东西，每一个人都喜欢；越是好的东西，越是舍不得给别人，这是人之常情。要是你有远大的抱负，就不要斤斤计较成绩的取得究竟你占有多少份，而应大大方方地把功劳让给你身边的人，特别是让给你的领导。这样，做了一件事，你感到喜悦，领导脸上也光彩，以后，领导少不了再给你更多的建功立业的机会。否则，如果只会打眼前的算盘，急功近利，则会得罪身边的人，将来一定会吃亏。

十七、不可张扬你对领导的善事

对领导让功一事绝不可到处宣传，如果你不能做到这一点，倒不如不让功的好。对于让功的事，让功者本人是不适合宣传的。自我宣传总有些邀功请赏、不尊重领导的味道，千万使不得。宣传你让功的事，只能由被让者来宣传。虽然这样做有点埋没了你的才华，但你的同事和领导总有一天会设法还给你这笔人情债，给你一份奖励。因此，做善事就要做到底，不要让人觉得你让功是虚伪的。

◎ **与不同类型领导相处的社交技巧**

一、与冷静的领导打交道，不可自作主张

说话不多，举止安顺；高兴不会大笑，不会手舞足蹈；悲痛不会大哭，不会逢人诉说；认为对的，不会拍手称许，不会热烈表示赞成，他的举止，始终保持常态。这是头脑冷静的人。

如果遇到冷静的领导，一切工作计划，你提供意见，不要自作主张，等到决定计划后，你只要负责执行便好。至于执行的经过，必须有详细记载，即使是极细微的地方，也不能稍有疏忽。这种一丝不苟的精神，详细记载的报告，正是他所喜欢的。但执行中所遇到的困难，你最好能自行解决，不必请求。随机应变原非他之所长，多去请求反易贻误，最好事后口头报告当时如何应付，他就会很高兴。但要注意的是，即使事后报告，也要力求避免夸张的口气。虽然当时的确十分难办，也要以平静的口气，加以轻描淡写为好，如此反而更可表现你的应变本领。

二、与懦弱的领导打交道，要当心他身边的实权人物

懦弱的人，不会当领袖，即使当领袖，大权也必不在手中，自有能者在代为指挥。你必须看准代为指挥的人是什么性情，再图应对的方法。一个机关的重心，不是名位，而是权力。权力的所在，才是重心所系。虽然说，名不正则言不顺，名位与重心，往往合二为一。然而，对懦弱的领导来说，名位是名位，重心是重心，绝不会合在一起。代为指挥的人如为正人君子，懦弱的领导还可保持着形式的尊严；如果代为指挥的人怀着野心，那是"挟天子以令诸侯"，政由己出，领导只是个傀儡而已。在这种处境下，你必须能与代为指挥者争相抗衡。否则，必遭失败。你也不能与代为指挥者分离，任意分离，必难有所发展。你要明白，他既取得代为指挥的地位，在他的前后左右者应该是他的羽翼。有些是他特为安排的，有些则是中途依附的。这些人早已布成势力网。在这种情况下，除非他的野心暴露，导致人心涣散，否则你很难有所作为。

三、与热忱的领导打交道，采取不即不离的方式

如果遇到热情的领导，若他对你表示特别好感时，不要完全相信而认为相见恨晚，必须明白他的热情并不会持久，要保持受宠不惊的常态，采取不即不离的方式。"不即"可使他热情上升的走势缓和，不致在短时间内便达到顶点，还可延长彼此亲热的时间；"不离"可使他不感失望。"君子之交淡如水"，对于热情的领导，最好就是用这种方法。如果你有所主张或建议，也要用零卖方式，不要整批发售，如此才能使他对你时时都感到新鲜。对于他所提的办法，你认为对的，赶快去做，否则"夜长梦多"，过了些时候他会反悔；你认为不对的，不必当面争辩，只要口头接受，手中不动，过了些时候他自知不妥就不再提起了。

总之，对热情的领导，只能用急脉缓受的方法。万一他的情绪低落，你就安之若素，静待适当机会，再促其感情回升。他的感情好像时钟的摆，摆了过去，还会再摆回来的。除非你们之间发生误会，彼此间多了一重障碍，才不会再摆回来。

四、与豪爽的领导打交道，要突出自己的能力

如果你遇到的是豪爽的领导，那真是值得庆幸。只要善用你的能力，表现出过人的工作成绩，待时机成熟，绝对不用担心没有发展的机会。他自己长于才气，所以最爱有才气的人。唯英雄能识英雄，你是英雄，不怕他不赏识你；唯英雄能用英雄，你是英雄，也不怕他不提拔你。

当机会未到时，你仍很愉快地工作，并做得又快又好，这表示了你游刃有余的能力。同时，你还要随处留心机会，一旦发现可以异军突起时，就要好好把握。切记所计划的一切要十分周详，然后相机提出，只要一经采用便可脱颖而出。意见被采用，表示你有眼力，若再委托你来执行，便足以说明你的能力已被肯定。你的发展，既然已有了好的开端，路子也已经摸准，那么只要一步一步地走上去，迟早会出人头地，可以不必求之过急。

五、与傲慢的领导打交道，要谨守岗位

傲慢的人，多半有足以傲慢的条件。失去了这个条件，傲慢的，也一反其从前之所为；拥有了这个条件，伪谦的，也会改变其常态。可见傲慢是后天的，不是先天的，是环境所造成的。这种足以改变一个人个性的环境，一是挟富，一是挟贵。

你的领导如是个傲慢人物，与其取宠献媚，自污人格，不如谨守岗位，落落寡合。这样，他人虽然傲慢，但为自己的事业计，也不能完全摈斥了求功的君子。一有机会，你就该表现出你独特的本领。只要你是个人才，不愁他不对你另眼相看。

六、与阴险的领导打交道，要小心谨慎

阴险的人，城府极深，对不如意事，好施报复，对不如意人，设法剪除。由疑生忌，由恨生狠，轻拳还重拳，且以先下手为强，抱着与其人负我，不如我负人的观念。不疑则已，疑则莫解。其人喜怒不形于色，怒之极，反有喜悦的假相，使你毫无防范。

总之，阴险的人，绝不会采用直接报复的手段，而总是使用阴谋。如果你的领导，不幸就是这种人的话，你只有如临深渊，如履薄冰，兢兢业业，一切唯领导的马首是瞻，卖尽你的力，隐藏你的智。卖力易得其欢心，隐智易使其轻你，轻你自不会防你，轻你自不会忌你。如此，或许倒可以相安无事。像这种地方原就不是好的久居之所，如果希望有所表现的话，还是从速做远走高飞的打算。

◎坦诚接受领导批评的社交技巧

一、要搞清楚上级批评你什么

追求晋升的过程中，有人充满信心，有人谨小慎微。但不管怎样，突然受到来自上级的批评或训斥，都会造成很大的影响。而要处理得好，首先要搞清楚上级批评你什么。

有人说得好：领导批评或训斥部下，有时是发现了问题，促进纠正；有时是出于一种调整关系的需要，告诉受批评者不要太自以为是，别把事情看得太简单；有时是为了显示自己的威信和尊严，与部下保持或拉开一定的距离；有时"杀一儆百""杀鸡吓猴"，不该受批评的人受批评，其实还有一层"代人受过"的意思……搞清楚了上级是为什么批评，你便可以把握情况，从容应付。

二、受到批评最忌满不在乎

受到上级批评时，最需要表现出诚恳的态度，从批评中确实接受了什

么，学到了什么。最让上级恼火的，就是他的话被你当成了"耳旁风"。很少有领导把批评、责训别人当成自己的嗜好。既然批评，尤其是训斥容易伤和气，因而他也是要谨慎行事的。而一旦批评了别人，就又产生了一个权威问题、尊严问题。如果你对批评置若罔闻，我行我素，这种效果也许比当面顶撞更糟。因为，你的眼里没有领导。

三、对批评不要不服气和牢骚满腹

批评有批评的道理，错误的批评也有其可接受的出发点，更何况，有些聪明的下级善于"利用"批评。也就是说，受批评才能了解上级，接受批评才能体现对上级的尊重。所以，批评的对与错本身有什么关系呢？比如说错误的批评吧，对你的晋升来说，其影响本身是有限的。你处理得好，反而会变成有利因素。可是，如果你不服气，发牢骚，那么，你这种做法产生的负效应，足以使你和领导的感情拉大距离，关系恶化。当领导认为你"批评不起""批评不得"时，也就产生了相伴随的印象——认为你"用不起""提拔不得"。

四、受到批评时，最忌当面顶撞

当然，公开场合受到不公正的批评、错误的指责，会给自己造成被动。但你可以一方面私下耐心做些解释，另一方面，用行动证明自己。当面顶撞是最不明智的做法。既然是公开场合，你下不了台，反过来也会使领导下不了台。其实，如果在领导一怒之下而发其威风时，你给了他面子，这本身就埋下了伏笔，设下了转机。你能坦然大度地接受其批评，他会在潜意识中产生歉疚之情或感激之情。

靠公开场合耍威风来显示自己的权威，换取别人的顺从，这样不聪明的领导是很少的。如果你遇到的是这样的领导，你当然可能在适当地机会给他以"反批评"。其实，你真遇到这种领导，更需要大度从容，只要有两次这种情况发生，跌面子的就不再是你，而是他本人了。

和领导发生争论，要看是什么问题。比如，你对自己的见解确认有把握时，对某个方案有不同意见时，你掌握的情况有较大出入时，对某人某事看法有较大差异时，等等。但是，切记：领导批评你时，并不是要和你探讨什么，所以此刻决不宜发生争执。

五、不要把批评看得太重

绝没有必要把一两次受到批评和自己整个前途命运联系起来，觉得一切都完了，天昏地暗，灰心丧气。如果批评了你，你就一蹶不振，打不起精神，这样会很让领导看不起。如果你是这样一种表现，以后领导可能再不会批评、指责你什么了。可是，他也就再不会信任和重用你了。

六、受到批评不要过多解释

受到上级批评时，反复纠缠、争辩，希望弄个一清二楚，这是很没有必要的。确有冤情，确有误解怎么办？可找一两次机会表白一下，点到为止。即使领导没有为你"平反昭雪"，也完全用不着纠缠不休。这种斤斤计较型的部下，是很让领导头疼的。如果你的目的仅仅是为了不受批评，当然可以"寸土必争""寸理不让"。可是，一个把领导搞得筋疲力尽的人，又何谈晋升呢？

受批评、受训斥，与受到某种正式的处分是很不同的。在正式的处分中，你的某种权利在一定程度上会受到限制或剥夺。如果你是冤枉的，当然应该认真地申辩或申诉，直到搞清楚为止，从而保护自己的正当权益。但是受批评则不同，受到错误的批评，会使你在情感上、自尊心上，在周围人们心目中受到一定影响，但你处理得好，不仅会得到补偿，甚至会收到更有利的效果。相反，过于追求弄清是非曲直，反而会使人们感到你心胸狭窄，经不起任何误解，对你只能戒备三分了。

受同事欢迎的社交技巧

◎ "微妙"的同事关系

一、同事之间有竞争的利害关系

在一些合资公司，特别是外资公司里，追求工作成绩，希望赢得领导的好感，获得升迁，以及其他种种利害冲突，使得同事间存在着一种竞争关系。而这种竞争在很大程度上掺杂了个人感情、好恶、与领导的关系等复杂

因素。表面上大家同心同德，平平安安，和和气气，内心里却可能各打各的算盘。利害关系导致同事之间也可能同舟共济；也可能各自想各自的心事，因此关系免不了紧张。

二、同事之间纷争多

既为同事，几乎天天在一起工作，低头不见抬头见，彼此之间会有各种各样鸡毛蒜皮的事情发生。每个人的性格、脾气、禀性、优点和缺点也暴露得比较明显。尤其每个人行为上的缺点和性格上的弱点暴露得多了，会引发出各种各样的瓜葛、冲突。这种瓜葛和冲突有些是表面的，有些是背地里的；有些是公开的，有些是隐蔽的；有些是表现在外的，有些是潜伏的。种种的不愉快交织在一起，便会引发各种矛盾。同事之间，尽管彼此年龄资历会有所不同，但因没有距离感，也产生不了敬畏之心。互相之间你瞧不起我，我看不上你，彼此半斤八两的意识会使每个人放大对方的缺点或弱点，日积月累，便成了对立之势。

同事之间经常要在一起共同分工处理一些事情，这些事情如何处理，每个人都会有一些自己的想法，都有自己的一本账，自己的一篇经。每个人都会把别人的见解，别人的处理方法，拿来与自己的做一个比较。一旦认为别人的水平不如自己，处理事情的能力不如自己，就会产生不服气的心理。例如，某人干得很出色，获得领导的肯定与看重，就又会令他人产生嫉妒之心。

三、同事之间容易人心隔肚皮

不知道什么缘故，人们往往对同事存有戒备心。"逢人只说三分话，不可全抛一片心"的戒条在同事关系上能得到淋漓尽致的表现。很多人戴着面具去对待自己的同事，不与同事真心相待，使得同事之间往往套话、假话连篇，直话、真话很少。

◎学会与同事打交道

一、学会与有棱角的同事打交道

与工作岗位上的人交往时，必须练习人与人之间进退应对技巧。自己该如何出牌，对方会如何应对，这可是比下围棋、象棋更具趣味的事情。

一位评论家强调：平时须与有癖性的人交往以锻炼自己，使自己成为坚强的人。有癖性的人，全身上下都有棱角，刚开始与这样的人交往可能不习惯，会因与其棱角对抗而伤痕累累，但绝不可因此退却，否则便会失去锻炼自己的宝贵机会。要学会忍耐，要喜爱那些有棱角的人。这样，不管遇到多么尖的棱角，也不会感到痛苦，甚至会觉得那是一种快感。长期与有癖性的人交往，对方的棱角会溶入你的体内，并渗入血液，由于体内吸收了异己的分子，则能感觉到自己变成了一个更有深度的人。

在上班族的生涯中，不得不与形形色色的各种人物打交道，不要因对方是自己不喜欢的人，就厌恶他；不妨学习与这种人适当交往的办法，这样，自己也能渐渐地成长为有度量的人，且能在职业生涯中崭露头角。

二、同事之间不可随便交心

做一个"公司人"，社交活动不免与公司有关。下班之后，与同事一起喝杯酒，聊聊天，不但有助日常工作，还可能知道与公司有关的消息。因此，公司所办的各种聚会，自然要参加。与同事及领导打一两场"社交麻将"也有必要。但有一点要记住：莫可随便交心。

同事之间，只有在大家放弃了相互竞争，或明知竞争也无用的情况下，才会有友谊的存在。如果交了真心，动了真感情，只会自寻烦恼。比如说，甲与乙是同级，而且是好朋友，只有一个升级的机会。如甲升了级，乙没有升，乙怎样想呢？乙若继续与甲友好，免不了会被人认为趋炎附势；甲主动对乙友好，也并不自然。

三、在公司里得注意保护自己

蓝领与白领不同的地方之一，是蓝领向上流动性不大，升迁的机会不多。因此，蓝领工人打的是正规战术，集体讨价还价。而白领阶层则大有个别拼搏的机会，获得升迁是单打独斗的结果。因而白领之间不但没有蓝领的同志感情，往往还互相猜忌，尔虞我诈。这种环境，有如深入敌后、孤军作战的游击队。

许多力争上游的白领，很注意将对手打倒，却不善于保护自己，这是不足取的。一方面要友好竞争，一方面要在与人的竞争中保护自己，在势孤力弱的情况下，就要夹紧尾巴，千万不要露出要向上爬的样子，否则会成为众

矢之的。俗语说："不招人忌是庸才。"但在一个小圈子里，招人忌是蠢才。在积极做事的时候，最好摆出一副"只问耕耘，不问收获"的超然态度。

四、不要替别人背黑锅

在公司或一个行政单位里，做事好坏对错，很多时候是由上级主观决定。如果上级意志强，下级要努力工作；上级若自以为是，下级便会唯唯诺诺，但有一些上级只是向他的上级交功课而已，敷衍了事，得过且过。

在这样的环境之下，最重要的事情是不要出事。一切如常，就不会勾起领导的雷霆之怒。但一有差错，领导为了向他的领导交代，就会抓住一个人作替罪羊。这种情况，俗话叫做"背黑锅"。

不背黑锅的方法其实很简单。最易行的就是不冒险，不马虎，事事有根据，白纸黑字，即使错了也有充分理由解释。

此外，一件事的对错，错的大小，是否追究，如何处罚，都是上级决定的。大事化小或小题大做，都在某些上级的一念之间。因此，在这种情况下，人缘好，特别是与领导的关系不错，就会较少获罪。

五、同事之间最好避免金钱来往

俗语说："如果你想破坏友谊，只要借钱给对方就行了！"金钱借来借去一定会发生问题。"王先生，你能不能借1000元钱给我，我现在手边正好没钱。"假如你像这样连续3次找人借钱，就算你手头真紧，别人恐怕也不敢借给你了。遇到大家一起分摊费用时也是一样的，只要你连续3次说："今天我没带钱来！"人家就一定不会再相信你了。

常人有一个坏毛病，向人借来的钱很容易忘掉，借给别人的钱，经常记得牢牢的。因此，在此强调，有关钱的问题，你必须注意五点：

（1）在社会上工作的人，必须在身边多带些钱。

（2）尽量避免借钱给别人。

（3）借出去的钱最好不要记住，借来的钱千万不要忘记还。

（4）假如身边没钱不方便时，不要参与分摊钱的事。

（5）养成计划用钱的习惯。

六、愚直只会招来不虞之灾

有一所著名的大学，曾经举办一个为期13周的经营理论讲习班。主题就是"诚实与坦率的好处"。1年后，有人着手调查，发现当时参加讲习班的人，有一半以上已经离开原来的工作单位。经过一连串的追踪采访，才知道他们把讲习中学来的管理法，应用到工作上，而遭到严重的矛盾冲突，不得不挂冠而去。

合理的坦率与正直，乍看之下是非常可爱的，但是，如果一再应用，会把友谊、婚姻、交易、事业等，慢慢导向破灭之途。比如一个满口讲理论，个性坦率而愚直的人，多半不会受到周围人的欢迎。这种人如果担任公司主管职务，等于将最脆弱而无防备的一面，暴露给一些想讨好主管上级的下属，为他们制造许多越级打小报告的机会，同时将自己的把柄落在工作上的竞争对手中。

每个人都有自我形象，且在心中以最高的诚意供奉着这个形象，不容别人加以毁损，更不欢迎那些心直口快的人，任意将实情点破，作毫不留情的批判。因此，自认坦率的人，应对这个问题多费一点心思去做深入的了解。

七、领导批评同事时，你要先表示有同感再讲同事的优点

任意批评下属的缺点及抱怨下属缺乏才能的主管太多了。如果你当时在场，听到领导批评同事后，应如何应付？

如果领导指出的情形属实，确是同事的缺点时，你说："我有同感，他有你说的缺点。"但如果你只同意他有某些缺点，一旦传到当事人耳中，将被认为你和领导背地说长道短，批评别人的错处。因此，表示对同事的缺点有同感后，应向领导解释他的优点。

八、不要在同事面前批评领导

有人在白天被领导没道理地骂一通之后，喜欢晚上约个同事小喝一杯，然后对着同事发牢骚。认为同事既然和自己喝酒了，应该就是站在自己的这一方，借着酒气，对领导大肆批评起来。

这种事情一定要避免。不论多么值得依赖的同事，当工作与友情无法兼顾的时候，朋友也会变成敌人。在同事面前批评领导，无疑是自丢把柄给别人，有一天身受其害都不自知。就算这位同事和自己肝胆相照不会作出出卖自己的事情，也得小心"隔墙有耳"。所以，当你要向同事吐苦水时，不妨先探探对方的口气，看看对方是否同意自己的看法。如此用心，是在社会上立足不可缺少的条件。

九、当同事被领导责备时，不要马上安慰或同情

当同事在全体同仁面前公开被责备时，他所受到的伤害，绝对比一对一挨骂要来得深。被骂的人也一定是怒火中烧，痛恨领导为什么要在众人面前给自己难堪。此时他的心灵也是最脆弱的。

这个时候，如果冒失地给予同情或安慰的话语，结果又会如何呢？不但在众人面前挨骂，又在众人面前被安慰，那种羞辱的感觉一定更为深刻。在这种情况下，说什么话都不恰当，也许你认为是一片好心，但在对方看来却是火上加油。因此，最好就是保持缄默。然后在工作结束后，把同事约出去吃顿饭，转换一下他的心情。这样做不但不会引起"迁怒"之感，还可博得同事的信赖。

十、公司外的后台别人不明底细，就看你如何说

在今天如此风云莫测的职场中，有必要在公司外或公司内找一位必要时能支持你的人作后盾。

什么样的人最适当后台老板呢？

在公司外，如果你有一位具有广泛社会影响的后台老板，那么就不用怕别人招惹你了。希望你不要急着说没有这样的朋友，只要肯找，任何人都能找到一两位。

某公司有一位A职员和领导不和，领导想要把他赶到偏远的分公司去。但是，这个领导的领导却劝阻他："不要轻易对A动脑筋。""为什么呢？"领导的领导回答："A有B作后盾哪！要谨慎对待才行。"

A在学生时代是学校橄榄球队的队员，而B在当时则是该队的队长。现在B是小有名气的电视节目主持人，经常出现在电视节目中。A在看电视时，曾对朋友说："B在学生时代就很照顾我，现在还是好朋友。我找他帮忙的话，他没有不答应的。"这话传到了A的领导的领导耳朵里。

在紧急的情况下，能有一位真正挺身相助的后台老板，当然是再好不过的事。而像B与A这种关系的人，如果有意寻找的话，总有一两个。有机会宣扬一下。"我有××作后台哪！"作为牵制作用，效果比你预期的还要好。

至于公司内的后台老板其实很多，那就是一直在公司里干了几十年的资深女职员。资深女职员往往有使你意想不到的绝招，使上级也不得不让她们

三分。如果和这样的女职员交上朋友，当你有万一时，就是搞到上级的上级那里，她也会站在你一边。

要让资深女职员喜欢你并不难，只要遇到她们时，主动热情地和她们打招呼就行了。仅此一点，她们就会认为你"真是谦虚有礼，是难得的好青年"。

更不用多说的是：不能和年轻美貌的女职员要好，否则，且不说会招来种种非议，如果你成了年轻女职员的崇拜偶像，还会招来领导的嫉妒，而把你当作排挤的对象。

十一、运用"以退为进""后来居上"的战术

虽然管理的职位越来越少，但你想担任管理职位的心情却越来越迫切，这样会引起反效果。若同事比你较早升任主管，你妒恨的话，主管的职位就会离你更远了。

人一焦躁或妒恨时，心理就会失去平衡，并产生异常的心理。心态异常的人，是很容易失去机会的。

当同事比你抢先出头时，你不要着急，也不要妒忌，还是应该尽全力工作。周围的人不会是瞎子的。这就是一种以退为进的办法。

薪水阶层职员的沉浮，完全是由领导的看法和周围的状况决定的。你必须懂得以退为进的办法。如果同事升迁你就表示不满，朋友薪水比你高就眼红的话，你便不能出人头地了。以曲线式的想法来说，你若不了解"以退为进""后来居上"的战术，必定无法获得胜利。

十二、要了解公司内的人际关系及派别

组织越大，人际关系也愈复杂。大公司不像小公司，彼此关系良否一目了然。在大公司里利害关系更复杂，因此也容易产生一些"派系"问题。

领导都希望能得到属下的支持，而且拥护者是越多越好。因此，新进人员不得不被卷入这场派系斗争中去。

不论是看法与自己一致的属下，或对自己唯唯诺诺的属下，领导都想纳入自己的旗下。

可是对做部属的人而言，如何跟对人，是颇费神的一件事。哪个领导是真正看中自己的才华，哪个领导能使自己的才华得以发挥。一个新进人员必须睁大眼睛，小心观察了。

要了解这些，就必须了解公司内的人际关系。而这些方面可以通过公司旅游或聚餐等，与其他人共处的场合中，看看领导对自己的态度如何，就可窥知一二了。当然，利用同事间的消息传达，也是一个好方法。但是，得知了这些资讯，并不是要你不择手段打入某个团体中，那是小人的作风。你只要冷眼旁观，不被卷入不良团体中即可，保持中立是绝佳法则。

◎ 面对各类同事游刃有余

一、应付口蜜腹剑的人——微笑着打哈哈

面对这种人，如果他是你的老板，你要装得有一些痴呆的样子。他让你做任何事情，你都唯唯诺诺满口答应。他和气，你要比他更客气。他笑着和你谈事情，你笑着猛点头。万一你感觉到，他要你做的事情实在太损了，你也不能当面拒绝或翻脸，你只能笑着推诿，誓死不接受。

如果他是你的同事，最简单的应付方式是装作不认识他。每天上班见面，如果他要亲近你，你就找理由马上闪开。能不做同一件工作，尽量避开不要和他一起做。万一避不开，就要学着写日记，每天检讨自己，留下工作记录。

如果他是你的部下的话，只要注意三点：其一，独立的工作或独立工作位置给他；其二，不能让他有任何机会接近上面的主管；其三，对他表情保持严肃，不带笑容。

二、应付吹牛拍马的人——不要与他为敌

如果你碰到这一类的主管，要和他搞好关系。他吹牛拍马对你无害。

当此类人是你的同事时，你就得小心了，不可与他为敌，没有必要得罪他。平时见面还是笑脸相迎，和和气气，如果你有意孤立他，或者招惹他，他就可能把你当作往上爬的垫脚石。

如果他是你的部下，要冷静对待他的阿谀逢迎，看看他是何居心。

三、应付尖酸刻薄的人——保持一定距离

尖酸刻薄型的人，是在公司内较不受人欢迎的。他们的特征是和别人争执时往往挖人隐私不留余地，同时冷嘲热讽无所不至，让对方自尊心受损，颜面尽失。

这种人平常也以取笑同事、挖苦老板为乐事。你被老板批评了，他们会说："这是老天有眼，罪有应得。"你和同事吵架了，他们会说："狗咬狗一嘴毛，两个都不是好东西。"你去纠正部下，被他们知道了，他们也会说："有人恶霸，有人天生贱骨头，这是什么世界？"

尖酸刻薄型的人，天生伶牙俐齿，得理不饶人。由于他们的行为离谱，因此在公司内也没有什么朋友。他们之所以能够生存，是因为别人怕他们，不想理他们。但如果有一天他们遭到众怒，也会被治得很惨。

如果这类人不幸是你的老板，你唯一可做的事，就是换部门或换工作，但在事情还没有眉目或定案前，不要让他知道。否则，他的一轮人身攻击，你恐怕会承受不了。

如果他是你的同事，和他保持距离，不要惹他。万一吃亏，听到一两句刺激的话或闲言碎语，就装没听见，千万不能动怒，否则，是自讨没趣，惹鬼上身。

如果他是你的部下，你要多花时间在他身上。有事没事和他聊聊天，讲一些人生的善良面，告诉他做人厚道自有其好处。你付出的爱心和教诲，有时会替公司带来一份意想不到的收获。

四、应付挑拨离间的人——最好谨言慎行

同样是一张嘴巴，有人用来吹牛拍马，有人用来讽刺损人，有人用来挑拨是非，离间同仁。吹牛拍马是不损人利己；尖酸刻薄是损人利己；挑拨离间是将公司弄得乱七八糟，人心惶惶，变文明为野蛮，人人自危，人人争斗。

这种类型的人，给公司带来的杀伤力非常之大且迅速，只要一不注意或处理不当，便可能灰飞烟灭，处处残迹。应付这类型的人，没有什么好的办法，只能防微杜渐，不让这类人进来，或一发现就予以制止或清除，否则，后果不堪设想。

挑拨离间型的人做了你的老板，你首先要注意的是谨言慎行，和他保持距离，在公司内建立个人信誉。万一有一天，有什么是非发生，你得尽量化解，虚心忍耐，同时要保持着"能做就做，不能做就走"的宽广心胸。

这种人做了你的同事，你除了谨言慎行及和他保持距离外，最重要的是你得联络其他同事，建立联防及同盟关系，将他孤立起来。如果他向任何人

挑拨或离间，都不要为之所动，不要受影响。

如果他是你的部下，那你就要想办法弄走他，孤立他。如果下不了手，那他就会孤立你，弄走你。

五、应付雄才大略的人——虚心地学习

这一类型的人，胸怀大志，眼界开阔，而不计较一些小的得失。他们在工作时，不会忘记充实自己及广结善缘。除了完成自己的工作外，他们也会帮助别人和指导同事。

每到一个地方，不论他们是否已待得很久，或已成为组织中的正式主管，他们都能在极自然的状况下，影响别人，控制群体的行为。俗语所说的"虎行天下吃肉"，指的大概就是这种人。

雄才大略的人，见识往往异于常人，思考逻辑方式也有其个人特色。他们在时机不成熟时，可以忍耐，不论是卧薪尝胆或是从你的胯下爬过，他们都能接受。但是，时机成熟，他们便奋臂而起，如鹰冲天，没有人能与之争锋。

不是每一个雄才大略的人，都是成大功、立大业的。但是，做人处事自有风格，不卑不亢、不急不躁是他们的本色。

有雄才大略的老板，你是跟对人了。于是亦步亦趋，片刻不可相离。他晋升你也跟着晋升，碰到这种老板，你要虚心地向他学习。因为天下没有不散的筵席，当曲终人散时，别人都受益匪浅，你也不要两手空空。

有雄才大略的同事，如果大家利害一致，大可共创一番轰轰烈烈的事业。如果一山不能容二虎的话，也可各取所需，各享盛名，而得其利。如果以上都行不通的话，你就全心全意地帮他成功，自己多少也留下识才的美名。

有了这种部下，你应有自知之明，知道他终非池中之物，有朝一日定会超过你。虚心地接纳他，给他实质上的资助及肯定，在会计学上称之为投资，到时候一定是有利润的。

六、应付翻脸无情的人——应该留一手

这一类型的人最大的特征就是，翻脸如翻书。说翻就翻，一翻就是好几页。在他们翻脸时，你不要问他们理由。你不必述说从前对他们的恩情和助益，他们一个字都听不进去。

翻脸无情的人似乎是得了一种"忘恩记仇病"。你对他们的百般呵护，只要小事一桩不顺他们的心，就全盘翻覆。这有如野心狼子，你养育愈久，对自己的危险就愈大。这种情形，在国内的电视连续剧的剧情中，最常看得见。30集中，让他们横行29集半，最后还是编剧者应观众的要求，将他们在银幕内正法。

因为，翻脸无情的人发现，他们利用这种方式来处理人际关系，简直是无往不利，处处占便宜。他们每次利用完别人，又找到新的利用对象时，就翻脸。反正每次翻的都是不同的人，别人不但记不住，也无可奈何，只能自认倒霉。

如果你的老板是这种翻脸无情的人，你在他手下做事时，千万要记住"留一手"。任务完成了，你就要小心被炒鱿鱼了。怎样化被动为主动呢？当他要翻脸的那一刹那，你就告诉他："我等你好久了，为什么你今天才要翻！少来这一套，你这种手段我看多了。"

有着这种同事，你倒是大可不必和他一般见识，反正没有利害关系，各干各的活，翻不翻随便他。

有这种部下最令人伤脑筋，也没有什么好的办法。最重要的是不能因为他常翻脸，而特别将就他。别的部下会以为你是欺善怕恶，这就划不来了。

七、应付敬业乐群的人——工作得卖力气

这一类型的人，由于工作态度和做事方法正确，颇受公司的肯定和同事的爱戴。凡是他们在的单位及群体，都会有着不错的生产力和业绩。这一类型的人，会感染其他的工作同仁，让组织朝着正面的方向发展，给员工带来一个合作而和谐的工作环境。

当公司顺利时，大家共同努力，共享成果；当公司不顺时，大家咬紧牙关，奋发图强，再创生机。平时没事的当儿，他们会主动地训练新手，培养团体实力；工作忙碌的刹那，他们又能影响同仁，相互支援，共渡难关。这一类型的人，不论是你的主管、同事或部下，在和他们一起工作时，你都要学着和他们一样地敬业乐群。如果你表现出不是那个样子的话，你就会被他们比下去。

八、应付踌躇满志的人——尽量顺着他

踌躇满志的人，对任何事物都有自己的见解。他们之所以会踌躇满志，

是因为一直处在一种极顺的状况下，不曾尝过失败的苦头，因此也不怕失败。上帝既然对他们如此地眷顾，只要上帝不死，他们自然会继续被眷顾下去。

他们没有办法接受别人的意见，如果别人够聪明的话，也不用和他们争辩。要知道一个长久不曾失败过的人，是因为他的智慧，而不是他的运气。

如果他是你的老板，在他的面前不要乱出点子。尽量照他的意思去做，他会把他的意思讲得很清楚。因为他怕你笨，所以他会多讲一遍。最后，再问你一次，懂了吗？等你回答懂了，他才放心。有时，他会礼貌性地问一下，对他的做法，有没有意见？此时你应立即肯定他的做法。你若稍有犹豫或再多问两句，都会被他嗤之以鼻。

对这种部下，交一些难度较高的工作给他做。做成功了，也不赞许；做失败了，再交给别人做。让别人做成功，让他知道人外有人，天外有天的道理。不用训练他和告诉他做事的方法，他听不进去。多花一些精力在别人的身上，对他绝对是有益的。

第5章

社交有艺术，难题一扫光
——如何巧妙化解社交活动中的难题

在社交活动中，遇到言行失态和尴尬场面，实在是在所难免，处理不当，既损形象，又伤和气。所以，如何避免人际矛盾也是社交中的一门大学问。

如何选择社交的地点

社交地点是组织社交活动的必备要素。任何社交活动都必须有一个社交地点为载体，而社交地点又无时无刻不在影响着社交活动的成败。根据所安排的社交活动要选择好社交地点，这一点不容忽视。

首先，社交地点的选择最好是自己所熟悉的地方。因为人们在自己熟悉的地方与人交往会没有拘束感，在心情上放松，容易取得优势，并可充分展示和推销自己，从而在社交活动中占据有利地位。曾有实验表明，与同样的对象谈话，人们在自己的客厅里会比在别人的客厅里表现得更自如流畅，同样的道理更容易说服对方。反之，改变环境到自己不熟悉的地方，而又恰好是对方所熟悉的，这样便会引起恐惧难安，从而影响社交的成败。

其次，要选择在"我可以往，彼可以来"的地方，此语出自《孙子兵法》。这种地方被称为"通形"，即四通八达的地形。要本着与人方便与己方便的原则，同时又有"我得则利，彼得亦利"的结果。

最后，选择地点要因人、因事、因时。不同的事，不同的时间，可供选择的地点也不尽相同。它的选择是有条件的、辩证的、可以变化的。一般而言，要选择自己熟悉的地方进行交往。因为这样对自己是有利的，但前提是两者身份的对等，选择这样的地点不至于让对方造成屈就感和压抑感。例如对方是老人、长者、女士，从情理上讲，也不好让他们屈就自己。倒是自己应灵活变通，肯于前往，更能体现诚意和尊重。这是良好社交的开端。

如何选择社交的时间

在现代社会，人们的交往量日趋增加，对社交时间的需求也相应地增多，而每天的时间是有限的，既不能租借预支，又不能购买贮存。这不仅是因为任何交往都必须在一定时间内进行，而且因为能否恰当掌握交际时间对交往效果有着重要的影响。交际时间对交往的影响表现在对时间是否守信上。因为，这不仅是个人是否讲信用的品质问题，而且表现在是否尊重对方，并直接影响到交往的情绪、气氛。时间对交往的重要性还表现在两者的矛盾上。现实社会加强了对交际效率的要求，下面就来探讨一下如何能在日常社会交往活动中合理运用和把握这一点。

一、周密安排，提高交往质量

做好交往前的准备，按时参加交往活动。交往时，问候寒暄是必要的，但不要过多，应及时转入正题。另外，还要掌握交际时间的最佳度，一定时间范围内，人们的头脑清晰，注意力集中，反应灵活，效率高。最后，还要及时结束交际活动，不必为了显示热情而拼命挽留对方。

二、运用同时与多人交际的技巧，浓缩交往活动

把交往目的、内容相同的交往对象聚在一起，容易使气氛活跃，话题广泛，有利于节省时间，提高效率。

三、充分利用现代交往工具

在现有的条件下，打电话就能完成交际目的，能达到理想效果的，就不必亲临现场。这样就节省了往返时间，此外还可以利用传真、电子邮件等。即使必须出行，利用不同的交通工具也可达到节约时间的目的。

如何巧妙地拒绝别人

一、顾及对方的面子

拒绝别人后，若彼此还要想保持良好的人际关系，必须采用同情的语调，和了解对方心情的姿态来处理。

有一位做事认真、年轻有为的男职员，由于曾在某次交易中，留给对方科长极佳的印象，使这位科长十分欣赏他而热心地帮他牵红线。他则非常有技巧地拒绝了。

"这件事情(有关做媒一事)，我恐怕要让你失望了，实在很抱歉！因为，虽然我也认为，一个男人是非结婚不可的，但在事前，我就坚定地告诉

自己：'不论何人说亲，对象是谁，在自己还没奠定经济基础之前，我是绝不轻易结婚的。现今的我，实在还谈不上结婚的条件，因为我的事业尚未有所成就；我想，总要等到有经济基础了，再来谈结婚之事比较妥当。这完全出于我自身的考虑，绝非关系到介绍对象的好坏，希望你能够谅解。我这番话，绝对不是只说给你一个人听的。'

有些人在拒绝对方时，因为感到不好意思，而不敢据实言明，致使对方摸不清自己的真正意思，而产生许多不必要的误会。其实，在人际关系的交往上，不得不拒绝，乃是常有的事，因此而搞坏交情的并不多；倒是有些人说话语意暧昧、模棱两可，反而容易引起对方误会，甚至导致彼此关系破裂。

在你拒绝别人的时候，一定要附带考虑到对方可能产生的想法，尽量明快而率直地说明实情。这才是最根本的拒绝法。

二、留给对方一个退路

有些人喜欢自以为是，坚持自己的意见，总以为只有自己的想法是最高明的。当你遇到这种人时，想要拒绝，一定要先好好考虑一番。

你必须自始至终，很有耐心地把对方的话，仔细地听过一遍。一个人在说话的时候，心里一定也留有一个空间来容纳对方所讲的话，当你完全听完对方的话后，心里应该有了打算，该怎样说服对方、拒绝对方，而又不给对方难堪。

举例来说：你自己的心目中，已经有了一个理想的高尔夫球场，正想前往报名参加时，一位朋友很热心地向你推荐另一个球场，并极力邀请你一同前往报名。此时，你一定会左思右想、犹豫不决。

如果你坚持自己的想法，这时你就应该说："我想另外找一个适合自己的高尔夫球场。你尽管高高兴兴地去报名吧。我还是很感谢你，那么热心地把你认为最好的高尔夫球场推荐给我。我想，总有一天，我会成为它的访客的。"

在此你必须注意的是：即使自己已经成为自己心目中理想的高尔夫球场的成员，也不可任意批评其他球场的不好。你只能客观地建议他说："我们两人都各自参加了风格不同的高尔夫球场，哪天我们也来交换一下，享受不同的乐趣，如何？"

这样客观而含蓄的推荐，对方应该能够心平气和地接受，而且也有助于建立彼此更深厚的友谊，以后你再打高夫尔球，心情一定格外愉快，说不定由于你的"不否定"对方的看法，而能够让对方"肯定"你的主张。这是因为你替对方预留了一个退路，而对方也欣然地利用了它。

三、说"不"的几个诀窍

生活中，常有这样的场面：一个品行不端的熟人向你借钱，但你心里明白，把钱借给他后便成了肉包子打狗，有去无回。一个熟悉的推销商向你推销一种你并不太需要的商品，或者照他的价格买下来还会吃亏。诸如此类的事你必定会加以拒绝，可是拒绝之后就会断了交情，被人误会，甚至种下仇恨的因素。

要避免这样的情形发生，就需要运用理智，巧妙地加以回绝。

有这样的一个例子：在某大型跨国公司的一次会议上，公司董事长拿出了一个为该公司的新产品设计的形象标志，征求大家意见。该标志的主题是旭日。董事长说："这个旭日很像日本的国旗。日本人见了一定会乐于购买我们的产品。"营业部主任和广告部主任都极力恭维这个设计，但年轻的销售部主任说："我不同意这个设计。这个设计与日本国旗很相似，日本人喜欢。然而，我们另一个重要市场是中国广大的消费者，他们也会联想到日本的国旗，就不会产生好感，就会不买我们的产品。这不是与本公司要扩展对华贸易营业计划相抵触吗？这显然是顾此失彼了。"

"天啊！你的话高明极了！"董事长叫了起来。

向有权威的人士表示反对或拒绝，你一定要有充分的理由，还要注意技巧。以下几点建议，或许会使你受益于尴尬之时，恰到好处地拒绝别人。

（1）尽可能以最为友好、最热情的方式加以拒绝。比如别人邀请你参加一项活动，而你实在没空，抽不开身去，就可以先恭维一番，如"对你的邀请我感到万分荣幸"，然后讲出不能趋身前往的理由，别人就不会有太多的不快了。而你若不加解释就回绝，别人会对你产生"架子大"的印象，对今后的往来不利。

（2）不要只针对一个人。假设你是供销科长，面对其他厂的推销员上门推销原料，而你厂已不需要，你若直接回绝就会对今后往来带来不利。你可

以这样对他说："我们厂已与××厂签订了长期供应合同。厂里规定暂不用其他厂的原料。我也应按照规定办。"因为你讲的是任何单位，就不仅仅针对对方一个人了，他也不会埋怨你的。

（3）让对方明白你是赞同的。某民航售票员在节假日时面对大批的订票常常要回绝不少人的请求。她总是带着非常同情的心情对旅客说："我知道你们非常需要乘坐飞机，从感情上说我也十分愿意为你们效劳，使你们如愿以偿，但票已订完了，实在无能为力。欢迎你们下次能乘坐我们的飞机。"这一番话说完，旅客们一般也就释然了。

如何面对别人的指责

麦金莱任美国总统时，因一项人事调动而遭到许多议员政客的强烈指责。在接受代表质询时，一位国会议员脾气暴躁、粗声粗气地给了总统一顿难堪的讥骂。但麦金莱却若无其事地一声不吭，听凭这位议员大放厥词，然后用极其委婉的口气说："你现在怒气该平和了吧？照理你是没有权利责问我的，但现在我仍愿意详细解释给你听……"说罢，那位气势汹汹的议员只得羞愧地低下了头。

的确，在生活中，遭到别人的指责和抱怨的事常可碰到。遭人指责抱怨，是件极不愉快的事，有时会使人觉得很尴尬，尤其是在大庭广众面前受到指责，更是不堪忍受。但从提高一个人的处世修养角度讲，无论你遇到哪种情况的指责，都应该从容不迫，对者有则改之，错者加以耐心解释，泰然处之。为摆脱指责的尴尬局面，不妨采纳心理学家提出的以下建议。

一、保持冷静

被人指责总是不愉快的。面对使你十分难堪的指责时，要保持冷静，最好暂时忍耐住，并作出乐于倾听的表示。不管你是否赞同，都要待听完后再做分辩。因对方的一两句刺耳的话，就按捺不住，激动起来，硬碰硬，不仅解决不了问题，还易将问题搞僵，将主动变为被动。

二、让对方亮明观点

有些指责者在指责别人时，往往似是而非，含糊其辞，结果使人不知所云。这时，你可向对方提出讲清问题的要求，态度要和气，如"你说我蠢，我究竟蠢在哪里？"或者"我到底干了什么傻事？"以便搞清对方究竟指责和抱怨你什么，让对方及时亮明自己的观点和看法。这一策略往往能有效地制止指责者对你的攻击，并能将原来的攻防关系转变为彼此合作、互相尊重的关系，使双方把注意力转向共同感兴趣的问题。

三、消除对方的怒气

受到指责，特别是在你确实有责任时，不妨认真倾听或表示同意对方对你的看法，不要计较对方的态度好坏。这样，指责完毕，气也消了一半。即使当你确信对方的指责纯属无稽之谈时，也要对其表示赞同，或者暂时认为对方的指责是可以理解的。这会使对方无力再对你进行攻击。相反，你却可以获得更多的机会和时间进行解释，从而消释对方的怒气，使隔膜、猜疑、埋怨和互不信任的坚冰得以化解。

四、平静地给恶意中伤者以回击

在现实生活中，大多数指责者并不是出于恶意而指责别人。但是，确有极少数人为了其个人目的而对他人进行恶意中伤。对于这样的寻衅挑战者，应该坚定地表示自己的态度，不能迁就忍耐，更不能宽容而不予回击，应注意态度，以柔克刚。这样，才会使你显得更有气魄，更有力量。

如何面对别人的讥讽

讥讽，在交际性语言中是一种有较强刺激作用和感情色彩的表达方式。

讽刺性谈吐具有含蓄、幽默、风趣、辛辣的特点，是一种"攻式"语言。它通过比喻、夸张、反语等修辞手法，来表达说者的轻蔑、贬斥、否定的思想感情，能收到揭露丑恶、戏弄无知、回击挑衅等交际效果。

在交际场合，人身攻击之类的不愉快事件是难免的，如果你不想吃哑巴亏，讽刺将成为你防身的盾牌。

"九·一三"事件之后，在联合国安理会的一次辩论中，苏联代表马立克借此事贬低我国。他说："中国那么好，为什么林彪要往苏联跑呢？"中国代表镇静地回答："尊敬的先生，您连这一点常识都不懂，鲜花虽香，苍蝇不照样往厕所飞吗？"

反唇相讥必须藏中有露，露中有藏，尽藏则不知所云，尽露则赤膊上阵了。

萧伯纳的《卖花女》准备上演了。他派人给丘吉尔送去两张票，并附一张短笺："亲爱的温斯顿爵士，奉上戏票两张，希望阁下能带一位朋友前来观看拙作《卖花女》的首场演出，假如阁下这样的人也会有朋友的话。"

丘吉尔回复道："亲爱的萧伯纳先生，蒙赐戏票两张，谢谢。我和我的朋友因为有约在先，不便分身前去观赏《卖花女》的首场演出，假如你的戏也会有第二场的话。"

一个嘲讽政治家只有对手，没有朋友；一个反讥戏剧家作品可能短命，不会长寿。

当然，讽刺要掌握分寸，讥中含趣，乐中有嬉。讽刺之言是不宜随意使用的，需要区别对象、场合。讥讽之言就其动机来说，有善意与恶意之分。对敌人的讽刺要针锋相对，不留情面；而对一般人的讽刺，则应是善意的。通过讽刺之言，意在引起对方警觉，绝不是出对方的洋相，拿对方取乐。更不要以为自己会讽刺，就到处挑战，稍不如意，就对别人挖苦讥笑，恶语中伤。这样不但伤害了别人的感情，而且也会使自己孤立，或成为众矢之的。

讽刺像一把双刃剑，它可以使你受益，也可以使你受损。用得恰当，它是利器，用之不当，便会成为"惹事牌"了。

如何向别人道歉

道歉，即是向对方致以歉意的一种礼仪。在日常生活、工作和学习中，因自己的言行失误而打扰、影响了他人，或者给他人造成了精神上的伤害或物质上的损害时，都应主动向对方道歉，挽回影响，以便继续维持相互间的来往和友好关系。

那么，怎样向他人道歉呢？以下几个方面可供参考。

一、注意道歉的范围

在下列情况下应向对方表示歉意：

（1）同学、亲友或老师托付自己办的事情未能办好时。

（2）自己失礼、失手时。

（3）无意中碰撞了别人时。

（4）在拥挤的街道、公共汽车上挤了或踩了别人时。

（5）在食堂排队买饭碰落了别人的餐具时。

（6）因有事而必须打断别人的谈话时。

（7）打扰了别人的工作或休息时。

（8）敲错了别人的家门或叫错了别人的姓名时。

……

二、注意道歉的词语

表示歉意的词语一般有这样一些："对不起""请原谅""打扰了""很抱歉""给你添麻烦了"，等等。在向别人道歉时，一定要说得极为诚恳，否则不但不会被对方谅解，还有可能激起对方的愤怒。另外，在向对方表示歉意时，除了态度要诚恳外，还要选择对方乐意接受的语言。

三、注意道歉的方式

向对方表示歉意的方式有：

（1）当面口头道歉。

（2）约时间面谈道歉。

（3）打电话道歉。

（4）书信道歉。

（5）到对方家中或单位亲自拜望道歉。

（6）托第三者转达道歉，等等。

向别人道歉所采用的方式，一定要根据自己与对方熟悉的程度和歉意的程度认真选择，一般以当面口头道歉为宜。如果带有赔偿性的道歉，应选用到对方家中或单位拜望道歉的方式。

四、注意道歉的时机

同学、朋友之间可能因为一些误解发生摩擦或纠纷，事后应立即向对方道歉。如果对方的火气正旺，感情非常激动，不妨采用冷处理的方法，等待对方冷静下来后，再主动向对方道歉。这样可能比立即道歉的效果更好，也易于对方接受。

五、注意道歉的礼节

道歉时，态度要严肃。首先，主动承认自己犯的错误和过失，对给对方带来的损害表示深深的歉意和内疚。然后，请求对方给予谅解和宽恕，并询问对方有什么具体的条件和要求。对方的理由和要求如果合理充分，要给予满足。如果对方一时不理解或拒绝接受道歉，要反复表达自己的诚意。对于对方的冷言相待和粗暴的态度，应体谅人家的心情，用实心实意的言语感动对方，该赔礼的赔礼，该赔偿的赔偿，以求得对方的谅解。切不可在道歉时再次与人家发生争吵，也不得在虚情假意地赢得了对方的谅解后，再去指责对方的不是。

六、注意道歉的原则

道歉的原则是：男士主动向女士道歉；年幼者主动向年长者道歉；学生主动向老师道歉；职务低的主动向职务高的道歉；子女主动向父母道歉。

如何避免争吵

人和人之间就某件事产生分歧是非常正常的。很多人在产生分歧之后首先想到的是争论甚至争吵，这似乎也是正常的。但正是这种似乎正常的解决办法却恰恰是最糟糕的办法。其实，最好的办法就是避免争吵。

在一次宴会上，一位先生讲了个幽默故事。其中提到一段引语，他说是出自《圣经》。然而他的邻座很清楚地记得这是出自莎士比亚的作品，于是很自信地指出了这个错误。结果是他们各执己见，互不相让。正好边上是一位莎翁研究专家，于是他们决定让他评判。那位专家对那位指出错误的先生说："你错了，那位先生讲的是对的！"

在回家的路上，被指出错误的那一位很诧异地问专家："你明明知道我是对的，怎么说他是对的？"专家回答说："这么多人看着，你为什么要让他丢面子。如果让他丢了脸，他会恨你一辈子，而绝不会感激你指出了他的错误。绝对不要以为指出他的错误是为他好！"

事情确实如此。和一个人争吵，一般是不会有什么好结果的，因为为了各自的自尊，谁都不愿意轻易地屈服，而往往分歧双方都各有优点，也各有缺点，或者根本就没有好坏可言，只是角度不一样，所以争吵是不可能有结果的，而且争吵总是营造出一种敌对的气氛。在这种气氛中，双方都只会盯住对方的缺点，而不会考虑对方的优点。即使是很明显的一个错误，你把它指出来，或者用你的天才般的辩论把他驳得体无完肤，让他觉得低人一等，其结果只会使他怨恨你，或者违心地服理，但可能观点照旧，甚至会在以后的工作中影响相互的合作。即使是1＋1＝3这样简单低级的错误，你也该找个恰当的机会指出来，越是简单的错误越不能公开地、无情地指出。

释迦牟尼说："恨不消恨，唯爱释恨。"当你抱着敌对的态度去解决问题，结果只会水火不容。只有在尊重对方的同时提出建议才可能被接受。所以我们要尽量避免争吵。要做到避免争吵，首先要有欢迎分歧的态度。记住这样一条格言："如果一对伙伴总是意见一致，那么他们中的一个就是多余的。"所以分歧是必需的，也是必然的，没有分歧就没有解决问题的最佳办法。其次要告诉自己，在发生分歧的时候，要冷静地先听对方说，给对方时间，然后你才会有较客观的评价。但最重要的是如何开口，很多人在开口之前是理智的，但慢慢地就失去控制，无法控制对方情绪，也没法控制自己的情绪。开口要先强调对方的优点，先肯定对方，然后承认自己观点中的不足，即使没有也要编一个。因为要让对方认识到他的不足，最好的办法就是先自我批评，最后很婉转地提出对方的不足，请他考虑。一般来说，这样一个简单的程序能避免大部分的争吵。

如何得体地指出别人的缺点

要指出一个人的缺点以及一些坏毛病，使其尽快改正，是一件不容易的

事，但并不是不可能。下面向你传授几条秘诀。

一、指桑骂槐

日本某公司的某位科长，工作效率极差、销售额也差人一大截。于是经理开始调查，结果发现问题出在科长身上。那科长的个性，说得好听一点是乐天，不拘小节，但如果说得不好听，就是不负责任。于是经理说："这怎么行，你还是单位主管呢！多努力振作吧！"科长只回答了个"是"，却完全没有改善迹象。后来，由人才银行聘来公司的人事管理顾问，将科长叫到跟前说："你本身应该是很好的，只是你的科员早上都太晚来上班，所以工作效率很差，你要不要带头来提高士气？"从此之后，科长很快改了，那一科也渐渐变了，不多久就与其他科并驾齐驱。这位顾问把科长赶进不得不自己动手的状况中。在这种情况下，他才会发现自己的缺点，当然也就便于改正了。

二、旁敲侧击

有个叫A的坏学生，聚集了20个以上的伙伴，并成为大家的头目。这伙人常在校园里滋事，老师屡劝不听，甚至还遭报复，校方对他们简直是束手无策。新学期开始，学校调来一位对学生辅导很有一套的老师。这位老师一来，并不从A下手，而是以他的好朋友B、C做目标，希望先辅导他们回归正途。他对A说："你的事我不追究，B和C不同，他们是有将来的，而你却无法对他们的将来负责，所以操纵他们是不对的。不如趁他们还可能悬崖勒马之际，你去说服他们改过。"虽然是坏学生，但听了老师一番话的A，只觉被寄予信赖，于是士为知己者谋，A果真去说服B、C，顺利地使他们脱离坏学生集团，重新做人。几天后，想不到A也找老师道出自己想"从头来"的决心。如果，这位老师也采取直接说服的办法，A肯定不会乖乖听他的。他的绝招就是绕了个圈子，从侧面来攻击，这就叫"旁敲侧击"。这种方法也适用于其他方面，尤其对劝人退休时更为有效。

三、间接指点

对于那些参与意识不强的人，如何改变他们的这种特性，让他们充分发表自己的意见，确实是个难题。但有一种简单的方法可以借鉴，这就是间接指点。比如，对在讨论会议中不发言的人，应先请他左右座的人发言，增加其紧张感。这时，他发现自己左右座的人都发言了，当然自己也不能再置之度外。这是人之常情。因此，不管情愿与否，都能唤起他的紧张感，使他积极发言。相反，如果直接点名沉默者，可能他还会觉得你在讽刺他，而使气氛搞得很差，达不到激发他发言的目的。

如何批评别人

批评的艺术常常被人忽视，因此可以说99%的人都不善于运用这种艺术。批评的真正目的不是要把对方打垮，而是为了帮助他成长。不是去损伤他的感情，而是帮他把工作做得更好。

批评他人时有六个必须要注意的事项，这其中包含了批评艺术的精髓。

一、批评必须完全在私下里进行

如果你希望自己的批评取得效果，一定要记住，你的目标是取得一些好的效果，或使对方回到正确的航向上来，而不是去贬低他的自我。即使你的动机是高尚的，态度是正确的，你也要记住是被批评者的感觉在起作用。当其他人在场时进行批评，哪怕是最温和的方式也很可能引起被批评者的怨恨。不论是否辩解，他已感到他在自己的同事和朋友面前丢了面子。

你是否奉行这个准则也是对你批评的真实动机的一个很好的考验。你是在仅有一个听众的情况下才批评雇员吗？你是在客人面前"纠正"你丈夫的进餐方式吗？如果是那样，那就证明了你的批评的真正目的不是为了帮助别人，而是通过羞辱别人来达到自我满足。

二、以亲切的话语或称赞作为批评的开场白

温存的话、称赞和表扬有助于建立友好的气氛。而这种气氛会使对方认识到你不是在攻击他的自我，他会感到放松。这时你再批评他的错误，他会更容易接受。

大众食品有限公司的创建人之一克拉伦斯·弗兰西斯说："通过表扬一个人，你显示出他的优点，当必须批评的时候他也容易更好地理解你。"

三、批评与人无关，批评的是行动而不是人

你可以通过批评对方的活动或行为而不是他这个人来回避他的自我。无

论如何，你所感兴趣的毕竟是他的活动。把你的批评指向他的活动，你实际上就给了他一个称赞，同时树立了他的自我。

四、提供答案

当你告诉别人什么地方错了，同时也应该告诉他怎样做才正确。重点不应该放在错误上，而应该放在改正错误的手段和方法上，以避免以后重犯或再次出现。

员工们最大的牢骚之一是："我不知道对我的要求是什么。我所做的事看起来没有让领导满意的。然而我也从来不敢肯定他需要的是什么。"在办公室、工厂、家庭中，由于对所期望的东西没有清晰明确的定义而造成的普遍的不满气氛，最能降低士气了。没有什么比这更严重的。你应该告诉他们什么是"正确的"，大多数人都渴望"做得正确"。

五、请求协作，而不是要求

请求总是比要求带来更多的合作。"请您做一些修改好吗？"这样的说法比之"重做！这一次无论如何要做好！"这样的说法较少引起怨恨。

当你要求时，你使别人扮演了奴隶的角色，而你自己成了监管奴隶的人。当你请求时，你是把他放在你的协作成员的角色中。这种协作的感觉，参与的感觉，比之强迫而"对他抱有成见"是有很大差别的。

六、在友好的方式中结束

只有当问题在友好的基调上得以解决，它才算真正结束了。不要使问题悬而未决以致以后旧事重提。例如，在会见结束时对别人表示鼓励，让他把这次见面的回忆当成是对他的赞许，而不是一次意外的打击。

正确(微笑)："我知道我可以相信你。"

错误："那么，现在已经教给你了。以后可不许再犯了。"

正确："我相信你会从中得到窍门——只要坚持试一试。"

错误："你最好马上就改进，要不然就别干了。"

要记住，欲使批评取得成功，其目的必须是为你自己和被批评的人共同达到有价值的目标。不要把批评仅仅作为支持你的自我的手段。当你必须纠正别人时，一定要避开他的自我意识。

如何解除误会

每个人都是社会中平等的一分子，都有自己的情感和思想，最大的痛苦莫过于当自己的言论或思想被别人误解的时候。为误会痛失好友者有之，酿成灾难者亦有之。那么，学会在交际中解除误会就显得格外重要而实际了。

首先，对于误会不要过于认真，也不要不重视，应以一颗无私心让误会消释于无形。我们身边经常发生误会，但误会多了，累积成较严重的误解，就容易使各种关系发生根本转变。本来是好朋友可能关系疏远，甚至反目成仇。但是不等闲视之，并不等于看得比什么都重要。对经常发生的小误会，没必要都做解释。这要靠一个人的人格力量，心底无私、乐于助人的品质去化解。

其次，要用一颗平常心坦然处理误会。有时候，你越是表白你是不幸的、无辜的，越是说得头头是道，比真理还要真理，比任何人都要真诚，对方越是认为你心虚胆怯。要选准时机，才能让对方明白你的心意。对待别人的误解，不能耿耿于怀，需要以一颗忍辱负重心，乐观旷达地接受它，将误会融化在自己忍辱负重的胸怀里。只要一如既往地付出爱心，总会使对方幡然醒悟，而且一定被你所感动，从他那里找回真诚的友谊。

再次，不急躁鲁莽，以一颗细致的心唤醒对方。生活中，某些人喜欢转动自私的轴心，在朋友之间、上下级之间煽阴风点鬼火，制造误会，挑拨离间，达到满足私欲的目的。因此，遇到误会千万不要急躁鲁莽，而要平心静气，细心思索，及时沟通，使对方从蒙蔽之中醒来。

翻脸后如何重修旧好

冲突和摩擦在正常的人际交往中是不可避免的，一时感情冲动，往往会殃及长久苦心维持的友情。事后想来，这些情况的发生都是为我们所不愿的。如果有机会弥补，何乐而不为呢？下面简单介绍几种修复因暂时的冲突而翻脸的解决方式。

一、要谨记，旧事不重提原则

当双方因一件小事而闹僵，但同时又有重归于好的愿望，最好是让过去了的事都过去，刻意地去忘了这段不愉快，切不可继续追究盘查，更无须分辨谁是谁非。两人你我依旧，宽厚待人，淡忘旧事，自然而然地便得以重归于好。

二、寻找时机，主动示意

好的时机会令你示好的意图得以充分表达，获得期望以外的效果。例如，对方生病时你代为照顾其家中小孩，或有别的困难时你毫不吝惜伸出援助之手，拉他一把，都会使对方有更为深刻的体会，在欣然接受之余更生感激和愧疚之心。

三、对过失采取适当补救

俗话说一个巴掌拍不响，两人闹僵，双方都有责任，不能单纯只责怪哪一方。所以想要重归于好，自我检讨是不可少的。为求得对方谅解和表达诚意，应主动积极地加以补救，但同时也要掌握好尺度，无须过分自责。以达到既能将过失化解，又能得到对方认可的效果为目标。

四、宽容隐忍，理解对方

出现翻脸的局面可能属对方有意，但也不排除无心的情况。此时，宽容和理解就显得尤为重要。以豁达的胸襟容忍对方过失，理解其行为，是良好心态和优秀心理素质的体现，关键时刻迈出积极主动的一步，在恰当的时机也彰显出你独特的人格魅力。

面对不必要的邀请如何应答

社会日益开放，人们的交际也愈加广泛，但个人的精力和时间是有限的，如果不懂得如何拒绝那些自己不想参加的，对自己没有意义的"盛情"邀请，那你的时间表里将没有自我空间，完全没有了喘息的机会。一方面要拒绝，一方面又不失和气，实在是需要技巧的，这就涉及拒绝谈话技巧的使用了。

一、缓兵之计，模糊应答

某单位一位同志利用儿子过生日的机会请陈局长光临，但陈局长不想赴宴，可又不好明辞，便说："这段日子说不定哪天上级就来检查工作。这样吧，到时候如果没什么要紧事，我就过去聚一下。"言外之意，有事就去不了啦。模糊应答的妙用在于既不使对方太难堪或太失望，给人以拒之门外的感觉，又给自己创造了"缓冲地带"，留有回旋余地。

二、设置前提，争取主动

给对方设置一个前提，诸如1小时之内，吃完饭就返回等，争取自己限时脱身的主动权。有时盛情邀你的是很熟的朋友，断然拒绝显得不够礼貌，模糊应答又有狡诈、隔膜之嫌，就不如快人快语，先给对方设置一个前提。

三、创造条件，走为上策

以方便为名，到服务台拨个家里电话，叫妻子马上拨此电话说家中有急事，从而名正言顺地溜之大吉。对那些不期而至而使你进退两难的无聊邀请，不妨创造条件，找个借口，走为上策。

四、剖析事理，坦陈心迹

质检员小王的好友帮包工头约小王吃饭。小王对其友就可晓之以理，讲明不能赴约，而且万一出了事对你我都不好，这样就可以巧妙拒绝邀请了。

学会示弱——消除他人不满和嫉妒的妙方

在事业和竞争中为了取胜，当然不可以示弱，但在特定情况下公开承认自己的短处，有意暴露自己某些方面的弱点，往往是一种有益的社交之道。

示弱可以减少乃至消除不满或嫉妒。事业上的成功者，生活中的幸运儿，被人嫉妒是客观存在的。在一时还无法消除这种社会心理之前，用适当的示弱方式可以将其消除到最低限度。

示弱能使处境不如自己的人保持心理平衡，有利于团结周围的人们。

要使示弱产生积极作用，必须善于选择示弱的内容。

地位高的人在地位低的人面前，不妨展示自己学历不高，经验有限，知

识能力有所不足，有过种种曲折难堪的经历，表明自己实在是个平凡的人。

成功者应多在别人面前说自己失败的纪录，现实的烦恼，给人以"成功不易"，成功并非万事大吉"的感觉。

经济比较富足的，可以适当诉诉自己的苦衷。诸如健康欠佳、子女学业不妙以及工作中诸多困难，让对方感到"他家也有一本难念的经。"

某些专业上有一技之长的人，最好宣布自己对其他领域一窍不通，视露自己在日常生活中如何闹过笑话、受过窘等。至于那些完全因客观条件或偶然机遇侥幸获得名利的人，更应直言承认自己是"瞎猫碰到死耗子"。

示弱可以是个别接触时推心置腹的长谈，幽默的自嘲，也可以是在大庭广众之下，有意以己之短，补人之长。

示弱有时不仅表现在语言上，还要表现在行动上。

自己在事业上已处于有利地位，获得了一定成功。在其他的方面，即使完全有条件和别人竞争，也要尽量回避退让。也就是说，事业之外，平时对小名小利应淡薄疏远些，因为你的成功已经成了某些人嫉妒的目标，不可再为一点微利惹火烧身，应当分出一部分名利给那些暂时的弱者。

示弱是强者在感情上体贴暂时在某些方面处于劣势的弱者的一种有效的手段。它能使你身边的"弱者"有所慰藉，心理上得到平衡，减少或抵消你前进路上可能产生的消极因素。

怎样安慰别人——要做雪中送炭的人

人生的道路不平坦，逆境常多于顺境。身处逆境，面对不幸，当事者不仅需要本人自勉，也迫切需要别人的劝慰。安慰如雪中送炭，能给不幸者以温暖、光明和力量。给予不幸者以安慰，是为人处世的一种美德。当亲朋好友遭受不幸时，及时送上真诚的安慰，更是你应尽的责任。

探望身患重病的不幸者，不必过多谈论病情。有关的医疗知识，医生已有交代、说明，无须你再多言。如果对方本来就背着重病的精神包袱，你再谈及过多，势必包袱加重。你应该多谈谈病人关心、感兴趣的事，以转移对方的注意力，减轻其精神负担。

对于因生理缺陷或因出身、门第被人歧视的不幸者，由于不幸的原因有些是先天的，劝慰时应多讲些有类似情况的名人的成功事例，鼓励对方不向命运屈服，抵制宿命论思想影响。

安慰丧亲的不幸者，不要急于劝阻对方的恸哭。强烈的悲痛如巨石积压在心头，愈久愈重，不吐不快，让其宣泄、释放出来，反而有利于较快恢复心理平衡和平静的状态。你应当注意倾听对方回忆、哭诉，并多谈谈死者生前的优点、贡献等。对生老病死之类的突发事件，你要注意及时安慰，事过境迁不仅失去意义，而且会使对方已经平复的心灵勾起伤心的回忆，这是很不妥的。

当然，也不是说一定要在对方情绪激动的时候去安慰。一个人在情绪处于失控的情况下，任何人的安慰都难以入耳，只能火上加油。还是等他冷静下来，恢复了理智，再同他交谈为好。

有时，谎言不一定全是坏话。

对于身患病症的病人，只能把病情如实告诉其家属，而对其本人，仍应重病轻说。如果谎言居然唤起了他对生活的热爱，增强了他对病魔斗争的意志，就有可能使生命延续得更长久，甚至战胜死神。

善良的谎言，其用心当然也是善良的，即为了减轻不幸者的精神痛苦，帮助其重振生活的勇气。当事人以后明白了真相，只会感激，不会埋怨。如果明知会加重对方的精神痛苦，仍要实话相告，即使不算坏话，也该算蠢话。

如何化干戈为玉帛

美国第七任总统安德鲁·杰克逊（1767—1845年）曾经和一个叫本顿的人进行决斗。本顿一枪击中了杰克逊的左臂，子弹一直留在里面。20年后，到1832年医生取出子弹的时候，本顿已经成了杰克逊的热情支持者。杰克逊建议将子弹归还本顿，但本顿谢绝接受，说按照美国法律的规定，遗失物或被抛弃物的追索时间为20年。现在20年已经过去了，产权发生了转移，子弹

的所有权当属杰克逊了。而杰克逊说自从上次决斗到现在还只有十九年，产权关系没有发生变化。本顿回答说："鉴于你对子弹的特别照管，并且一直随身携带，因此，我可以放弃这1年。"

我们从安德鲁·杰克逊和本顿的交谈中，发现两人其实都没有把20年前的决斗放在心上。这也使我们更容易理解他们决斗之后的20年中，为什么一个还是另一个的热情支持者。

人和人之间的交往难免会有些旧怨出现。这些旧怨可能会造成不愉快的人际关系。该怎么去解决这个问题，上面的例子提供了一个很好的办法。

宽恕就是给别人机会，当然，也是给自己机会。"化干戈为玉帛"是化解矛盾的最佳方式，非常重要。生活在社会中，必然有矛盾和烦恼，如夫妻、邻里、同事间不和谐，均会使人出现负面情绪，甚至产生仇恨。在被别人曲解和伤害时，本能的反应就是报复。然而，报复虽然发泄怒气，减少了心中的负荷而痛快一时，但会激化矛盾。因此，在生活和工作中要避免进入困境，最明智的选择就是宽容，做到宽容大度，摒弃前嫌，化干戈为玉帛。

要勇于面对问题，解决问题，不能逃避，老死不相往来。将有办法解决的问题及无法解决的问题分别列出。有办法解决的问题全力以赴去解决，无法解决的问题先寻求支持。精诚所至，金石为开，凡事尽力而为，必能得到对方的谅解与支持。

第6章
这样说话最讨人喜欢
——社交达人的口才攻心术

在社交场上，你一定会被口若悬河、侃侃而谈的人所折服，你一定会对幽默风趣，富有哲理的人由衷钦佩。这就是口才的魅力。想一想自己，能否谈笑风生，善于辞令？如果你觉得不太自信的话，那赶紧丢掉这些想法，耐心读完本章，你就发现，你也会和他们一样做得很好！

称呼得体

称呼是指人们在正常交往应酬中，彼此所采用的称谓语。它是言语交际的"先锋官"，在日常生活中，称呼应当亲切、准确、合乎常规。正确恰当的称呼，不仅能体现对对方的尊敬和自身的文化素质，更能促进交际的成功。

俗话说，"良言一句三春暖"，称呼得体就像行个见面礼，使对方获得心理上的满足，使沟通顺畅，交往成功。反之，称呼不得体往往会引起对方的不快甚至愠怒，使双方陷入尴尬境地，造成交往梗阻乃至中断。由此可见，称呼得体与否在很大程度上决定着人们交往活动的成败和管理效果的优劣。因此，不论是一般人，还是身负一定职务的领导人或管理者，要想生活愉快、事业发展，都需要注意研究人际称呼的技巧，努力提高自己的称呼艺术。

称呼在人际交往和管理活动中的重要作用早为人们所注意。社会心理学家们认为得体的称呼能使人心情愉快，增强自信，有助于形成亲密和谐的人际关系。而良好的人际关系又是使人精神振奋、心理健康和提高工作效率的重要条件。得体的称呼能缩短人和人之间的心理距离，使人心情舒畅。

那么，怎样称呼才算得体呢？其实称呼并没有什么统一的模式。不同的地区、不同的民族和不同的语言传统，称呼的习惯可能差异很大；不同的职业、职务、性别、年龄的人，对称呼的需要和期望也不尽一样。这就造成了人际称呼的复杂性和多元化，增加了称呼得体的难处。但有一条是共同的，那就是要尊重他人和礼貌待人。这样，对方心里就会产生一种自豪感和满足感，反过来对方也会乐于与你接触，主动和你沟通，这就使交往有了良好的开端。但仅有这些还不够，在具体称呼时还要注意做好以下几点。

一、记住对方姓名

姓名不仅是将自己与他人的存在予以区别的标志，而且不少人的名字还凝聚着父母对子女的期望。由于自尊的需要，每个人都会重视和珍爱自己的名字，同时，也希望别人能记住和尊重它。因此，当自己的名字被别人叫到时，就认为自己受到尊重，心里感到愉悦，对称呼自己的人怀有亲切感。古今中外，一些领导人、政治家和企业家对人的这种心情很了解，与人寒暄时不只说句"您好"，而是在"您好"前面或后面冠以对方名字，这样做起到了很好的心理效应。我们对久别之后仍能一下子叫出自己的名字的人，总是感动万分、钦佩不已的原因，就是因为这个缘故。

二、符合年龄身份

称呼必须符合对方的年龄、性别、身份和职业等具体情况。对年长者称呼要热情、谦恭、尊重；对同辈则要态度诚恳，表情自然，亲切友好，体现出你的坦诚；对年轻人要注意慈爱谦和，表达出你的喜爱和关心；对有较高职务或职称者，要称呼其职务或职称。总之，要讲究礼貌，既表达出你对对方的真诚和尊重，又不卑不亢。切勿使用"喂""哎"等来称呼人，同时，也应力戒点头哈腰，满嘴恭维话。

三、有礼有节有序

在与多人打招呼时，如果群体中有年长者，也有年轻人或异性在场，就要注意称呼的顺序。一般来讲，应先长后幼，先上后下，先女后男，先生疏后熟识为宜。称呼最能表达说话人的道德修养、知识水平和文明程度，也体现着他的交往技巧。称呼兼顾长幼的差异，会使年长者觉得受了尊重，年轻人也心中坦然；如顺序颠倒，不但会使年长者不满，而且被称呼到的年轻人也会感到窘迫。此外，应注意尊重女性，在与一个同样年龄、身份的群体打招呼时，先称呼女性，会使对方感到你有较高的素养，从而乐于与你交往。

需要强调的是，以上各点并不是孤立的，而是彼此制约、密切相关的。它们从不同侧面共同决定着称呼的得体与否以及称呼得体的程度。在日常生活中，我们只有依据称呼对象和交往场合等的具体情况，从多方面分析称呼对象的称呼需要，选择得体的称呼语，才能收到最理想的称呼效果。

寒暄得当

寒暄又叫打招呼，是人与人建立语言交流的方法之一，是交谈的润滑剂。它能使朋友在某种场合心领意会，让不相识的人相互认识，使不熟悉的

人相互熟悉，把单调的气氛活跃起来，为双方进一步攀谈架设友谊的桥梁。

1984年9月，中国与英国关于香港问题的第22轮会谈在钓鱼台国宾馆开始了，中方代表周南和英方代表伊文思相遇并寒暄起来。

周南说："现在已经是秋天了，我记得大使先生是春天前来的，那么就经历了三个季节了：春天、夏天、秋天——秋天是收获的季节啊！"

这是发生在中英关系史上的一次重要谈判，时间是1984年秋季——达成协议的关键时刻，内容是我国对香港主权的收复问题。

周南在这次轻松的寒暄中，运用暗示、双关的手法，巧妙利用交际的时令特征，即秋天的特点及其象征意义——成熟与收获，将我方诚恳的态度和希望，以及坚定的决心，含蓄委婉地表达了出来。

这种寒暄意味深长，具有强烈的针对性和灵活的策略性，无穷之意尽在言外。

在我们日常生活中，寒暄的主要形式有以下几种。

一、路遇式寒暄

路遇式寒暄就是在路途上或一些公共场所里遇到熟人，顺便打个招呼。一种是对经常见面的熟人，握握手，说上句"你好！""上班去呀？"在路上骑车相遇，相互点点头，微笑一下，摆摆手，不用下车，擦肩而过。另一种是在路上遇到较长时间没有见面的熟人。这时不可以点头再过，要停下来，多说几句。如有急事要办，则要与对方说清楚再离开。这是人际交往的基本常识。

二、会晤前的寒暄

会晤前的寒暄就是如约见了面，或客人来了后，在交谈正题之前的问候。一种是常见的也是最起码的问候方式，如"您好""请进""请坐"等。另一种是特殊情况的问候方式，如对病人、老人、师长、好友，或是遇到大病初愈、长途旅行、身遭不幸等情况，寒暄问候则要格外体贴入微，暖人心扉。

寒暄的内容主要有以下几类。

（1）关怀式寒暄。这是常见的寒暄方式。真挚深切的问候，对于加深人际间的感情，有着重要的作用。

（2）激励式寒暄。就是在寒暄的几句话中，给人以鼓舞和力量。几句寒暄，就能给人以很大的激励。

（3）幽默式寒暄。寒暄中加点幽默诙谐的成分，对协调交际气氛是很有效果的。人际间良好的沟通与深切的友谊就是在幽默的寒暄中间建立起来的。

（4）夸赞式寒暄。无论谁清早起来，接连听到几个诸如"您起得好早啊！""您身体越来越好啦！"的赞美式寒暄，一定会感到这一天心情格外舒坦、愉快。夸赞式寒暄也要讲点技巧，其中之一就是夸赞的内容最好要具体一些，这样才能产生较大的作用。

此外，在寒暄中，应注意以下几点。

（1）要注意对象。寒暄要因人而异，不要对谁都是一个调。

（2）要注意环境。在不同的环境，要进行不同的寒暄。

（3）要注意适度。寒暄要适可而止，过多的溢美之词则会给人以虚伪客套之感。

总之，恰当的寒暄，能给不快的人以安慰，给久别重逢的人以关怀，给邻里亲友以欢乐，并由此沟通感情，联络友谊，以使人际交往达到水乳交融的佳境。

如何做自我介绍

自我介绍，在一般情况下就是把自己的情况介绍给陌生的交际对象。如姓名、身份、职业、特长等，意在使对方了解自己，尽可能为自己提供方便，并与对方建立联系。人们初次见面，都会产生一种了解对方并渴望得到对方尊重的心理。及时简明的自我介绍，可以满足对方的这种渴望。对方也会以礼相待，做自我介绍。

在日常生活和工作中，人与人之间需要进行必要的沟通，以寻求理解、帮助和支持。自我介绍是最常见的与他人认识沟通、增进了解、建立联系的方式。

在社交活动中，想要结识某人，而又无人引见，可以向对方做自我介绍。自我介绍的内容，可根据实际的需要、所处的场合而定，要有鲜明的针对性。在某些公共场所和一般性社交场合，自己并无与对方深入交往的愿

望，做自我介绍只是向对方表明自己的身份。这样的情况只需介绍自己的姓名。如："您好，我叫王海。"或"我是王海。"有时，也可对自己姓名的写法做些解释。如："我叫陈华，耳东陈，中华的华。"如果因公务、工作需要与人交往，自我介绍应包括姓名、单位和职务，无职务可介绍从事的具体工作。如："我叫王海，是荣发公司的销售经理。"

在社交活动中，如果希望新结识的对象记住自己，做进一步沟通与交往，自我介绍时除姓名、单位、职务外，还可提及与对方某些熟人的关系或与对方相同的兴趣爱好。

进行自我介绍，要简洁清晰，充满自信，态度要自然、亲切、随和，语速要不快不慢，目光正视对方。在社交场合或工作联系时，自我介绍应选择适当的时间。当对方无兴趣、无要求、心情不好，或正在休息、用餐、忙于处理事务时，切忌去打扰，以免尴尬。若在讲座、报告、庆典、仪式等正规隆重的场合向出席人员介绍自己时，则应简短、细致。如：

"我叫柴××，是哈尔滨工业大学机械专业1968年的毕业生。1981年又在省电大学习工业管理，获本科文凭。从1970年起，我就在××汽车制造厂油泵车间当技术员，1980年晋升为工程师。从1983年起至现在，承包厂服务公司的汽车修理厂。这些年来，我一直研究国内外关于机械加工方面的先进技术，对汽车油泵的品种、规格、型号、质量、工艺流程、销售情况也比较熟悉，有一定的管理经验。我今年45岁，正是年富力强的时期，很想干一番事业。我个人做事果断，敢于拍板，敢于负责。只要给我一定的时间，比如说10天吧，就能把全部情况弄清楚，拿出办厂的具体方案，提出上缴利润的指标。"

这是某汽车油泵厂的柴××同志在投标时所做的自我介绍，较为具体详尽，既全面介绍了自己的学历、经历、兴趣、专长、能力和性格，又表示了自己的愿望和信心，因而赢得了招标单位的初步信任，为后来的中标打响了第一炮。

介绍他人应注意的问题

介绍他人，即第三者为彼此不相识的双方引见的介绍方式。在人际交往中，我们总能碰到为他人介绍的机会。那么如何能使双方满意，达到预期的效果呢？这是一个看似简单的问题，其实却很难做到位。

介绍他人应注意以下几个问题。

一、介绍时要注意介绍的顺序和礼节

一般情况下，应将年纪轻、身份低的介绍给年纪大、身份高的，以示对后者的尊重。介绍多人的一般顺序是：

不同性别的两个人，在一般情况下应将男士介绍给女士。如："李小姐，这是赵先生，刚从河北来。"如果男士尊于女士，则应把女士介绍给男士："赵老师，这位是从哈尔滨来的李小姐……"

不同辈分、职务的两个人，应将年轻、职务低、知名度低的介绍给年长、职务高、知名度高的。如："汪老，这是×××报社的小陈，陈××先生。"

把一对夫妇介绍给他人，在一般情况下应先介绍丈夫，后介绍妻子。

同龄人聚会应将未婚的介绍给已婚的，将自己熟悉的介绍给不太熟悉的。

客人到家中拜访，应先把客人向家庭成员介绍，然后把家庭成员向客人做简单逐一的介绍。介绍时，应把被介绍人的关系、姓名讲清楚，如果能简明地点出他们的爱好和特点更好，这样会给客人以愉快亲切的感觉，也显示出家庭的和睦与乐趣。

二、介绍时体态语要自然、协调

介绍时一般应起立，面带微笑，注意礼节，手掌朝上示意，切不可用食指指指点点。

三、介绍的话语不要太长

介绍语信息量要适中，不要过于冗长，能为双方攀谈引出话题即可。

四、介绍语要热情、文雅，切不可伤害被介绍者的自尊心

介绍是为了联络感情，融洽气氛，建立交流关系。因此，介绍的话语应热情洋溢，切忌冷冰冰的，更不可有损被介绍人的尊严。

约翰·梅森·布朗是一位作家兼演讲家。一次他应邀在某地演讲，被会议主持人做了这样的介绍：

"先生们，请注意了。今天晚上我给你们带来了不好的消息。我们本想邀请伊塞卡·F·马科森来给我们讲话，但他来不了，病了。下面听众发

生嘘声……后来我们要求参议员布莱德里奇前来，可他太忙了。嘘声……最后，我们试图请堪萨斯城的罗伊·格里根博士来，也没有成功。嘘声……所以，结果我们请到了——约翰·梅森·布朗。肃静。"

这段介绍语的本意并不想贬低布朗先生，却一次又一次地刺伤了其自尊心。之所以出现这样的失误和恶果，原因有二：一是介绍者将组织这次活动的过程报了一遍流水账，客观上产生了这样的效应；二是主观上考虑不周，或者根本没有考虑如何尊重演讲者，如何使来之不易的演讲活动取得成功。因此，从某种意义上讲，介绍语是介绍者认识水平、组织才能和表达才能的外现。

一次，某高校邀请话剧《光绪政变记》中慈禧太后的扮演者郑毓芝来演讲。主持人是这样介绍她的："同学们，今天，我们好不容易把'老佛爷慈禧太后'请来了。掌声，笑声，听众的情绪热烈起来。'老佛爷'郑毓芝同志在戏台上盛气凌人，皇帝、太监、大臣见了都诺诺连声，磕头下跪，在台下却和蔼可亲，热情诚恳。她方才和我谈起，还曾扮演过《秦王李世民》中的贵妃娘娘，话剧《孙中山》中的宋庆龄。她是怎样把这些截然不同的人物演得栩栩如生的呢？下面就请听她的演讲。"听众凝视主席台，热烈鼓掌。

这番介绍语既幽默风趣，突出特点，又条理清楚，主旨鲜明，热情洋溢地把郑毓芝本人和她演的角色做对比介绍，并水到渠成地点明其演讲的主题，可谓十分得体，收放自如。

社交场合的常用语

社交场合的常用语，也被称为社交"万能语"。所谓"万能语"，具有以下几个特性。

（1）使对方觉得你很有礼貌。

（2）富有弹性。

（3）听起来平易近人，用起来简单方便。

（4）给人一种舒心的感觉。

不管处在什么情况下，使用"万能语"都是非常有用的。如果不善于利用，则可能在人际关系上遭到很大的损失。那么，"万能语"有哪些呢？现举出几个简单的例子：早安、午安、晚安；喔，是的，是的；真是太不好意思了；还不是托您的福嘛；请多多包涵；哪里，哪里，实在不敢当；真抱歉；真是太谢谢您了；请多加指教；拜托了，诸如此类的"万能语"，实在是不胜枚举，关键看你如何去运用它们。

◎**学会使用"万能语"**

不同的场合都要注意礼貌用语，社交场合的常用语可罗列如下：

初次见面应说：幸会。

看望别人应说：拜访。

等候别人应说：恭候。

请人勿送应用：留步。

对方来信应称：惠书。

麻烦别人应说：打扰。

请人帮忙应说：烦请。

求给方便应说：借光。

托人办事应说：拜托。

请人指教应说：请教。

他人指点应称：赐教。

请人解答应用：请问。

赞人见解应用：高见。

归还原物应说：奉还。

求人原谅应说：包涵。

欢迎顾客应叫：光顾。

老人年龄应叫：高寿。

好久不见应说：久违。

客人来到应用：光临。

中途先走应说：失陪。

与人分别应说：告辞。

赠送作品应用：雅正。

◎ "对不起"的神效

"对不起"这三个字看来简单，可是它的效用，不是别的字所能比拟的。这三个字，能使顽强者点头，能使怒气消减。

你在汽车上误踩了别人的脚，你说声："对不起"，被踩的人自然不会计较什么了。人的心理原是这样，对于许多事情皆可原谅。若因为你的过失，使别人吃亏，而你还不承认自己的不是，好像别人吃亏是咎由自取似的，这就不能使别人原谅你了。

消除恶感，避免伤害对方的感情，最聪明的办法是自己谦逊一点。自己有过失的时候立刻道歉，别人会给你同情。

反之，不承认过错，就难怪对方生气，许多口角变成打架，或因一两句话而酿成命案的，皆由此而起。倘若我们大家都不忘记这三个字的巧妙，我们的生活将会减少很多不愉快。

"对不起，害你等了许多时候。" "对不起，你可以替我把茶水递过来吗？"在日常生活中，这三个字真是用途太多了。

"对不起"三个字，意思无非是让别人占上风。你既然让他占了上风了，他还有什么更多的要求呢？息事宁人，莫过于此。要使家庭不失和，朋友不交恶，这三个字真是百效的灵药。

电影院里要经过别人座位时，请先说声"对不起"，那么让路的人一定不会把眉头皱起；如果你招待你的顾客时多说两声"对不起"，那么，交易十之八九会成功的。

◎ "谢谢"并非客套话

"谢谢"不仅仅是礼貌用语，也是沟通人们心灵的桥梁。"谢谢"这个词似乎极为普通，但运用恰当，产生的魅力无穷。

说"谢谢"时必须有诚意，发自内心。这样，对方才不会感到是一种应酬的客套话。

说"谢谢"时要认真、自然、直截了当，不要含糊地咕噜一声，更不要怕别人知道你在道谢而不好意思。

说"谢谢"时应有明确的称呼，通过称呼被谢人的名字，使你的道谢专一化。如果感谢几个人，最好要一个个向他们道谢。这样会在每个人心里引起反响和共鸣。

说"谢谢"时要有一定的体态，头部要轻轻点一点，目光要注视着你要感谢的人，而且要伴随着真挚的微笑。这样在对方心里引起的反响会更强烈。

说"谢谢"时要及时注意对方的反应。对方对你的感谢感到茫然时，你要用简洁的语言向他道出致谢的原因。这样才能使你的道谢达到目的。

道谢是为了表达感激之情，如果对方反而因此窘迫，便违背了本意。

为了不致使人窘迫，道谢要考虑时间、地点和对方的特点。比如，被谢者不希望局外人知道自己帮了你，你就应尊重对方的意愿。如果恰巧在大庭广众遇见对方，就要含蓄地表示谢意，或者小声地耳语，甚至可借握手之机，用热情有力的动作，加上含笑的眼神来表示。也可以说："××，我有一点小事想同您单独说几句。"借此离开人群，找个合适处再坦诚相谢。

◎对他人的道谢要答谢

对他人的道谢要答谢，这也是社交中的一种礼貌、一种姿态。答谢在措词上要注意以下几点。

一、帮助合乎情理，不足称谢

"老兄，为你出点力是应该的，有什么可谢的呢？"

"我们同事之间，今天我帮你，明天你帮我，这是很正常的事嘛。"

"你跟我还要谢？你可不要见外。"

二、表示不为自己增添多少麻烦

"一点小事，又不要我花多少时间。"

"我自己也需要，不过捎带一下而已。"

"我这是顺便，您别放在心上。"

"是花了点时间，但我觉得并不麻烦。"

三、必要时表示不安的心情

"您快别这么说，我都有点不好意思了。"

"瞧，我被您说得快脸红了。"

"这么重的礼，我受之有愧。"

四、收受礼物请对方下不为例

"谢谢您为我买了这么好的礼物，我非常高兴。"

"劳您破费，不好意思。"

"恭敬不如从命，这份礼我就收了，咱们下不为例吧!"

说话要注意方法

我们与人交往时，说话的内容固然重要，但别人对你的评价如何，你给别人的印象是好是坏，很大程度上是由你的语言表达方式决定的。因此，应该承认，在社会交往中注意自己的说话方法，是开口说话至关重要的一个环节。

有的时候，谈话的重点会在我们轻松自在的说话中明显地表达出来；有的时候，我们以平和的心态与人说话，也会留给对方深刻的印象；有的时候，我们怒气冲冲地与人讲话，也能获得别人的好感；甚至有时候我们与人说话时心不在焉，却依然能够表达自己要讲的意思。这是为什么呢？这就是因为在不同心态下用不同的说话方法，可以决定我们能否把该强调的重点充分地表达出来。

当然，一个人在与人说话的时候，始终保持一份好的心情，肯定能加深别人对他的好感；反之，说话时装模作样、自命不凡、优越感太强的人，便不会得到别人的认同，朋友也会离他越来越远。

说话应该做到条理分明，因为有关你的工作能力、教育程度、知识水平、兴趣爱好、审美追求等许多方面的情况，皆是通过你的言谈表现出来的。一个说话东拉西扯而没有层次的人，很难让人明白他究竟想要说什么。所以，当一个人说话不能掌握正确的方法，不能强调重点，言语没有分寸时，他的社交活动肯定劳而无获，不会有什么好结果。那么说话到底有哪些技巧呢？

你不妨先用下面这些问题来检查一下自己。

（1）开始与别人交谈时，会希望别人快点说完吗？

（2）和不熟悉的人说话时，会觉得不知道说啥吗？

（3）与对方交谈时，你还会想其他事情吗？

（4）是否时常会有找不到话题的时候？

（5）不喜欢别人为你介绍陌生人吗？

（6）是否时常会有想不出好措辞的时候？

（7）是否常常想中断对方的谈话？

（8）即使和亲朋好友谈话，也会有没有话题的时候吗？

（9）当你讲话时，是否感觉到其他人的坐立不安？

（10）对方是否常常会中断你的谈话？

（11）与人交谈时，争执的情形多吗？

（12）你觉得用家常话会很难和别人交谈吗？

（13）是否觉得自己不会幽默？

（14）在会谈的时候，你是否会认为提早结束比较好呢？

（15）是否常常请求对方赶快说明情况？

（16）是否一讲起来就没完没了？

（17）常想教导别人吗？

（18）是否时刻在维护自己的形象？

以上这些问题，如果你有七个以上的回答是"是"，那么你就有必要注意说话的技巧了。掌握正确的说话方法，能使我们判断出自己的想法是否合乎情理，同时也能让别人对我们有一个正确的评价。时间一长，自然能给人留下良好的印象。

如何进行自我辩解

交际中常常需要进行自我辩解。自我辩解可以通过多种语言表达。自我辩解的目的是通过交际行动来表示自我尊重，也表示对他人的尊重。因此，在交际中运用恰当的方法进行自我辩解，是建立良好的人际关系的途径之一。下面介绍一些使你说话更加肯定干脆的语言技巧。

向人诉说时，用"我想……""我认为……""我觉得……""我曾……"等直接的形式，把你的感情、需要和愿望告诉他人。表明你的话来自亲身体验，别人才会容易接受，你的话也才能更具有说服力。

向对方表示看法时，可用"你觉得……""你是想……""如果这样不行，你看……""不然我们也可以……"如果在谈话中能考虑到对方的处境，那么我们说的话就不会显得虚假。而那种贬低对方、恐吓对方的言论，在自我辩解时都是不足取的。

说话时应该尽可能坦率，别故意转弯抹角。坦率地与对方交谈指的是有话要直接告诉当事人，不要当面不说而背后去说，也不要心里有话口里不说。同样的，如果你想要某个人做某事，应该直接告诉他，而不要绕个弯子，更不要背后抱怨别人。抱怨与批评的自我辩解是永远不会被人认同的。

平静而清楚地重复阐述你的观点，表示你有自我辩解的信心。因为有时你简略地提及你的观点，人们不会一下子就理解它，这就有必要重复一下，把它阐述得更明白。

在交际中，自我辩解常常碰到的问题之一就是不好意思拒绝别人的要求。要记住，"不"字对自我辩解的作用是很重要的。

自我辩解的措辞很重要，然而，沉默有时也可以达到自我辩解的效果。当别人企图指使你去干你不愿干的事情时，你保持沉默，这时才能体现出"沉默是金"。

在人际交往中，在真诚而坦率地表达自己的情感、信仰、意愿的同时，也让别人表达他的情感、信仰和意愿，只有这样才能达到辩解的效果，得到别人最高程度的认同。

如何赞美别人

一位年轻母亲曾讲过一个令人心痛的故事：她的孩子常常因做错事而受到她的责备。但是，有一天，孩子一点错事都没有做。到了晚上，该睡觉时，她发现孩子把头埋在枕头上，悄悄地抽泣。她问孩子为什么哭。孩子说："难道今天我没有做一个好孩子吗？"

"这一问就像电一样触动着我的全身，"年轻的母亲说。"当孩子做了错事时，我总责备她，但当她极力往好处做时我却没有注意到，连一句表扬鼓励的话都没有。"从这个例子我们悟出一个道理，永远别忘记赞美他人。

一位语言学家曾说："同样的音调或语句反复出现时，常具有感化人的力量。譬如林肯的名言'民有、民治、民享的政府'，倘若他仅为了提出一项政见，仅说'民主的政府'即可。但是，他三度强调'民'字，遂产生更深刻感人的效果。"的确，每个人听到这句铿然有力的话语时，都会情不自禁地加深自己对此种理想的政府的向往之情。同样当人们反复听到赞美时，他们也会被感动。

赞美无须刻意修饰，只要源于生活，发自内心，真情流露即可。但要更好地发挥赞美的效果，也需要注意以下几个要点。

一、实事求是，措辞恰当

当你准备赞美时，首先要掂量一下，这种赞美，对方听了是否相信，第三者听了是否不以为然，一旦出现异议，你有无足够的理由证明自己的赞美是有根据的。

一位老师赞美学生们："你们都是好孩子，活泼、可爱、学习认真，做你们的老师，我很高兴。"这话很有分寸，使学生们既努力学习，又不会骄傲。但如果这位老师说："你们都很聪明，将来会大有出息，比其他班的同学强多了。"效果就大不一样了。

二、赞美要具体、深入、细致

抽象的东西往往不具体，难以给人留下深刻印象。如果称赞一个初次见面的人"你给我们的感觉真好"，那么这句话一点作用都没有，说完便过去了，不能给人留下任何印象。但是，倘若你称赞一个好推销员："小王这个

人为人办事的原则和态度非常难得，无论给他多少货，只要他肯接，就绝对不用你费心。"那么由于你挖掘了对方不太显明的优点，给予赞扬，增加了对方的价值感，因此赞美起的作用会很大。

三、热情洋溢

漫不经心地对对方说上一千句赞扬的话，等于白说。缺乏热情的空洞的称赞，不能使对方高兴，有时还可能由于你的敷衍而引起对方的反感和不满。

四、赞美多用于鼓励

鼓励能让人树立起自信心。自信是成功的一半，用赞美来鼓励对方，能达到事半功倍的效果，尤其在"第一次"。无论任何人干任何事情，都有第一次的时候，如果对方第一次干得不好，你应该真诚地赞美一番："第一次有这样的表现已经很不容易了！"别人会因为你的赞美而树立信心，下次自然会做得更好。

五、借用第三者的口吻赞美他人

赞美随时随地都能听见，面对面或直接地赞美对方，总有点恭维奉承之嫌。若换个角度，换种说法，也许就好多了。以"第三者"的口吻来赞美对方，说："难怪某某一直说你很不错，今日一见……"可想而知，对方一定很高兴。因此，当面赞扬一个人，有时会令人感到虚假，怀疑你是否出于真心，而间接地在背后赞美对方，会使对方感到你对他的赞扬是真诚的。

六、赞美要注意适度

过度的赞美，空洞的奉承，会令对方感到难以接受，甚至感到肉麻、讨厌，结果适得其反，只有适度的赞美才会令对方感到欣慰。适度因人、因时、因事、因地而异，需要不断摸索积累，逐步掌握。

怎样知己知彼

有人夸张地把社交场形容为"战场"，意即舌锋之战。要想成功地取得战斗的胜利，就必须知己知彼。

一、了解情况

即了解对方的一些经历和生活状况。在应酬当中，人的思维方式各不相同，他有他的生活愿望，你有你的生活观点，交谈能否融洽则在于话题的选择。假如你不了解他的生活困难，而在那里大吹特吹打高尔夫球或是环球旅游的乐趣，他肯定提不起兴趣和你谈下去，但倘若你告诉他一条快速致富的门路，不用你说下去，他也会提问的，因为这正是他所关心的。

二、积累经验

在谈话中，经验是很重要的。对于应酬的话题和场面，应该具有一定的经验，否则就会处于一种不利的局面。对于所涉及的话题应有专门的知识。当你和对方谈到某一件事时，你必须对此的确有所认识，否则说起来便缺乏吸引力，不能让对方感兴趣，也无法与他人说到一起。人际交往中，有许多事情即使做法不同，但道理永无改变。这种永恒不变的道理，自己要常存于心，要培养自己的忍耐力，切忌凡事小气。

经验证明，"小气"常使一个人吃亏，应常常保持中立，保持客观。按照经验，一个态度中立的人，常常可以争取较多的朋友。至于你的"死党"，你也不必口口声声去对他表明，只要事实上是"死党"就行。对事物要有衡量其种种价值的尺度，不要过分地坚持某一个看法；如果有必要对事情保守秘密，就不要说得太多，想办法让别人多说。如对某人感兴趣，就应竭力去了解他的背景。如果在交谈当中，不顾对方的心理变化，而一味地将想法统统搬出来，那么，你是得不到他人的认同的。一厢情愿的谈话往往会让对方厌恶。不该说话的时候说了，是犯了急躁的毛病；该说话的时候却没有说，就失掉了说话的时机；不看对方的态度便贸然开口，则是闭着眼睛瞎说。

在交谈过程中，双方的心理活动是呈渐变状态的，这就要求我们在和人交谈中应兼顾对方的心理活动，使谈话内容和听者的心境变化相适应并同步进行，这样才能让交谈意图达到明朗化，引起共鸣。

三、区别对待

应清楚对方的身份和性格特征。性格外向的人易于"喜形于色"，和他可以侃侃而谈；性格内向的人多半"沉默寡言"，对他则应注意委言婉语循循善诱。不设身处地替别人想想，只一味地夸夸其谈，其结果必然是失掉了一批又一批的交谈对象。因此，在交谈中区别对待交际对手，是人际交往取胜的关键。

投其所好的妙处

某文艺编辑曾讲过一个故事。他邀一位名作家写稿。该作家非常难合作，各报社的编辑都对他大伤脑筋。因此，这个编辑在见面前也相当紧张。果然不出所料，一见面他们就谈不拢。作家一味说："是吗？""也许是吧？""这我还真不清楚。"如此这样谈话，使得这位编辑很是头痛。于是他换了个话题，和作家闲聊起来。他把几天前在一本杂志上看到的有关该作家作品近况的报道搬出来，说："您的大作最近要翻译成英文，在美国出版了？"作家见对方如此关心自己，就很感兴趣地听下去。编辑又说："您的写作风格能否用英文表现出来？"作家说："就是这点令我担心……"他们就在这种融洽的气氛中继续谈了下去。本来已不抱希望的编辑，此时又恢复了自信，最终获得了作家的应允，答应写稿。

没有人会喜欢一个谈话时只讲他自己，而不关心对方的人。人们只愿意和那些与自己有共同话题的人交往。

耶鲁大学文学教授威廉莱亚·惠勒普斯，在《人性》这篇论文中这样叙述："我在6岁那年，有一个星期六去斯托拉多姨妈家度周末。记得傍晚时分，来了一个中年男子。他先和姨妈嘻嘻哈哈谈了好一会儿，然后便走到我面前和我说话。当时我正迷上小船，整天抱着小船爱不释手地玩。以为他只是随便和我聊几句，没想到他对我说的全是有关小船的事。等他走了以后，我还念念不忘，对姨妈说：'那位先生真了不起，他懂得许多关于小船的事，很少有人会那么喜欢小船。'姨妈笑着告诉我，那位客人是纽约的一位律师，他对小船根本没有研究。我不解地问：'为什么他说的话都和小船有关呢？''那是因为他是一位有礼貌的绅士。他想和你做朋友，知道你喜欢小船，所以专门挑你喜欢的话题和你说。'姨妈笑着告诉我其中的道理。"

还有个例子：周末，许多青年男女伫立街头。他们中间有不少人是等待情人来相会的。这时有两个擦鞋童，正高声叫喊着以招徕顾客。其中一个说："请坐，我为您擦擦皮鞋吧，又光又亮。"另一个却说："约会前，请先擦一下皮鞋吧？"结果，前一个擦鞋童摊前的顾客寥寥无几，而后一个擦鞋童的喊声却收到了意想不到的效果。一个个青年男女都纷纷要他擦鞋。这究竟是什么原因呢？

第一个擦鞋童的话，尽管礼貌、热情，并且附带着质量上的保证，但这与此刻青年男女们的心理差距甚远。因为，在黄昏时刻破费钱财去"买"个"又光又亮"，显然没有多少必要。人们从这儿听出的印象是"为擦鞋而擦鞋"的意思。而第二个擦鞋童的话就与此刻青年男女们的心理非常吻合。"月上柳梢头，人约黄昏后。"在这充满温情的时刻，谁不愿意以清清爽爽、大大方方的形象出现在自己心爱的人面前？一句"约会前，请先擦一下皮鞋吧！"真是说到了青年男女的心坎上。可见，这位聪明的擦鞋童，正是传送着"为约会而擦鞋"的温情爱意。一句"为约会而擦鞋"一下子抓住了顾客的心，因而大获成功。

和陌生人交谈的社交口才

◎消除说话时的恐惧感

有的人在与陌生人谈话时，有一种恐惧感，消除的方法是：

（1）说话前先做深呼吸。这样可以缓和心跳速度，也可以减少焦虑。

（2）留意一下你周围的东西。要讲话之前，先摆好大纲，整理一下讲桌，这样你就不会太注意自己。

（3）要成竹在胸。你只要想象自己会成功，那你可能就真的成功。

（4）说话之前，避免喝咖啡或茶之类的刺激物。这些东西只会使你更紧张。

（5）对你要接触的人先要有所了解。你若去求职面试，就该先了解公司的一些基本情况。如果你是要跟某人约会，就要先找出对方的兴趣所在。比如，对方爱看棒球，你就买两张票邀他去看。他看得愉快，你也比较敢道出你心里的话。

◎善于言辞

你是否有过这样的体验：在陌生人面前，总感到口讷言拙，讲起话来

结结巴巴。在人多的场合，常觉得手足无措，原来准备好的词句也"不翼而飞"。看着别人侃侃而谈，口若悬河时，你一定非常羡慕吧？其实，讲话的技巧是可以学会的。只要做一个有心人，从以下几方面加以锻炼，你也会成为一个善于言辞的人。

（1）要有充分的准备。如果你在讲话时对所要讲的内容没有认真考虑过，你肯定会感到无话可说，即使说起来也不会流畅自如。因此，必须在讲话之前有充分的准备，或者写成提纲，或者默诵、试讲。你对讲话的内容愈熟悉，你就愈能讲得好。

（2）学会对话方法。从心理学角度看，口头语有对话言语（聊天、座谈、辩论、质疑等）与独自言语（报告、演讲、讲课等）之分。一般说来，后者的要求更高，并且是以前者为基础的。我们首先必须学会对话言语的方法，与别人很好地交流思想，才能在听众较多时有较好的效果。在与别人谈话时，要耐心倾听别人的意见，不可随便插话或打断别人的话头，要"察言观色"，注意对方的姿势、表情和态度，要分析对方讲话的得失，吸取其优点，舍弃其缺点。同时，你自己的讲话要含义明确，态度诚恳，要注意对方的反应。当对方显出厌倦或注意力涣散时，就要停止讲话。

（3）勇于勤讲多练。言辞表达的才能并不是天生的，而是在环境的影响下，通过个人的实际锻炼逐步发展的。因此，我们要克服害羞、胆怯的心理，在生人面前或人多的场合，要争取讲话的机会，勇敢地发表自己的意见。虽然开始时不一定会成功，甚至会遭到别人的笑语，但你不要介意，而要认真分析自己讲话失败的原因，勤讲多练，不断改进。

◎ **让眼睛说话**

在我们初次结识新朋友的时候，也许一时拿不定主意先说些什么。是一见如故，无所不谈，还是审慎观察，然后启齿；是热情洋溢，还是不即不离、不卑不亢？在我们的脑子里正在思考、有待抉择之前，不妨让眼睛和表情先"说话"。

无论如何，当我们面对陌生人，在完全不了解对方的情况下，首先应该从理智出发，用起码的礼貌接待。当然，握手是习惯的方式。不管和对方是轻轻相握还是紧紧相握，眼睛决定着握手的性质。也就是说，目光才能表达正确的含义。

试想这样的场面，你伸出手，和对方紧紧地握在一起，目光却盯着别处，对方一定会认为你毫无诚意。如果你的眼睛从对方的头顶射过去，那就更为不妙，会让人理解为你很清高或傲慢。要是你握手时目光落在脚面上，那么，对方一定会犯糊涂，搞不清楚你在想什么。因此，当我们开口寒暄之前，务必要使你的眼睛密切地注视着对方的眼睛和脸。

目光和蔼真挚地投射，充分地让对方感到你的尊重、宽容和教养有素。

人们赞美蒙娜丽莎的微笑，说她具有永恒的魅力。那么，她的魅力究竟在哪儿？丰满的前胸，圆润的下巴，飘逸的头发，还是一再被称道的欲开欲合的嘴角？其实，蒙塔丽莎微笑的魅力，关键在于那双似喜非喜、似嗔非嗔的眼睛。那里流露出来的是人类普遍追求的亲切感，让人感到愉悦。蒙塔丽莎毕竟只是一张画。她永远不会开口，谁也不能知道她会说些什么。然而，她的微笑，她的眼神和表情却一直在不停地"说话"。

社交口才的实用技巧

◎开好头的窍门

许多有经验的人在长期的实践中体会到一个事实：在最初10分钟内，吸引听众是容易的，但是保持这个状况就困难了。因此，从讲话的最初几句起，就要设法像磁铁般地吸引住你的听众。

下面一些方法不妨试试。

一、用故事开始讲

一般来说，可供使用的故事，有幽默的故事和一般的故事。幽默的故事不可妄加使用，除非讲话者有幽默的禀赋，否则效果不会很理想。一般的故事，只要讲话者在叙述时有具体情节，就能达到吸引听众的目的。

二、用展示的物品开始

展示的物品可以是一幅画、一张照片或一件其他实物，只要有助于讲话者阐述思想就行。甚至讲话者在一张纸上写几个字，也能引起话题。

三、用提问的方法开始

用提问开始说话，听者就会按提出的问题去思考，就会产生一种要求知道正确答案的欲望。

四、用名人的话开始

名人是一般人心目中崇拜的对象，他们的话总有一种吸引力。

五、用令人震惊的事实开始

这种事实可以使听者产生一种要对说话者述说的东西追根究底的"悬念"。

六、用赞颂的话开始

一般人总是喜欢听赞颂话。因此，讲话者开始讲话时，可以赞颂该地区的悠久历史和光荣传统等。这样气氛会很快活跃起来。

七、用涉及听者利益的话开始

把自己的讲话内容与听者的切身利益联系起来，引起听者的关注和重视。

八、从有共同语言的地方开始

这些话可以涉及双方以往的相同经历或遭遇，也可以涉及双方以前的密切合作，还可以展望双方友谊发展的前景，等等。

◎ 说话要注意前提

利用语言交际的过程，是一种信息传递的过程。说话是为了向听话人传递新信息，而听话人对新信息的接收和理解，必须建立在已知信息的基础上。这就是"话语前提"。

注意交际中的"话语前提"，可以从以下几个方面入手。

一、避免表达含糊和有歧义

例如，有两个张老师，都有可能有事要找学生C。学生D通知学生C："张老师请你明晚9点去他家。"这句话就是有歧义的，必须明确讲清是哪一位张老师。

二、说话内容要有足够信息量

例如，甲问乙："那天我在路上看见一个人，很像你，是不是你？"对于这样没头没脑的话，乙是难以回答的。必须在问话中具备具体的时间、地点等。正确的问话应该是："上星期二我在湖东路上看见一个人，很像你，是不是你？"

三、言语要有顺序

比如，你去单位找一位素不相识的A君，接着自我介绍，然后才能说明来意。如果颠倒这一系列的言语顺序，就很可能把一个不相干的人弄得莫名其妙。

◎ 语气要明快

在我们周围也有许多人说话的声调，能带给你一种明快的感觉。这是比较好的表达方式之一。

你若想在谈话时给对方以明朗畅快的感受，就必须注意以下几点。

（1）性格。人的性格有两种：一种是明朗型，一种是阴冷型。如果你是属于后者，只要你能不去斤斤计较各种小节，不过分注意自我，多同他人打交道，尊重他人的意见，相信他人，你就能广交朋友，从中获得启发，从而使你阴冷的性格，逐渐转向热情、开朗。

（2）健康。保持身心健康，才能心胸开朗，心情舒畅。

（3）语调。假如你语言清晰，语音频率高，转折音柔和，就能使对方有明快的感觉。如果你还没有这样的水平也不必过分勉强，以免弄巧成拙，只要多多注意就行了。

（4）表情。面带笑容与有说有笑往往能给人以亲切之感。如果你能随时面带微笑，别人一定会喜欢你。

◎ 注意"停顿"

说话时的"停顿"是一种需要掌握的技巧。有意识的停顿，不仅使讲话层次分明，还能突出重点，吸引听话人的注意力。适当的停顿，能够使听的

人明白你所讲的内容分为几个段落，前后互相照应。只有条理清楚的讲话，才具有说服力，才能表现出很强的逻辑性，使别人佩服你的口才。如果你不懂得适时的停顿，滔滔不绝地一直讲下去，会使人有急促感，对于你的讲话也就"不知所云"。

什么时候停顿呢？当我们转换语言、承上启下，或提示重点，总结中心思想的时候，就需要停顿；而停顿的时间按具体情况处理，短则两三秒钟，长不超过10秒为宜。

此外，如果你想表达出蕴藏在内心的激情，讲话就应该抑扬顿挫，所以停顿并不仅限于声音的停顿，还可以配合动作手势进行。例如：低头沉思、双手握拳、双目凝视、深深叹息、紧皱眉头、抬头望天，等等。

运用这些动作时，要自然、逼真，以免别人认为你是在故作惊人之状。

◎少说"我"多说"你"

古希腊大哲学家苏格拉底说："不要老是说'我想'，而是多询问对方'你认为如何'？"的确，一般人在说话中总是"我"字挂帅。在一个鸡尾酒会上，主人5分钟内用了30个"我"字。我的车子、我的别墅、我的花园、我的小狗……你想想看，这样能不令人生厌？

亨利·福特曾说："无聊的人是把拳头往自己嘴巴里塞的人，也是'我'字的专卖者。"如果你在说话中，不管听者的情绪或反应如何，只是一个劲地提到"我"如何如何，那么必然会引起对方的厌烦与反感。谈话如同驾驶汽车，应该随时注意交通标志，也就是说，要随时注意听者的态度与反应。如果"红灯"已经亮了仍然往前开，闯祸就是必然的了。

因此，多说"你"吧。这对你并不会有任何损失，只会获得对方的好感，使你同别人的友谊进一步地加深。例如："你认为如何？""你怎样处理？""你遇到这种情况会怎么办？""为什么会如此？""你能举一个例子吗？"……

通常，大部分人都喜欢以自我为中心。你若能暂时放弃自我，而提出对方感兴趣的问题，让别人也发表见解，则会在人际关系上左右逢源。只有在满足别人心愿的同时，你自己的心愿才能得到满足。

◎不要排除他人

谈话时排除他人，就如同宴会上赶走客人一样荒唐和不可思议。注意在谈话时不要遗漏任何人，让你的双眼环视着周围每一个人，留心他们的面部表情和对你谈话的反应。在人数众多的聚会中，常有少数人被无情地冷落。假如被你冷落的恰巧是来日对你事业前途起关键作用的人物，那将是怎样的后果呢？因此，不要冷落任何人，即使他的言谈举止是多么令人生厌。"己所不欲，勿施于人"，应该想想自己被人冷落的滋味。要使别人觉得你的谈话洋溢着饱满的感情，因而很感兴趣，而不是让对方觉得在坐"冷板凳"。

◎与人谈话十忌

在与人谈话的过程中，如果能注意以下十种忌讳的举止，那么就可以起到很好的谈话效果。

（1）打断他人的谈话或抢接他人的话头。

（2）忽略了使用概括的方法，使对方一时难以领会你的意图。

（3）注意力分散，使别人再次重复谈过的话题。

（4）连续发问，让人觉得你过分热心和要求太高，以致难以应付。

（5）对待他人的提问漫不经心，使人感到你不愿为对方的困难助一臂之力。

（6）随便解释某种现象，轻率地下断语，借以表现自己是内行。

（7）避实就虚，含而不露，让人迷惑不解。

（8）不适当地强调某些与主题风马牛不相及的细枝末节，使人厌倦，感到窘迫。

（9）当别人对某话题兴趣不减之时，你却感到不耐烦，立即将话题转移到自己感兴趣的方面去。

（10）将正确的观点、中肯的劝告佯称为是错误的和不适当的，使对方怀疑你话中有戏弄之意。

◎礼貌中断对方谈话的技巧

与他人交谈时，随便中断对方的谈话是不礼貌的，但对于冗长的谈话，则可以依据自己和对方的关系，依据谈话的内容、时间、周围环境等来判断是否应该让对方继续谈论下去。若不得不中断对方谈话，也要考虑在哪一个段落中断为好，同时也应照顾到对方，避免给对方留下不愉快的印象。

"好了，到此为止。"以这样的话中断对方的谈话仅限于对方的态度很强硬时。

当对方谈话告一段落时，立即接口谈自己的看法，以阻止对方继续谈下去。

以"现在没有时间了""我还有其他的工作"等理由来中断对方的谈话。

以频频看表、打呵欠、伸懒腰，以及摆出一副表示自己已不感兴趣的神情，来使对方中止谈话。

预先向对方打个招呼。如一见面即向对方表明态度："请你长话短说吧，我没什么时间。"甚至也可以向对方表明自己"有急事"而中断对方的谈话。

◎言谈中"俘虏"对方的诀窍

言谈中俘虏对方，主要靠的是人的智慧和生活经验的积累。

一、采用昵称

有一对新婚夫妇，婚礼上有人提出让他们介绍恋爱经过。女方说"有一次我突然被他叫了声'珠'，从此无可救药，就这样被他俘虏过去了。"话音刚落，便引起人们的哄堂大笑。原来男方过去一直以姓名称呼她，突然称她的昵称，两人距离一下子拉近了，从此难解难分。

谈恋爱是如此，其他场合也如此。比如，在高尔夫球场给球友以"杆弟"的昵称，在医院以"病友"称呼一块住院的病人，都可以拉近心理距离。

二、强调责任

面对高高在上的对手，先强调其能力满足其自尊，就可轻易"俘虏"

他。因为无论什么人，总希望获得别人的信赖和尊敬，即使明知是奉承话，仍然会欣喜接受，而且自视愈高的人，愈有这种倾向。

有位上司，他让一位下属到偏远地区就职的技巧是这样的：他先把那个下属要去的营业处的状况说得一团糟，然后以无限信任的语气说："如果长此下去，那个营业处非关门不可。幸而现在有你，只要你能到那边，必能起死回生，使业务蒸蒸日上。"

原本被派驻偏远地区，任谁心情都不会愉快，但听了这么受重视的一番话，也许员工不仅不泄气，反而还打算好好干一番呢。

三、笼络感情

明知提出对对方不利的条件，对方听了会不高兴，还得去试着把他"俘虏"过来。这是社交场合中常遇到的一个难题。

处理好这一难题的方法很重要的一条是笼络感情。就是在开始谈话之前，尽量抢先一步把对方的情感"俘虏"。可在谈正题前说："当然，我明知会挨骂，还是要说……""冒着你会不愉快的危险……"等。只要说类似的话，对方肯定不会骂你，反而会觉得你憨得可爱。这样就自然而然把对方"俘虏"过来了。

◎有意说错话

人们说话交谈，总是尽量避免出现差错。可是，在某些情况下，有意地念错字，用错词语，却有神奇的功效，能丰富语言表现力，使人的谈吐生辉。

示错艺术有以下几种。

一、设置陷阱，借以反击

故意把话说错，为了蓄势布阵，待对方批评指正时，再借题发挥，给予回击。

例如，有个药铺老板每到大年三十晚上，就点上香向菩萨祷告："大慈大悲的菩萨，愿您保佑男女老少都多病多灾，我好发一笔大财！"这话被一个下人听到了。不久老板的母亲得了痨病，躺在床上哼哼叽叽的。下人对老板说："这下老太太病得不轻，这全是托菩萨的洪福！"老板大怒。下人说：

"老板息怒，您不是求菩萨保佑男女老少都得病吗？这下菩萨显灵了。"老板哑口无言。

再比如，一个小伙子向一老人问路："喂，离城还有多远？"老人回答："500拐杖。"小伙子说："距离应该论里呀，怎能论拐杖呢？"老人答："论理？论理你得喊我大爷!"

二、利用常人的错误

有些人喜欢利用常人的错误，以示错的方式寻开心。

比如，甲问："那件事有消息了吗？"

乙答："查（杳）无音讯!"

再如，这个说"此人真是刮（恬）不知尸（耻）"，那个讲："看来他心不在马（焉）。"

言变之间，彼此心领神会，说毕莞尔一笑。

三、相反相成，启发诱导

一位教师给学生讲"灾梨祸枣"一词。先用望文生义的方法曲解示错："看来梨、枣都有毒，吃了会生灾招祸。"稍有生活常识的学生都会感到此话不合情理，但一时也说不清楚确切的含义。到了学生急欲求知的时刻，教师再揭开谜底："这个成语说的是滥刻无用之书，使用来做雕版的梨树、枣树都跟着遭殃。"如此一来，学生豁然开朗。

四、抛砖引玉，打破僵局

示错作为一种交际手段，有时还可以成为随机应变，化被动为主动的工具。钱学森有次参加一个学术会议，大家凝神屏气，听他独自讲话。讲着讲着，钱老连简单的常识性问题都说错了。座中一个胆子大点儿的人说："您讲错了吧？"这时钱老笑着说："看来，我也不是什么都对嘛。好，现在总算有人发言了!"会议气氛立刻活跃起来。

◎**让你的语言富有哲理**

日常交谈中，人们爱听那些富有哲理的话语，因为它给人凝练、深远的寓意，令人回味，发人深省。而一个人的话题是否含有哲理，也标志着说话者的思想成熟程度。

哲理性语言有许多类型。

一、警策型

话一出口使人一惊，却有惊无险，出人意料，却在情理之中，是这类哲理性语言的特点。例如："有人可能一百岁时走向坟墓，但他生下来就已经死亡。"（卢梭）语中"活了一百岁"与"生下来就已经死亡"是一个大矛盾，然而矛盾的背后却潜藏着深刻的思想。

二、若愚型

这一类型的语言往往说出最平常的事，然而这些事情一经提示，变成了很耐人寻味的东西。

例如，爱默生说："站在山的旁边，就看不到山。"

歌德说："光线充足的地方，影子也特别黑。"

……

他们说的都是极普通的事实，然而一经他们提示，这些事实就起了奇妙的变化，使人从中领悟到很多东西。

三、忠告型

这类哲理性语言，常使人在善意中感到亲切，在亲切中领悟道理。

例如："如果你考虑两遍再说，那你一定说得比原来好一倍。"

"如果一个人不知道他要驶向哪个码头，那么任何风都不会是顺风。"

"从伟大到可笑，只有一步远。"

……

四、总结型

这类语言明显的特征是归纳经验。

例如："长久迟疑不决的人，常常找不到最好的答案。"

"财富往往像海水，你喝得越多，就越感到渴。"

……

辩论中运用哲理性语言，可以起到精辟、深邃和简练的效果，使自己的言词更有力量。

清代林则徐清正廉洁，生平不置家产。有人劝他要积些钱财，使子孙将来的生活有所依仗。林则徐说："子孙若如我，留钱做什么？子孙不如我，

留钱做什么？"这里，林则徐仅用了20个字，以哲理性箴言的形式代替了冗繁的语言。

◎引用典故要恰当

论辩中巧妙地引用典故，可以达到叙事论理引人入胜，妙趣横生的效果。

"典"可以是古今中外之典故，包括成语、俗语、名言、格言等。

《光明日报》曾刊登过这样一个故事：

一天，一位20岁出头、蓄着胡须的小伙子走进江阴县法律顾问处。

"你需要什么帮助？"金律师问。

"我留这个胡须违法吗？"小伙子略带火气地问。

小伙子是某厂工人，他报考电视大学的准考证被车间领导扣留了，要他把胡须剃掉再给他准考证。小伙子坚持不剃，双方僵持着。

"我留这个胡须违法吗？"小伙子又问。

"不违法。"回答很明确。小伙子立即说："那我可以控告他们！"

"不违法，但你违背人情，违反国情！我国六七十岁的人也不一定留胡须，四五十岁的人还经常刮胡须，你年纪轻轻却留胡须，既不卫生，又不美观。这就叫违反国情。"

"为什么说我违反国情呢？"

"你是江阴人，应该知道一段著名的史实。明末清初，清统治者下了一道命令，一律剃须留辫，否则格杀勿论。江阴人民发出'宁愿留发不留头，不愿留头不留发'的口号，于是一场壮烈的抗清斗争开始了，全城血流成河。历史上有80日戴发效忠、6万民众同心杀贼的记载。你知道京剧大师梅兰芳吗？在日寇占领上海期间他蓄须拒不登台。这些行动都是带有政治性的。请问，你留胡须也带有政治性吗？"

小伙子连忙说："没有，没有！"

这位律师引用典故，使谈话取得了一定的效果。

引用的事例要适当，要与所说明的问题相对应，也就是说要"门当户对"，恰到好处，不要"拉郎配"。

因为引用事例是为了说明问题，所以要十分注意选用的事例，既要广，又要不背离中心主题。

引用典故是为了说明问题，不是为了点缀，更不是为了故弄玄虚。卖弄学问，并不是用典越多越说明知识丰富。用典繁多而不说明问题，反而会使人不知所云。

第7章
人见人爱的形象，征服人心的气场
——社交形象背后的心理秘密

　　科学研究的结果表明，个人感受到的对方仪表的魅力同希望再次与之见面的相关系数远远高于个性、兴趣等同等的相关系数。在社会交往活动中，人的外表形象往往会起到潜移默化的微妙作用。仪表美是心灵美的体现，是对生活的热爱，是对社会和他人的尊重。端庄、美好、整洁的仪表，能使对方产生好感，从而有益于社交活动的开展。因此注重仪表，塑造出自己最佳的形象是你必须认真做到的。

塑造个人社交形象的基本要求

塑造良好的个人形象应做到以下几方面。

◎ 保持仪表整洁

要求仪表仪容干净、整洁，就是要做到并保持无异味、无异物，坚持不懈地做好仪容细节的修饰工作。

干净、整洁是个人礼仪的最基本要求。这里包括面容、头发、脖颈与耳朵、手、服饰等方面的整洁。面容看上去应当润泽光洁；耳朵、脖子应当干干净净。不要小看这一点，面部是一个人最突出的代表部分。面容是否洁净，皮肤是否保养得当，看上去是有生气、有光泽，还是灰暗、死气沉沉，都直接关系到他人对你的印象。一个有教养的人，绝不会是那种不修边幅、蓬头垢面的人。

头发常常没有像面容那样受人重视，但假如你希望改善自己的形象，就应把头发作为重要环节来考虑。头发松软亮泽，加上整齐的发型梳理，衬出光洁的面容，才能展现你良好的素养和气质。注意不要让你的上衣和肩背上落有头皮屑和掉落的头发，因为那样就会给人一种不整洁的感觉。

有了光洁的面容，整齐的头发，还要注意手的清洁。如果伸出的一双手很脏，那美好的印象就一下子被打破了。在人的仪表中，手占有重要的位置。一个仪表风度不凡的人，绝不会长着又黑又长的指甲。一般来说，男性不宜留长指甲，女性如果留长指甲，一定要修剪整齐，并保持洁净。

◎ 注意重要的细节

口腔卫生也是个人仪表仪容整洁的重要内容之一，主要应注意口中有无异味，即口臭。与人交谈时，如口中散发出难闻的气味，会使对方很不愉快，自己也很难堪。通常情况下，口腔异味多为口腔疾病或不注意口腔卫生引起的，也可能是由身体内部疾病引起的，有时吃了葱、蒜、韭菜等食物，也会产生强烈异味。口臭会使一个人美好的形象大打折扣，因此，应查明原因，及早治疗。同时，早晚刷牙，饭后漱口，多吃清淡食物，多喝水，也是很重要的。如果吃了味道强烈的食物，可在口内嚼一点茶叶、红枣或花生，以帮助清除异味，必要时可以用嚼口香糖的办法来减少口腔异味。但还要注意，正式交际场合中，在别人面前大嚼口香糖是不礼貌的行为。

身体有异味是令人反感的。如果有狐臭的毛病，应及时治疗或使用药水。经常洗澡，勤换内衣，可以减小或防止身体异味。

服饰穿戴在任何情况下都应保持干净整齐。注意衣领袖口或其他地方有无污渍。服装应是平整无皱折的，扣子齐全，不能有开线的地方。内衣外衣都应勤洗勤换，保持洁净状态。此外，对鞋袜要像对衣服一样重视，不能身上漂亮而鞋袜污脏。皮鞋应保持鞋面光亮。有人说，"三分衣服七分鞋"，可见鞋子整洁在仪表中的重要性。

◎ 做到简约、大方

要求仪表仪容简约，就是在整理、修饰仪表仪容时，要力戒雕琢，不搞烦琐，力求简练、明快、方便、朴素。要求端庄大方，就是要求端庄、斯文、雅致，而不花哨、轻浮、小气。

修剪头发时，对于男性来讲，应当求短忌长；对于女性来讲，则不提倡留披肩发。偏爱披肩发者，在工作岗位上有必要将它暂时盘束起来。如果染发，颜色宜与本身发色相近。

修剪指甲，总的要求是忌长。除了必要的指甲保养，不宜做过于张扬的彩绘。

切记"修饰避人"的原则。在进行仪表仪容修饰、整理时，务必要自觉回避他人，以示对己对人的尊重。女士需补妆时，应到洗手间内进行。

男士不化妆，以修面、理发为主，但也可少量用护肤霜、香水等；女士要以淡妆为主，以达到容貌端庄自然、健康的效果。

根据着装、自身特点、场合需要，选择佩戴饰品。佩戴饰品时应符合佩戴要求，以点缀为主。

形象来自仪态美

仪态是指人在行为中的姿势和风度。姿势是指身体所呈现的样子；风度则是属于内在气质的外化。一个人的一举一动、一笑一颦、站立的姿势、走路的步态、说话的声音、对人的态度、面部的表情等都能反映出一个人仪态美不美。而这种美又恰恰是一个人的内在品质、知识能力、修养等方面的真实外露。仪态美要求做到自然、文明、稳重、美观、大方、优雅、敬人的原则。

◎手姿美

手姿，又叫手势。由于手是人体最灵活的一个部分，所以手姿是体语中最丰富、最具有表现力的传播媒介，手姿做的得体适度，会在交际中起到锦上添花的作用。适当地运用手势，可以增强感情的表达。古罗马政治家西塞罗曾说："一切心理活动都伴有指手画脚等动作。手势恰如人体的一种语言。这种语言甚至连野蛮人都能理解。"作为仪态的重要组成部分，手势应该正确地使用。

谈话时，手势不宜过多，动作不宜过大，更不能手舞足蹈。传达信息时，手应保持静态，给人稳重之感。拍拍打打、推推搡搡，抚摸对方或勾肩搭背，依偎在别人的身体上等行为，会让别人反感，也是不符合礼仪的行为。

不能用食指指点别人，更不要用拇指指自己。一般认为，掌心向上的手势有一种诚恳、尊重他人的含义；掌心向下的手势意味着不够坦率、缺乏诚意等；攥紧拳头暗示进攻和自卫，也表示愤怒；伸出手指来指点，是要引起他人的注意，含有教训人的意味。因此，在引路、指示方向等时，应注意手指自然并拢，掌心向上，以肘关节为支点，指示目标，切忌伸出食指来指点。在谈话中说到自己时，可以把手掌放在胸口上；说到别人时，一般应掌心向上，手指并拢伸展开进行表示。

接物时，两臂适当内合，自然将手伸出，两手持物，五指并拢，将东西拿稳，同时点头致意或道声谢谢。递物时，双手拿着物品在胸前递出，并使物体的正面对着接物的一方，递笔、刀剪之类尖利的物品时需将尖头朝向自己，摆在手中，而不要指向对方，不可单手递物。

◎站姿美

站立是人们生活交往中的一种最基本的仪态。"站如松"是说人的站立姿势要像松树一样端直挺拔。正确健美的站姿会给人以挺拔笔直、舒展大方、精力充沛、积极向上的印象。

站姿的基本要领是：两脚跟相靠，脚尖分开45～60度，身体重心放在两脚上。两腿并拢立直，腰背挺直，挺胸收腹。抬头挺直脖颈，双目向前平视，嘴唇微闭，面带微笑，微收下颌。站立时要注意：端正直立，不要无精打采、耸肩勾背、东倒西歪，不要倚靠在墙上或椅子上，在正式场合，不要将手插在裤带里或交叉在胸前。不抖腿，不摇晃身体，不东歪西靠，不要挺肚子，以免形体不雅观。由于性别方面的差异，男女的基本站姿又各有一些不尽相同的要求。对男子的要求是稳健，对女子的要求则是优美。

站姿可以随着场合进行调整。同别人交谈时，如果空着手，可双手在体后交叉，右手放在左手上。若身上背着背包，可利用背包摆出优雅的站姿。向长辈、朋友、同事问候或做介绍时，无论握手或鞠躬，双足应当并立，相距约10厘米，膝盖要挺直。等车或等人时，两足的位置可一前一后，保持45度，肌肉放松而自然，并保持身体的挺直。如果站立时间过久，可以将左脚或右脚交替后撤一步，其身体重心置于另一只脚上。但是上身仍需直挺，脚不可伸得太远，双腿不可叉开过大，尤其女性应当谨记，变换不可过于频繁。双腿交叉，即别腿，也不美观。总之，站的姿势应该是自然、轻松、优美。不论站立时摆何种姿势，只有脚的姿势、角度和手的位置在变，而身体一定要保持绝对的挺直。

在需要下蹲的时候，女士下蹲不要翘臀，上身直，略低头，双腿靠紧，

曲膝下蹲，起身时应保持原样，特别穿短裙下蹲时更不要翘臀。对男士没有像对女士那样严格的要求，但也应注意动作的优雅。

◎ 坐姿美

对坐姿的要求是"坐如钟"，即坐相要像钟那样端正稳重。端庄优美的坐姿，会给人以文雅稳重、自然大方的美感。

坐姿的基本要领是，入座时走到座位前，转身后把右脚向后撤半步，轻稳坐下，然后把右脚与左脚并齐，坐在椅上，上体自然挺直，头正，表情自然亲切，目光柔和平视，嘴微闭，两肩平正放松，两臂自然弯曲放在膝上，也可以放在椅子或沙发扶手上，掌心向下，两腿自然弯曲，两脚平落地面，起立时右脚先向后收半步，然后站起。

一般来说，在正式社交场合，要求男性两腿之间可有一拳的距离，女性两腿并拢无空隙。两腿自然弯曲，两脚平落地面，不宜前伸。在日常交往场合，男性可以跷腿，但不可跷得过高或抖动；女性大腿并拢，小腿交叉，但不宜向前伸直。

就座时，也能体现出落座者有无修养。若是走向他人对面的座椅落座，可以用后退法接近属于自己的座椅，尽量不要背对自己将要与之交谈的人。为使坐姿更加正确优美，应当注意，入座要轻柔和缓，起立要端庄稳重，不可弄得座椅乱响。就座时不可以扭扭歪歪，两腿过于叉开，不可以高跷起二郎腿。若跷腿时，悬空的脚尖应向下，切忌脚尖朝天。坐下后不要随意挪动椅子，不要腿脚不停地抖动。女士着裙装入座时，应用手将裙装稍稍拢一下，不要坐下后再站起来整理衣服。正式场合与人会面交谈时，身子要适当前倾10分钟左右，不可松懈，不可以一开始就全身靠在椅背上，显得体态松弛。就座时，不可坐满椅子，但也不要为了表示过分谦虚，故意坐在边沿上。坐势的深浅应根据腿的长短和椅子的高矮来决定，一般不应坐满椅面的2／3以上。当然，去拜访长辈、上司、贵宾时，自然不宜在落座后坐满座位。

若是只坐座椅的1／2，那么对对方的敬意无形中溢于言表。这是利用坐姿来表示对他人的敬意的重要做法。坐沙发时，因座位较低，也要注意两只脚摆放的姿势，双脚侧放或稍加叠放较为合适。避免一直前伸，要控制住自己的身体，否则身体下滑形成斜身埋在沙发里，显得懒散。更不宜把头仰到沙发背后去，把小腹挺起来。这种坐相显得很放肆，又极不雅观。坐在椅子上同左或右方客人谈话时不要只扭头，应尽量侧坐，上体与腿同时协调地转向客人一侧。

座位高低不同时，坐姿也有不同要求。

低座位：轻轻坐下，臀部后面距座椅背约2厘米，背部靠座椅靠背。如果穿的是高跟鞋，坐在低座位上，膝盖会高出腰部，应当并拢两腿，使膝盖平行靠紧，然后将膝盖偏向对话者，偏的角度应根据座位高低来定，但以大腿和上半身构成直角为标准。

较高的座位：上身仍然要正直，可以跷大腿。其方法是将左腿微向右倾，右大腿放在左大腿上，脚尖朝向地面，切忌右脚尖朝天。

座位不高也不低：两脚尽量向后左方，让大腿和你的上半身成90度以上角度，两膝并拢，再把右脚从左脚外侧伸出，使两脚外侧相靠，这样不但优雅，而且显得文静而优美。

无论何种坐姿，上身都要保持端正。

端坐时应注意，双手不宜插进两腿间或两腿下，而"4"字形的叠腿方式，或是用手把叠起的腿扣住的方式，则是绝对禁止的。有失优雅风度的坐姿，如把脚藏在座椅下，甚至用脚勾着座椅的腿，这都是非礼的举动，均属应避免之列。

◎走姿美

对走姿的要求是"行如风"，即走起路来像风一样轻盈。当然，不同情况对行走的要求是不同的。一般来说，标准的行走姿势，要以端正的站立姿势为基础。

基本要领是双目向前平视，面带微笑收下颌。上身挺直，头正、挺胸收腹，重心稍前倾。手臂伸直放松，手指自然弯曲，摆动时要以肩关节为轴，上臂带动前臂向前，手臂要摆直线，肘关节略屈，前臂不要向上甩动，向后

摆动时，手臂外开不超过30度。前后摆动的幅度为30～40厘米。

走路时姿势美不美，是由步度和步位决定的。步度，是指行走时两腿之间的距离。步度一般标准是一脚踩出落地后，脚跟离未踩出一脚脚尖的距离恰好等于自己的脚长。身高超过1.75米以上的人的步度约是一脚半长。步位，是指你的脚下落到地上时的位置。走路时最好的步位是两只脚所踩的是一条直线而不是两条平行线。

走路用腰力，要有韵律感。如果走路时腰部松懈，就会有吃重的感觉，不美观；如果拖着脚走路，更显得没有朝气，十分难看。要保持优雅的步姿可以记住以下几句口诀："以胸领动肩轴摆，提髋提膝小步迈，跟落掌接趾推送，双眼平视背放松。"走路的美感产生于下肢的频繁运动与上体稳定之间所形成的对比和谐，以及身体的平衡对称。要做到出步和落地时脚尖都正对前方，抬头挺胸，迈步向前。

走路时应注意，最忌内八字和外八字；不要弯腰驼背、歪肩晃膀；不要步子太大或太碎；走路时不要大甩手，扭腰摆臀，左顾右盼；上楼不宜低头翘臀，下楼不宜连蹦带跳；不要双腿过于弯曲，走路不成直线；不要脚蹭地面；不要双手插裤兜；多人一起行走不要排成横队；有急事要超过前面的行人，不得跑步，可以大步超过并转向被超越者致意道歉。

◎行为举止美

举止行为体现一个人的修养。现代人应做到行为文明、举止得当。与人交谈或出席任何场合都要符合一定的标准，注意细节，才能给人留下好的印象。长期以来人们在举止方面有约定俗成的规则，基本要求是人们的言行举止在不同场合要使用得当。

礼貌举止有点头、举手、起立、鼓掌、拥抱，具体要求有如下几方面。

一、点头

这是一种最常见的礼貌举止，经常用于与熟人打招呼。用点头来打招呼时，点头者应用眼看着对方，面部略带微笑，等对方有表示时再转向他方。点头打招呼也可以在较大的迎送场合使用，当迎送者较多或距离较远时可以用点头表示敬意，也可以点头和握手配合使用。

二、举手

这是一种与对方较远或交臂而过时间仓促时的打招呼方式，也是一种常见的礼貌行为举止。由于条件所限，举手打招呼是最合适的，用这种随机的礼貌举止可以消除对方的误会，并感到与正常招呼差不多的满意。这种方式不但可以表示认出对方，而且还可以在短距离内表达你的敬意。

三、起立

这是一种在较正式场合使用的，位卑者向位尊者表示敬意的礼貌举止，常用于集会时对报告人到场或重要来宾莅临时致敬。

四、鼓掌

这是在社交场合表达赞许或向别人祝贺等感情的礼貌举止。正式的社交场合，重要人物出现、精彩演讲或表演结束皆可鼓掌。

五、拥抱

这是传达亲密感情的礼貌举止。在国外，特别是欧美国家应用广泛。我国通常用于外交活动中的迎来送往场合，偶尔也用于久别重逢、误解消除等难以用语言来表达强烈感情的特殊场合。

不礼貌的举止主要有以下几种，它会影响到你的气质，一定要避免。

第一，抖动腿脚。抖动腿脚能消除紧张情绪，也适合办公室一族锻炼腿部。但在社交场合却是一种很不文明的举止，是缺乏自信心的下意识举动，而且，抖动腿脚还会带动座椅摇动影响他人，让人反感。

第二，挠头摸脑。在交谈中下意识地挠头摸脑也是一种不文明的举止。这个举动经常被人忽视不注意。这种不自然的动作既不卫生，又显示出你的拘束与怯场，会造成他人对你的轻视，认为你社交经验少。

第三，揉鼻挖耳。在公开场合，揉鼻挖耳都是不文明的举止。它不但容易给人带来感官上的刺激，而且还会让人感到你很傲慢、不懂礼貌。

另外，还要注意，在交际中，男士应表现出刚劲、强壮、英勇和威武之态，给人一种强壮的美感，而不要忸怩作态。阳刚的表现不等于粗野，满口脏话，衣冠不整，不拘小节，也不是故作姿态、装腔作势，这样是"粗野"，是一种缺少教养的表现。良好的表现是要在交际中自然大方、从容不

迫、谈笑自如，说话和气、文雅谦逊，尊重别人。而当男士以主人的身份出现时往往是社交成败的关键。他要热情地接待每一位来访者。对来访者相见时，要热情地握手问候，分别时要礼貌道别。

在交际中女士则要表现得举止优雅得体，要表现出女性的温柔、娴静、典雅之美，动作要轻柔自如，经常面带微笑，笑容自然，使人感到亲切友善。在公开社交场合，女士举止应自然大方，不要忸怩作态，不要轻佻，更不可挤眉弄眼，过分地装出一副笑脸，给人的感觉就如同献媚。在青年男女共同社交场合，女子之间切忌交头接耳窃窃私语，以及发出一些使人莫名其妙的笑声。女士担任主人的职务时应注意男士的处境。当一位男士身处几位女士之中，他会感到不自然。这时女主人应主动"出击"，找出共同话题。当女士被男士邀请时，不要断然拒绝或含糊其辞，如不能赴约，应给以解释或婉言谢绝，更不可出言不逊使人难堪。

在与人来往时，除了需要避免不文明举止外，与人交谈时还应该注意交谈时双方的距离。距离过近或过远都会有失礼貌。距离过远，会使交谈者误认为不愿与之接近，有拒人千里之外的感觉；距离过近，稍有不慎就会把唾沫溅到别人脸上，或者口中或身上的异味被别人闻到，令人生厌。如果对方是异性，对距离的保持不适当，还会使之戒备或者被他人误会，特别是未婚男性与未婚女性之间。如果男性有吸烟史或口臭等口腔疾病，更要注意自己的形象，不要忘乎所以地谈论，要考虑别人的感受。那么，与人交谈时到底保持怎样的距离才算合适呢？这主要根据具体情况而定，一般礼貌距离是0～45厘米为亲密距离，45～120厘米为熟人距离，120～300厘米为社交距离；360～800厘米为公众距离。

形象来自服饰美（一）：原则篇

◎ 服装提升形象的基本原则

服装是一种无声的语言，如何着装可从一个侧面真实地传递出一个人的修养、性格、气质、爱好与追求。要使着装后的个人形象富有神韵和魅力，应遵循以下原则。

一、整体性原则

正确的着装，能使形体、容貌等形成一个和谐的整体美。服饰的整体美构成因素是多方面的，包括人的形体和内在气质、服装饰物的款式、色彩、质地、加工技巧乃至着装的环境等。正如培根所说，"美不在部分而在整体"，孤立地看一个事物的各个部分可能不美，但就整体看却可能显得很美。

着装的整体美是由内在美与外在美构成的。外在美指人的形体及服饰的外在表现；内在美指人的内在精神、气质、修养及服装本身所具有的"气韵"。

二、个性化原则

着装的个性原则不单指通常意义上的个人的性格，还包括一个人的年龄、身材、气质、爱好、职业等因素在外表上的反映所构成的个人的特点。有的人穿上崭新的服装，觉得浑身不自在，变得傻愣呆板，就因为这衣服不是他的个性表达，乃是外加的"壳"。

各式服装有自己的风格和内涵，理解服装应如同理解自身一样，才能找到适合自己穿的衣服。只有个性化的着装，才能与自己的个性和谐一致，才能烘托个性、展示个性，保持自我以别于他人。只有当服饰与个性协调时，才能更好地发挥其效应，塑造出自己的最佳形象和礼仪风貌。

三、符合"社会角色"原则

人们的社会生活是多方面的、多层次的，在不同的社会场合，扮演不同的社会角色。在社会活动中，人们的仪表、言行必须符合他的身份、地位、社会角色，才能被人理解，被人接受。人们对商务人员的期望形象是：热情有礼，衣装整洁，洒脱端庄，精明练达，富有责任心。如果一个颇有实力的实业大亨，蓬头垢面，破衣烂衫，显得卑贱胆小，出现在众人面前，就很难让人相信他的经济实力。因此，利用得体的着装，可以满足他人对自己社会角色的期待，促成社交的成功。

◎ **商务着装的TPO原则**

如何按照礼仪要求恰当地选择好自己应穿应戴的衣物饰品呢？就商务

工作者而言，总的要求就是要严格遵行国际通行的TPO（Time时间、Place地点、Occasion场合，这三点称之为TPO）原则。TPO原则，即着装与时间、地点、场合内容相配的原则。

一、时间原则

时间原则一般包含三个含义：一是，指一天中时间的变化；二是，指一年四季的不同；三是，指时代间的差异。

日间是工作时间，着装要根据自己工作性质的特点，总体上以庄重大方为原则。如果安排有社交活动或公关活动，则应以典雅端庄为基本着装格调。晚间可能有宴请、听音乐会、看演出、赴舞会等社交活动，由于空间的相对缩小和人们的心理作用，人们往往对晚间活动的服饰比白天活动时的服饰给予更多的关注与重视。因此，晚间着装要讲究一些，礼仪要求也要严格一些。晚间着装以晚礼服为宜，以形成典雅大方的礼仪形象。西方许多国家都有一条明文规定：人们去歌剧院观看歌剧一类的演出时，男士一律着深色晚礼服，女士着装也要端庄雅致，以裙装为宜，否则不准入场。这一规定旨在强调社交场合的文明与礼仪，同时也体现着尊重他人、营造优美环境与氛围的西方社会文化。

另外，一年四季不同气候条件的变化对着装的心理和生理也会产生影响，着装时应做到冬暖夏凉、春秋适宜。夏天的服饰应以简洁、凉爽、轻柔为原则，切忌拖沓累赘，给自己与他人造成不必要的烦恼和负担。冬天的服饰则应以保暖、轻快、简练为原则，穿着单薄会使人看起来唇乌面青、缩肩佝背；而着装过厚，又会显得臃肿不堪、形体欠佳。春夏两季着装的自由度相对来讲要大一些，但仍应注意总体上宜以轻巧灵便、薄厚适宜为着装原则。此外，服饰还应顺应时代的潮流和节奏，过分落伍或过分新奇都会令人侧目。

二、地点原则

地点原则是指环境原则。不同的环境需要与之相协调的服饰，以获得视觉与心理上的和谐感。在豪华的铺着地毯的谈判大厅与陈旧简陋的会客室里，穿着同一套服装得到的心理效应肯定是截然不同的。与环境不相协调的服装，甚至会给人以身份与穿着不符的感觉或华而不实、呆板怪异的感觉。

这些都有损于商务人员的形象。避免它的最好办法是"入乡随俗"，穿着与环境地点相适合的服装。比如，职业女性在衣着穿戴上不能太华丽，肉色蕾丝上衣、丝绒高开衩长裙，会使别人怀疑其工作能力，同时也难免会遭到同性的嫉妒和异性的骚扰。同样，对于一个刚离开校门参加工作的青年业务员来说，太清纯、太学生味的装扮也只会让自己显得幼稚、脆弱，让人怀疑其肩上能否挑得起重担；而太前卫的办公室着装只会让人觉得散漫、怪诞、缺乏合作精神。

当一个客户走进高雅洁净的办公环境，白领女性的穿戴会影响他对这家公司信誉的印象。因此，夏天起码有下列衣裳和饰物等不该穿（戴）到办公室里：

（1）低胸、露背、露腹、敞口无袖上衣或透明衣裳。

（2）一身牛仔或运动服装。

（3）裸露一半大腿的超短裙。

（4）黑网眼或花图案丝袜、露趾的凉鞋。

（5）浓艳眼影、假睫毛、猩红指甲油，1米外可刺激人打喷嚏的香水。

（6）廉价首饰、金脚链。

三、场合原则

场合原则是指服装要与穿着场合的气氛相和谐。如，参加签字仪式或重要典礼等重大活动时，要想让自己显得庄重、大方，表现出诚意或教养，着一套便装或打扮得过于花枝招展都不适宜，不能达到预期目的；只有穿着合体的，质地、款式都庄重大方的套装才合适。

商务人员在不同场合的着装，关键是要让服饰与时间、地点及仪式内容相符。如能按照TPO原则适当讲究，便可给人庄重、大方、高雅、整洁的好印象，同时也是对宾客或主人的礼貌与尊重。

◎**服饰色彩及寓意**

不同的色彩会给大脑不同的刺激，而且也微妙地影响人的心理情绪，从而产生不同的心理感受。有的色彩悦目，会使人愉快；有的色彩刺眼，让人

烦躁；有的色彩热烈，使人兴奋；有的色彩柔和，能让人安静。要了解色彩在人们心理中所产生的联想和感觉，及它的象征寓意，才能更好地选择适合自己的衣着，穿出自己的风格。在选择适合自己的色彩之前先了解一下它们代表的意思。

（1）红色，多用于喜庆场面；可联想到太阳、火、鲜花、晚霞等，给人以热情、兴奋、快乐的感觉；适合宴会、舞会等欢快场合，同时也有警告的意味。红色服装具有较强的刺激和兴奋神经的功能，给人以积极向上的感觉，展示个性纯情的魅力和性感的魅力，能增强人体的潜能，红色服装还能带来喜庆气氛，给大家以欢欣。

（2）黄色，光明和希望的象征；使人感到明朗、高贵、健康，尤其是淡米黄有素净感觉。淡黄色的花与气球能给人轻松柔和的美感，但基督教不喜爱黄色，认为黄色是卑劣的色彩，表示嫉妒和奸诈，所以在出席有众多外国朋友的场合，要注意避免使用。

（3）蓝色，有庄重、坚实、理智、宁静、朴素、寒冷的感觉。因此夏天的冷饮室常使用淡蓝色，可让人产生凉快的感觉。蓝色、浅蓝色以及蓝白色服装，给人以清洁、素雅的美感，可以使人安静，稳定人的情绪。

（4）橙色，有鲜明夺目、光辉、温暖、明快热烈的感觉；可以兴奋交感神经，使人容易激动；多看则有厌倦、烦恼之感，所以常作为搭配的颜色。

（5）绿色，有青春、自然、和平、清爽、温和的感觉。浓绿色的森林有丰饶、茂盛、欣欣向荣的感觉；春天嫩绿色的树芽给人以清新、复活、希望的感觉。绿色多象征和平。绿色的服装，使人产生一种柔和舒适的感觉，对心理有缓和作用，可以使紧张的神经得以放松，让社交对象无压迫感。

（6）紫色、红紫色有高贵、神秘的感觉；蓝紫色有优雅、沉着的感觉，但浓艳、刺眼的紫色又使人感到庸俗。所以，在选择时要注意颜色的差别。

（7）白色，有清净、素雅、圣洁、高贵、善良等美感；适合气质单纯，外表简单的妆饰，但又常用来表示悲痛情感。

（8）黑色，有庄重、严肃、神秘、阴森等感觉。黑色又可象征恐怖、死亡等。但是黑色的服饰，配在洁白光滑的肌肤上，使人显得高贵典雅，能对人产生镇静作用。紫色、黄色服饰也有类似作用。特定社交场合着黑色服装，能渲染气氛，产生庄重、肃穆感。

受制于个人所处的环境、文化素养以及年龄等因素，不同的人会选择不同的服装颜色。年轻人多选择红、粉红、黄、绿、橙等颜色，因为他们有活力与朝气。老年人多喜欢黑、灰、海军蓝等颜色，因为他们的心情平稳温和。当情绪低落时，选用活泼亮丽的服装，能帮助人改善心情。不同的人，不同的心情，不同的色彩让我们的世界五彩缤纷、多姿多彩。

◎服饰种类概述

一般来说，服装可分为三类，即正式服装、职业便装、休闲服装。

一、正式服装

正式服装指在正规的、隆重的场合穿着的服装。一般适用于晚间在办公室以外的场合进行商务活动。如，与客户去戏院看戏或去参加交响音乐会，有时也用于单位的节日晚会等活动。男士的正式服装主要有西服套装、中山装、制服及民族服装。女士正式服装主要有西服套裙、旗袍、连衣裙、民族服装。目前男士最普遍使用的正式服装是西服套装。它要求质地比较考究，颜色统一，呈深色，戴领带，配上黑色皮鞋，袜子的颜色要比皮鞋的颜色深。女士在正式场合应穿裙装，而且以统一颜色的西服套装为佳；穿有跟的皮鞋，皮鞋颜色比服装的颜色深；穿透明的肉色丝袜，袜口不能落在裙口下，袜子不能有破洞。

二、职业便装

职业便装也是职业服装中的一种，常用于会议、研讨会、公司组织的活动或在办公室"非正式着装日"等普通上班场合。它不同于正式场合那么正规，颜色、质地没那么考究。

职业便装要求符合一切传统职业服装的标准，即形象优美，干净合体，整洁端庄。一般男士上班应着西服、衬衣，有的企业还要求打领带，衬衣纽扣必须扣好。女士的职业便装包括衬衫、裙子、套裙或合体的长裤、衬衫配夹克衫等。不可穿过于新潮和暴露的服装。除非要去参加体育活动，一般不要穿运动鞋或凉鞋。无论是否统一着装，上班的着装必须是庄重整齐的。它

表明员工的责任感和可信程度，也表现了对他人的尊重。

三、休闲服装

休闲服装指家常服装或运动装等，如T恤衫、连衣裙、牛仔服、运动服、夹克衫、羊毛衫。这些服装不应出现在正式场合或办公场所。休闲服有随便、宽松、舒适的特点，适用于外出旅游、参观游览或休闲在家，可以根据自己的特点、爱好去选择。当然，如果在旅游和运动时，穿上正式服装，会让人感到拘谨，与轻松的气氛格格不入。

四、外国着装常识

在国外，人们在收到宴会请柬时，经常在请柬的左下角标有"formal"的字样，表示正式的场合，需着正装；标有"informal"或"black tie"的字样，表示非正式场合，可以随意着装或穿小礼服。有时也标有"casual"，表示可随意。这些都说明宴会主人对着装的要求。如果是比较正式的宴会（晚宴等），主人又没有在请柬上注明对着装的要求，一般的人就会按通常的做法着装，而有的客人还会主动给主人打电话询问一下。可见，西方人在这方面是相当注意讲究礼貌的。宴会主人在请柬上对着装提出的要求，正是反映出主人对宴会性质的想法，即为了表示隆重、热烈或是亲切、友好等。

一般来说，平时美国人对着装比较随意，不那么拘束。他们喜欢方便、舒适而又美观的服饰。有些人还喜欢用服饰来表现自己的性格，讲究多样化。但是人们在官方场合、在办公大楼里，并不是随随便便的。在华盛顿的林荫大道上，很少有人衣着随便地来来往往。他们大多穿着三件一套的西装套服，手提公文包，俨然一副政府官员的模样。

英国人更加讲究些。在伦敦的银行区，中午时分，银行职员们出来吃午饭，街上人来人往，大都西装革履，穿着整齐。在某些场合，英国人还保留着不少传统服饰。法院正式开庭，或法官们的某些重要集会，法官们都要戴假发，身穿长袍。在教堂做礼拜时，牧师也要身着道袍。每届国会开幕，女王前往致辞，更是佩戴珠光闪烁的王冠。随行的宫廷女侍，也都身着白色长裙礼服；前排面向女王的是假发黑袍的"司法贵族"，红袍白翻领的是"宗教贵族"；周围侍立的是红上衣、白围巾、过膝瘦腿短裤的宫廷侍卫。

非洲许多国家的官员在国庆等正式场合，都穿着他们的民族服装，白色的或彩色的大袍，头上裹着头巾。亚洲各国也都有自己的民族服装，在节日时穿着。世界上各个地区、各个民族，在正式的礼仪活动时，都要按照自己的习俗穿戴一定的服饰。有的国家已形成规范，要人们遵守。在最隆重的场合，如国家庆典仪式、国宴、国王登基、国家元首就职、国家最高领导人接见、大使递交国书，以及新年团拜、授勋等，都要穿着严肃、大方的正式服装。

◎西方传统礼服

礼服分为男士礼服和女士礼服，从广义上讲，礼服泛指一切适合于在庄重场合中或举行仪式时所穿的服装。

一、男士礼服

晨礼服又名常礼服，为日常用之礼服。上装为灰、黑色，后摆为圆尾形，其上衣长与膝齐，胸前仅有一粒扣；下装为深色底、黑条子裤，一般用背带，配白衬衫，灰、黑、浅棕色领带均可，穿黑袜子、黑皮鞋，可戴黑礼帽。晨礼服是白天穿的正式礼服，适合参加典礼、婚礼及星期天到教堂做礼拜等活动。

小礼服也称小晚礼服、晚餐礼服或便礼服。这是晚间集会最常用的礼服。其上衣与普通西装相同，通常为全黑或全白，衣领镶有缎面；下装为配有缎带或丝腰带的黑裤。系黑领结，穿黑皮鞋，一般不戴帽子和手套。这种礼服适用于晚上举行的宴会、晚会、音乐会、观看歌舞剧等场合。

大礼服也称燕尾服。黑色或深蓝色上装，前摆齐腰剪平，后摆剪成燕尾状，翻领上镶有缎面；下装为黑或蓝色，并配有缎带、裤腿外侧有黑丝带的长裤，一般用背带；系白领结，可戴大礼帽，配黑皮鞋、黑丝袜，戴白手套。大礼服是一种晚礼服，适合于晚宴、舞会、招待会、外交活动等场合。

二、女士礼服

女士礼服也可分为晨礼服、小礼服和大礼服。

晨礼服也称常礼服。晨礼服均为质料、颜色相同的上衣与裙子，也可以是单件连衣裙。一般以长袖为多，同时肌肤的暴露很少，可戴帽子和手套，也可携带一只小巧的手包或挎包。晨礼服主要在白天穿，适合于参加在白天

举行的庆典、茶会、游园会和婚礼等。

小礼服也称小晚礼服或便服。小礼服为长至脚背而不拖地的露背式单色连衣裙式服装，其衣袖有长有短，着装时可根据衣袖的长短选配长短适当的手套，通常不戴帽子或面纱。

小晚礼服的地位仅次于大礼服，主要适合于参加晚上六点以后举行的宴会、音乐会或观看歌舞剧时穿着。

西式大礼服也称大晚礼服，是一种袒胸露背的、拖地或不拖地的单色连衣裙式服装，并一定要配以颜色相同的帽子或面纱、长纱手套以及各种头饰和耳环、项链等首饰。大礼服是一种非常正式的礼服，主要适用于在晚间举行的各种正式的活动，如官方举行的正式宴会、酒会、大型正式的交际舞会等。

随着礼仪从简趋势的发展，许多国家对于服饰的要求也有逐渐简化的趋势。除了特别隆重正式的场合穿礼服外，一般的社交场合穿礼服的机会不多，穿大礼服（燕尾服）的机会就更少。现在人们对于服装的要求，着重合身、得体、舒适、美观、大方，讲究适合自己的身份、年龄、性格和不同的场合。

◎鞋袜的穿着原则

鞋子和袜子被西方国家称作"脚部时装"和"腿部时装"。鞋子在整体着装中具有重要地位。一双得体的鞋子，能为全身的服装添色增辉，它不仅能够映衬出服装的整体美，更重要的是它还能增加人体本身的挺拔俊美。

在正式或非正式场合，男性一般着没有花纹的黑色平跟皮鞋，女性一般着黑色半高跟皮鞋。露脚趾的皮凉鞋是绝对禁止在礼仪场合穿着的。旅游鞋、布鞋、各式时装鞋与西装都是不相配的。在欧美国家，正规场合和会议、谈判、舞会、庆典、拜访或接待重要的贵宾等场合是不允许穿凉鞋的；否则，会被认为缺乏教养，不懂礼貌。

在正式场合，应穿长筒丝袜或裤袜，白天可穿肉色或浅色的，晚间活动可稍深；不宜穿短袜，更不宜将内穿棉毛裤显露出来。皮鞋的颜色、款式应与衣服、手包相配套。一般地，鞋的颜色应与衣服的下摆一致或更深一些。衣服从下摆开始到鞋的颜色一致，可以使大多数人显得高一些。1984年春，里根总统夫人访华时，挑选面料做旗袍。她先看中一种金色的织锦缎，但考虑到没有带金色的皮鞋与之配套，便改选一种以深红色为底色的中国织锦缎旗袍。在里根总统的告别招待会上，她穿上这件深红底色的中国织锦缎旗袍，配上一双深色的高跟鞋，显得特别雍容华贵，无懈可击。

袜子的穿着也是重要一环。在礼仪场合，绝不能赤足穿鞋。正式或半正式场合，男性应着颜色素净的中长筒袜子，这样可避免坐下谈话时露出皮肤或浓重的腿毛。袜子颜色以单色深沉最好，带条纹、方格图案，但图案又不显眼的也可以；色调应比裤子深一些，以使它在裤子和鞋之间呈现一种过渡色。女性着肉色长筒丝袜，配长裙、旗袍最为得体。浅肉色可以使皮肤罩上一层光泽，显得细腻娇嫩，深肉色可以给人以一种修长健美的感觉。长筒袜的长度一定要高于裙子下部边缘，且留有较大余地；否则，一走动就露出一截腿来，极为不雅。目前，大部分人都会选择穿连裤袜。

在正式场合着裙装，不穿袜子也是不礼貌的。应当在办公室或工作场所预备好一两双袜子，以备袜子钩破时换用，而且外出工作时最好备用几双袜子。当和日本客人打交道时更应如此，因为在进他们的餐厅小间时，要脱去鞋子换上拖鞋。此时，若袜子有破洞或不整洁，就会很尴尬。

鞋袜的选择要注意与整体装束搭配，其颜色应当与发带、表带等保持一致，这样才能体现出穿着的整体美。

◎ 选戴帽子的原则

帽子的式样要与衣着相协调。例如，法式女礼帽与西式长裙相配，会产生一种既浪漫又高雅庄重的风度；而若以法式女礼帽与中式旗袍相配，则会是一种不伦不类的感觉。

帽子款式的选择要与人的脸型、体型相适应。长脸型不宜戴高帽子，而圆脸型戴顶端微凸的帽子就比较顺眼；个矮戴稍凸的帽子会显高，而小个子戴大帽子又会产生"小蘑菇"的滑稽感。

帽子的色彩要与肤色结合考虑。肤色白的人，选择余地大些；肤色较深的人，则不宜戴深色帽子；肤色发黄的人，最好是戴深红色、咖啡色的帽子，这样可衬托一些健康色，戴白、绿、浅蓝的帽子会加重病态的感觉。

帽子戴法的变化，会产生不同的感觉。帽子戴得端端正正，脸部显得丰满，神态显得庄重；帽子略微歪斜，产生的斜向线条会使人脸部略显清瘦，但妩媚活泼。

从礼仪的角度讲，男子在室内场合不允许戴帽子，女子则可以把帽子及其他用品作为礼服的一部分在室内场合穿戴。英国查尔斯王子举行结婚典礼时，在圣保罗大教堂内，成千的客人，男宾个个免冠，女客则无一不戴帽子。女子戴帽子不仅是礼节上的要求，也是身份上的象征，而且这种帽子不像男帽一样千篇一律，而是配合五光十色的衣服，变换着花样。它们用毛皮、绒缎、皮革等制成，有的帽子上还饰有羽毛、花朵、珍珠等，争奇斗艳。

一、女士戴帽子的注意事项

女士戴帽子要比男士略微讲究一些。参加宴会、游园或婚礼活动，戴一顶合适的帽子，可以帮助你增添迷人的风采。但这类活动中戴的帽子帽檐不能过宽，否则便会遮挡别人的视线。

地位较高的女士，可以选择小呢帽、宽边帽、中等宽边的帽子。这种有边沿的帽子会为女士增加风度和气派。例如，英国女王在位的50年里，女王每次公开露面都必佩戴帽子。每一件外衣都需要有一顶帽子相配，由此可见帽子的重要性。

身材娇小的女性应选择宽大边檐帽，但帽檐不可超过肩宽。身材显小的女性若要戴有檐帽，则要戴帽檐有一定角度的帽子。

女性佩戴帽子时，其他配件就必须减少，像垂坠式的耳环、多连式的长项链等，都应避免，可以改配扣型耳环和单边的短珠链。最简单的可以在脖子上系一条短丝巾，以增加帅气和飘逸之美。

在寒冷的冬天，戴一顶手织的绒线帽，既使他人感到温暖，又让自己显得妩媚，但是这种帽子是让自己显得俏皮可爱，却不是让自己显得威严，所以只适合约会和聚会的场合。

戴帽子的方法也有讲究。戴得端正，显得正派；帽子稍前倾斜，显得时髦；帽子稍歪斜点，帽檐向下压，显得很俊俏。把帽子拉得很低，显得忧郁。帽子扣到后脑勺上则显得呆头呆脑了。戴帽子要显得好看，还应该注意姿势，如果驼着背，缩着脖子，再戴上一顶小帽檐式帽子，只会令人觉得缺乏精神，而与戴帽子表现帅气的意愿就完全背道而驰。此外，帽子的颜色也应该尽量与服装的颜色相一致，千万不要穿了一身黑衣服后，再配一顶黄色的帽子，不妨配上白色、灰色或深褐色的帽子。

二、男士戴帽子的注意事项

对于男士来说戴帽子也是很重要的，选择适合自己的帽子能够恰如其分地衬托出风度和修养，展示社会地位、经济状况。选择帽子时首先考虑实用性，其次考虑装饰性。不论是礼帽，还是棒球帽、旅游帽，都要从自身出发选择适合自己的式样、颜色。

帽子要与自己的装束、年龄、工作等相协调，并要根据自己的脸型选择。脸圆的人适合戴宽边较高的帽子，脸窄的人适合戴窄边的帽子。一般的场合，男士戴的帽子颜色要稍深一些、暗一些，有利于男士展示刚毅，干练的作风，但是质地和色彩要选择较为柔和的，这样不会给人太过强硬的感觉。穿礼服时，必须用黑色的礼帽与其相衬，在工作场合里尽量不要戴帽子，如果要戴，帽子的帽顶不能太高，帽檐也要选择窄一些的。要根据衣着和场合选择帽子。白色的西装配白色的礼帽；在运动的时候，也可以戴白色的棒球帽等，具体的情况可以具体分析。

◎ 选戴手套的原则

日常生活中，手套起到的是御寒作用，但是在某些社交场合时，手套就发挥着极其重要的装饰作用。恰当选用手套应注意以下几点。

首先，要同整体装束相一致。手套的颜色与衣服的颜色相配。黑色最不会出错；深灰色配花呢、人字呢、飞鸟格等男装百试百灵。丝缎、蕾丝、绣花，很漂亮，很女性化，比较适合乍暖还寒的春秋。亮缎长手套搭配露肩晚装，全年都适用。皮手套有稳重感，一般场合或正式场合都可戴，绒线手套

质地轻柔，比较适合运动场合，纱手套可在交际场合戴。

其次，要同个人气质相协调。年长而稳重的人，适合戴深色手套；年轻而活泼的人适合戴浅色或彩色手套。身高臂长的人，戴上一副长手套会显得英武豪俊；身短臂短的人，戴上一副短手套会显得精明强干。戴任何手套都要保持其整洁。

再次，手套的长度最保险的选择是，长及手腕刚刚盖过手表的标准尺寸。若手套与衣袖相连，手套应被衣袖盖在下面，而不是相反。女士在舞会上戴长手套要与其他服饰搭配得当，不要把戒指、手镯、手表等物戴在手套外边。穿短袖或无袖上衣参加舞会，一定不要戴短手套。

最后，要注意一些戴手套的礼节。当人们握手寒暄时，男士如果戴着手套就会被认为是不礼貌的。一旦进入室内，男士应脱下手套，女士则可不必脱下。不论男士、女士，需要饮茶、吃东西或吸烟的话，均应提前脱下手套。女士是不应该戴着手套化妆的。

◎**选戴围巾的原则**

围巾不仅仅有保暖作用，还越来越多地作为一种装饰点缀出现在我们的日常生活中。围巾对服装的点缀作用，在寒冷的冬天十分突出。因为人们的衣装普遍比较厚重、色彩偏暗，这时搭配一条色彩艳丽的围巾，打破了冬季的沉闷，给自己和别人的生活带来一股生气与活力。

男性的围巾多采用羊毛或兔毛织物，柔软而且保暖，不太强调装饰。但是现在的年轻男士，已经不局限于围巾的保暖与御寒作用，而是日益重视围巾的装饰与美化作用。例如在夹克、羊绒大衣的翻领内，围上一条柔软亮丽的条格图案小围巾，那份潇洒的感觉是十分惬意的。不仅增加了自己的气质，也增加了周围人的愉悦心情。

女性的围巾与男士相比更多地体现在装饰性上。女性们多倾向于喜爱轻柔飘逸、花色繁多的真丝围巾，可以体现女人性格的柔情似水，而且丝巾比围巾更方便美观、装饰作用更强。在佩戴丝巾时，应当注意什么呢？

一是，与自身的身材相称。体型高挑者，丝巾应宽大些，但花型要小一些，色彩要柔和一些；体型纤小者，丝巾应短一些，花色可艳丽些。

二是，衣服与丝巾的颜色搭配。如，素色衣服可以搭配素色丝巾。可采用同色系的对比搭配法，如黑色连衣裙配中性色系丝巾，整体感强，但搭配不慎会造成整体色彩暗淡；也可以采用不同色系的对比色搭配法。另外，采用相同颜色、不同质感的搭配方式也很协调。

三是，丝巾的扎法多种多样。包头、围颈、披肩、束腰、扎头发等都可以，到底女性该采用何种扎法则应具体情况具体分析，完全取决于场合和服饰的需要。总之，戴上丝巾后能够增添姣美和韵味就是合适的。

◎ 选戴眼镜的原则

眼镜是为视力有缺陷的人生活方便而发明的一种实用品，现在却已经被大大地扩展了适用范围，增加了装饰的功效。例如，眼睛长得太小或形状不美，或眼周围有疤痕，戴上眼镜能够有效地遮挡这些不足。但是眼镜毕竟是实用品，如果有一双美丽、健康的眼睛，还是应该让她散发自然的美丽，不要让镜片挡住她的光彩，毕竟眼睛是心灵的窗户。但是在一些必要的场合，如骄阳下、风沙天、海滩浴场或在车床边参观、工作等，都需要戴上专用的保护眼镜。

眼镜戴在脸上应当给人以协调的感觉。因此，选择眼镜时要考虑自己的脸型和肤色。

（1）长脸型的人宜用阔边而略方的眼镜架，这样会使脸显得短些。

（2）短脸型的人应选用无色透明框边的眼镜架，可以使脸显得长一些。

（3）圆脸型的人宜用有棱角的方形镜架，而不能选择圆形镜框，那样会产生滑稽的感觉，好像大圆圈上画了两个小圆圈。

（4）脸型过大或过小的人，选镜框要适中。男性的脸部轮廓较粗犷，棱角分明，适合配宽边大片的眼镜；女性面部线条柔和圆润，应选择轻巧别致的镜架。

（5）皮肤较黑的人，应选用较为明亮的镜框；皮肤白皙的人则可选择浅色镜架；皮肤发黄，宜用暖色调镜架。

（6）塌鼻梁应戴有高鼻托的眼镜，高鼻梁则宜低鼻托。

（7）瞳孔间距较宽的人宜选用深色大镜框；较窄的则应选择中间有镜桥的透明浅色镜架。

◎选用提包的原则

提包是我们生活中经常出现的实用品，但是不能因此就忽略了它的装饰作用。提包的式样、颜色都影响服装的表现力。职业男女上下班、约会访友、出差旅游都离不开提包。

男式提包以真皮制作为上乘，造型规整，线条简洁，多是长方形，以黑色、棕色为主要色彩。

女式提包用料则十分广泛，真皮、丝绒、锦缎、草编、毛织等，五彩缤纷。女式提包的款式也是新奇繁多，长形、方形、圆形、心形、梯形应有尽有，色彩丰富华丽，用尽所有的颜色，只为衬托女士的服装。现在的市场上出现了很多新款包袋。它们集商务与旅游休闲于一身的设计风格，精致的做工与扎实的用料，给人一种端正、严谨的印象。让女性在各种场合自信地展现自我魅力，不经意中演绎时装和配饰的亲密关系。

无论男性还是女性，在选择提包时首先要注意的是色彩是否与服装协调配套。基本上应采用同色系对比颜色相搭配，两者的颜色不宜完全一致，但是对比不能太强烈，否则会有突兀的感觉产生。比如，穿银灰、奶白或白底小花的套装，提包的色彩以白、黄、棕色为宜，用黑色反差太强烈；穿红色、绿色或花条纹的服装却可以用黑色提包搭配；穿黑、藏蓝、咖啡色或黑底紫花套装，提包以棕色、灰白为适宜。如果穿黑衣服配黑褐色包，穿红衣服挎个红提包，色调太统一，显得呆板。

除此之外，选择提包还应注意季节与场合。夏季提包选择小巧淡雅的，显得轻松利落；冬季提包可以艳丽明快，给厚重的外形增添一点活跃感。正规场合应用羊皮、鼠皮、鳄鱼皮等具有艺术气息的珍贵提包，日常上下班则可用休闲提包，随心所欲展现自己的个性。

◎ 项链的佩戴

饰品与服装是服饰总概念的有机组成部分，饰品的佩戴和服装的穿着一样，应该合乎礼仪，尤其是对项链、耳环、戒指这些礼仪场合经常需要的饰品佩戴常识更应了解。

佩戴项链是古时候财富和地位的象征，也是最早出现的人类装饰物，适合的范围很广，是男女老少所喜欢的装饰之一，是现代人追求时尚、表达个性、显示富有的手段。

项链是女性最常用的饰品之一。一件高贵的礼服，配上一条名贵项链，会显得越发富丽。但假如对项链的色彩、质地、造型的各种功能没有一个正确的认识，效果就可能适得其反。一般来讲，金项链以"足赤"，给人一种华贵富丽的感觉；珍珠项链则以白润光洁，给人以高雅的美感。它们可以与各色服装相配，给人以华美的总体印象。

假如金项链过于莹亮，珍珠、象骨项链白里透黄、白中见斑，就可能完全破坏了它的装饰美化作用，甚至有镀金、矫饰的疑误。同样，景泰蓝、玛瑙、珐琅等项链大多颜色深沉、古朴、典雅，配以明亮的对比色效果可能更佳；但假如与衣装颜色过于接近也会因混于一色，不易分辨，而失去装饰的功能。从项链的造型看，细小的金项链只有与无领的连衣裙相配才会显得清秀，而挂在厚实的高领衣装外，会给人清贫寒酸的印象。矮胖圆脸的人，挂上一串下垂到胸部的项链，会使人感到似乎增加了身高，加长了脸型；而脖子细长的人，以贴颈的短项链，尤以大珍珠项链最为合宜。另外，衣装的质料、颜色、样式及场合也不时影响着各种质地、造型的项链的佩戴。

项链的质地、造型是多种多样，新奇别致的。从质地来分，常见的有四种：第一种是铂金项链，是现在女士们喜爱和流行的。第二种是金饰和银饰。这是项链家族中历史最悠久的成员，是皇宫贵族用来展示身份和财富的。金项链有24K、18K、14K三种，含金量与K数成正比；银项链一般是92.5%的成色。金、银项链适合正式的社交场合。第三种是珠宝项链，由钻石、珍珠、玛瑙、翡翠、玉石等天然名贵材料制成，其色彩变化更是神秘而玄妙。因为是天然形成的所以佩戴起来，润滑舒适，使人显得富丽端庄。佩

戴钻石、红宝石或蓝宝石项链，显得光彩照人；佩戴珍珠项链，显得俏丽雅致；佩戴水晶项链，显得清澈光洁；佩戴玛瑙项链，显得艳丽漂亮；佩戴琥珀项链，显得新奇诱人。第四种是现代材料制成的项链。这种项链多是用夸张的手法表现美丽、时尚，价格较低，适合经常变换，很适合现代年轻人好美、善变的心态，但是不适合社交场合。

年轻女士佩戴项链主要是增添青春美和秀气，宜戴纤细一些的无宝石金链，它会给人以苗条和秀丽之感。对中老年女士佩戴项链，除装饰体态美之外，更有表示雍容华贵之意，因而佩戴较粗一些的项链为佳。对于一般女性来说，短项链可使脸变宽、脖子变粗。所以，脸和脖子稍长的女性应佩戴短项链。方形脸、脖子短的女性宜佩戴稍长的项链，使人有脖子变长的感觉，从而增加美感。肤色白皙的女性，既可佩戴浅色的宝石项链，也可以佩戴颜色较深的宝石项链，以鲜明地对比，更衬托出白皙的肤色。身材修长、体态轻盈的女性，应选佩宝石颗粒较小、长度稍长的项链；体态丰腴的女性，宜佩戴颜色较浅、颗粒较大的宝石项链。

◎ 耳环的佩戴

耳环是女性三大饰物之一，用来掩盖耳部的缺点，或者让人更注意你美丽的耳朵。耳环的佩戴要注意和脸型、肤色、衣着相搭配。由于耳环款式造型、材料质地不可胜数，所以女士们在购买时往往很难选择。由金、银、钻石、珍珠、玛瑙等制成的耳环，适合任何身份的女士，也适合任何场合，可以衬托展示高贵或者温婉的气质。用合金、镀金、藏银、贝壳等制成的耳环，适合时尚年轻的女性，适合休闲、随意的场合。耳环造型玲珑细巧，精致美妙，能很好地体现女性的娇媚与秀丽，或者粗犷质朴，体现女性的性格中坚强的另一面。

耳环虽小，却是戴在一个明显而重要的位置上，它的色彩造型对于人的面部形象、气质风采的影响较之其他饰品反而更大，可谓是画龙点睛的一笔。耳环的色彩选择与项链相仿，应首先考虑与衣装色彩相协调。一般来说，纯白色的耳环和金银耳环可配任何衣服，而鲜艳色彩的耳环则需与衣装相一致或接近。从质地来看，佩戴熠熠生辉的钻石耳环或洁白晶莹的大珍珠耳环，必须配以深色高级天鹅绒旗袍或高档礼服，否则会相形见绌；而人们一般习惯佩戴的金银耳环对服装则没有更多的限制。耳环的造型变化丰富多彩，选戴的余地也就相对大些。不过，面积较大的扣式耳环不适宜方形脸的女性佩戴，因为它会增加脸庞下部的宽度，而下颌较尖的脸型则正好能弥补其缺憾。一般来说，脸型较宽的女性应佩戴体积较小，形状长形，且贴耳的耳环，这样可以加长和收缩脸型。一般在两个不同的礼仪场合，不宜佩戴同一副耳环。

佩戴耳环时应根据脸型特点来选择。例如，圆形脸不宜佩戴圆形耳环，因为耳环的小圆形与脸的大圆形组合在一起，会加强"圆"的信号；方形脸也不宜佩戴圆形或方形耳环，因为圆形和方形并置，在对比之下，方形更方，圆形更圆。同时也要注意肤色和衣着。皮肤黑的人宜戴钻石、玉质的耳环，颜色的选择要避免红、绿这样鲜艳的颜色；皮肤皙白的人可以选择的颜色较广，基本上都可以试着佩戴，如淡粉、朱红、浅蓝及金色耳环。穿丝绸软缎、轻纱之类的飘逸服装戴耳环可以增加魅力，但是穿运动装、牛仔装或职业装，佩戴耳环，就比较难协调，一定要注意搭配。若耳朵轮廓很美，发型漂亮，想突出头部和耳环，应穿淡雅一点的服装；若耳部不完美，脖颈粗黑，应避免戴醒目的耳环，让人不会把注意力放在耳朵的部位。

◎戒指的佩戴

戒指不仅是一种重要的饰品，还是特定信息的传递物。尽管它有钻石、金银等不同质地，浑圆、方形及雕花、刻字等不同造型，但其佩戴的方法是一致的，表达的含义也是特定的。戒指通常戴在左手上。把戒指戴在食指上，表示无偶而求爱；戴在中指上，表示正处在恋爱中；戴在无名指上，表示业已订婚或结婚；而把戒指戴在小手指上，则暗示自己是一位独身主义者。在不少西方国家，未婚女子的戒指戴在右手而不是左手上；修女的戒指总是戴在右手无名指上的，这意味着她已经把爱献给了上帝。一般情况下，一只手上只戴一枚戒指，戴两枚或两枚以上的戒指是不适宜的。

戒指是点缀双手的饰物，对人整体形象的影响不太大，但应注意些基本常识：纤纤玉指戴上戒指更添魅力，粗黑的手指不可以带黄金制成的戒指，而可以选择钻石和玉石的。

◎ 手镯与手链的选择与佩戴

手镯早已是女性玉腕的装饰品，也是男女之间馈赠的信物和定情首饰。手镯作为女性腕臂装饰由来已久，早在盛唐时期，宫廷仕女和闺秀小姐们就时兴戴手镯。那时，手镯多为宝石精磨细做的。常用来制作手镯的宝石有翡翠、玛瑙、碧玉、孔雀石、松石、珊瑚，通称玉石手镯。

手镯和手链，一般只戴一种。手镯的佩戴应视手臂的形状而定。手臂较粗短的应选小细形的手镯；手臂细长的则可选宽粗的款式，或多戴几只小细形来加强效果。

戴手镯和手链很有讲究，不能想怎么戴就怎么戴。手镯一般戴在右臂上，表明佩戴者是自由而不受约束的。如果在左臂或左右两臂同时佩戴，表明佩戴者已经结婚。

一只手上一般不能同时戴两个或两个以上的手镯或手链，因为它们之间相互碰撞发出的声响并不好听。若非要戴三个手镯，则要一齐戴在左手上，切不可一只手上戴两个，另一只手戴一个。戴三个以上手镯的情况比较少见，但可以造成强烈的不平衡感，达到不同凡响、标新立异的目的。不过，这种不平衡应通过与服装的搭配求得和谐，否则会因标新立异而破坏了手镯的装饰美。

手镯如能与耳环或项链同款式，则给人一种和谐美的感觉。另外，戴手镯时不应同时戴手表。

手链是手镯的换代产品，多用金、银及镀金、包金编花丝制成，比起较粗犷的手镯来，更是纤细精巧。现代女性佩戴一条流光溢彩的手链，可平添玉腕几许娇柔和妩媚。

手部不太漂亮的人要知道，手上戴的东西太多了反倒容易暴露自己的短处，那些注意你手上首饰的人不可能不同时注意你的手。

总而言之，佩戴饰品应坚持以下几条原则：

（1）遵从有关的传统和习惯，在社交场合不靠佩戴的饰品去标新立异。

（2）不要使用粗制滥造之物，在正式场合中不戴饰品是可以的，戴就要戴质地、做工俱佳的。

（3）佩戴饰品要注意场合，一般只有在交际应酬时佩戴饰品才最合适，严肃的工作场合不戴或少戴为好。

（4）佩戴饰品必须考虑性别差异。一般场合，女士可适当佩戴首饰，而男士佩戴最多的只有结婚戒指一种。场合越正规，男士戴的首饰就应当越少。

形象来自服饰美（二）：男士篇

◎男士西装的流派

在一般比较正式的社交场合，男子多穿黑色或深色西服，白衬衣，系黑领结，穿黑色硬底皮鞋。东欧有的国家系银灰色领带。衬衣的领子和袖口要干净，领子要挺，袖口要扣好。喜庆时，有的人还在前襟别一朵玫瑰花。

目前，国际流行的西装在外观造型上可以分为三大流派——英式、美式和欧式。

（1）英式西装。英式西装的特点是，肩部与胸部线条平坦、流畅，轮廓清晰明快，最能体现出绅士派头。面料一般采用纯毛织物，色彩以深蓝和黑色为主，配以白衬衣和黑领结，整体效果是威严、庄重、高贵。许多上层人物在正规场合都喜欢选择英式西装，故英式西装素有正式西装之称。

（2）美式西装。美式西装的特点是特别重视服式的机能性，面料较薄，且有一定的伸缩性，也不强调光泽的强弱，在造型上略收腰身，后背开单衩或双衩，肩部不用过高的垫肩，胸部也不过分收紧，保持自然形态。这种西装不那么刻板，穿着比较随便，反映了美国人自由清新的着装观念。美式西装最适宜作为日常的办公服穿用。

（3）欧式西装。欧式西装的特点是剪裁得体，造型优雅、规矩，肩部垫

得很高，有时甚至给人一种双肩微微耸起的感觉。胸部用上等的衬做得十分挺括，面料多以黑、蓝精纺毛织物为主，质地要求细密厚实。就整体造型来看，欧式西装与英式西装十分相似，但比英式更考究、更优雅，腰身紧收，袖管窄瘦，背后开双衩，裤管呈锥形向下收窄。穿上欧式西装，人显得特别自信和挺拔，并略带一点浪漫情怀。

以上三种风格流派的西装，男士们可以根据自己的爱好、身材和具体场合选用。一般说来，在宴会、酒会、庆典、会见贵宾等高级社交场合，应穿英式西装；在舞会、访友、参观、会议等半正规场合可穿美式西装，它可使你显得自然大方，平易近人。

◎穿西装的规范

一、单件上装与套装

西装有单件上装和套装之分，套装又分两件套和三件套。如果是三件套西装，在很正式的场合不可脱下外衣。一般非正式场合，如旅游、参观、一般性聚会等，可穿单件上装配以各种西裤，也可视需要和爱好，配以牛仔或时装裤。半正式场合，如一般性会谈、访问、较高级会议和白天举行的比较隆重的活动时，应着套装，但也可视场合气氛在服装色彩图案上大胆一些，如花格呢、粗条纹、淡色的套装都不失为恰到好处的选择。但在正式场合，如宴会、正式会谈、正式典礼及特定的晚间社交活动时，必须穿着颜色素雅的套装，以深色、单色最为适宜，花格、五彩图案的选择是不合时宜的。1983年6月，前任美国总统里根出访欧洲四国时，就曾因穿了一套格子西装而引起一场轩然大波。因为按照惯例，在正式的外交场合应着黑色礼服，以示庄重。

二、纽扣

西装的纽扣除实用功能外，还有很重要的装饰作用。西装有单排扣和双排扣之分。单排扣又有单粒扣、双粒扣、三粒扣之别。在非正式场合，一般可不系扣，以显示潇洒飘逸的风度；但在正式场合，要求将实际纽扣的单粒扣、双粒扣的第一粒和三粒扣的中间的一粒系上；而双粒扣的第二粒和三粒扣的第一、三粒都是样扣，不必扣上。双排扣则有四粒扣和六粒扣之别，上面的两粒或四粒都是样扣，不必扣上。

三、西裤

西裤作为西服整体的另一个主体部分，要求与上装互相协调，以构成和谐的整体。西裤立档的长度以裤带的鼻子正好通过胯骨上边为宜，裤腰大小以合扣后伸入一手掌为标准，裤长以裤脚接触脚背最为适合。西裤穿着时，裤扣要扣好，拉锁全部拉严。西裤的裤带一般在2.5～3厘米的宽度较为美观，裤带系好后留有皮带头的长度一般为12厘米左右，过长或过短都不合美学要求。

四、衬衫

穿西服，衬衫是个重点，颇有讲究。一般来说，与西服配套的衬衫必须挺括、整洁、无皱褶，尤其是领口。西装穿好后，衬衫领应高出西装领口1～2厘米，白领露出部分与袖口露出部分应呼应，可有一种匀称感。在正式场合，不管是否与西装合穿，长袖衬衫的下摆必须塞在西裤里，袖口必须扣上，不可翻起。不系领带时，衬衫领口可以敞开；如系领带，应着有衬硬领的衬衫，领围以合领后可以伸入一个手指头为宜。衬衫袖长应比西装上装衣袖长出1～2.5厘米。这样可以避免西装袖口受到过多的磨损。用白色衬衫衬托西装，显得更干净、利落，活泼有生气。夏季着短袖衬衫时，一般也应将下摆塞在裤内，但着无衬软领短袖衬衫例外。

五、领带

领带是西装的重要装饰品，在西装的穿着中起画龙点睛的作用。

（1）领带的种类。领带的种类很多，大体分为一般型领带和变型领带两种。一般型领带有活结领带、方型领带、蝴蝶结领带；变型领带有阿司阔领带、西部式领带、线环领带等。从领带面料分，有毛织、丝质、化纤几种。从花型上分，又有小花型、条纹花型、点子花型、图案花型、条纹图案结合花型、古香缎花型等。领带选用丝质的为上乘，使用最多的花色品种是斜条图案领带。这种领带分美式、英式两种，其区别在于斜条图案的走向正相反：美式从左上斜到右下，英式从右上斜到左下。穿英、法式西服配英式领带，穿美、意式西服配美式领带，不宜互相错用。

（2）领带的系法。一般在正式或非正式场合，都应系扎领带。领带的扎法也很有讲究，一般是扣好衬衣衣领后，将领带套在衣领外，然后将宽的一片稍稍压在领角下，抽拉另一端，领带就自然夹在衣领中间，而不必把领子翻立起来。扎系领带必须保证领带的绝对干净，其结要工整，如果脏污、旧损或歪斜松弛，不如不扎好。因为扎系领带是为了进一步表明精神、尊严和责任。领结是系领带最重要的部分，各种不同的系法可以得到不同大小形状的领结，可视衬衫领子的角度选择你所喜欢的领带系扎方法。但不论哪种系扎方法，领带系好后，两端都应自然下垂，上面宽的一片必须略长于底下窄的一片，绝不能相反，当然上片也不宜长出许多，致使带尖压住裤腰甚至垂至裤腰之下而不雅。如有西装背心相配，领带必置于背心之内，领带尖亦不可露于背心之外。领带的宽度不宜过窄，过窄会显得小气，应与人的脸型及西装领、衬衫硬领的宽度相协调。

领带结的打法主要有以下几种。

（1）平结。平结为最多男士选用的领结打法之一，几乎适用于各种质地的领带。要诀是，结下方所形成的凹洞需让两边均匀且对称。

（2）交叉结。这是对于单色素雅质料且较薄领带适合选用的领结。对于喜欢展现流行感的男士不妨多使用"交叉结"。

（3）双环结。一条质地细致的领带再搭配上双环结颇能营造时尚感，适合年轻的上班族选用。这种领结的特色就是第一圈会稍露出于第二圈之外，别刻意给盖住了。

（4）温莎结。温莎结适合用于宽领型的衬衫，该领结应多往横向发展。应避免质料过厚的领带，领结也勿打得过大。

（5）双交叉结。这样的领结很容易让人有种高雅且隆重的感觉，适合正式活动场合选用。该领结应多运用在素色且丝质领带上，若搭配大翻领的衬衫不但适合且有种尊贵感。

（3）领带夹。领带夹包括领带棒、领带夹、领带针、领带别针等，有各种型号。其主要功能是固定领带，并不应突出其装饰的功能。除经常做过大幅度的动作，或者用领带夹作为企业标志时用领带夹外，其他情况最好不用领带夹。佩戴时应注意，领带夹的位置不能太靠上，以从上往下数衬衫的第四粒和第五粒纽扣之间为宜。西装上衣系好扣子后，领带夹是不应被看见的。

六、手帕、衣袋等细节

（1）手帕。西装手帕的整理也很重要。西装手帕起装饰作用，是以熨烫平整的各种单色手帕折叠而成的，式样很多，如三角形、三尖峰形、任意形和Ｖ形等。手帕别插于西装的上衣口袋，根据不同场合需要，变化成各种图形。装饰手帕使用得当，能起到画龙点睛、锦上添花的效果。

（2）衣袋。西装衣袋的整理同样重要。上衣两侧的两个衣袋只作为装饰用，不宜装东西；上衣胸部的衣袋是专装手帕之用的，而票夹、笔记本、笔等物品可置于上衣内侧衣袋。西裤的左右插袋和后袋同样不宜放鼓囊之物，以求臀围合适，裤型美观。

七、西装、衬衫、领带的搭配

正确选用西装、衬衫和领带后，尤应注意三者间的和谐搭配，整体协调会更使你风度翩翩，格外优雅。按一般规律，深色西装配穿白色衬衫，从来就是最合适的搭配。如果杂色西装，配以色调相同或近似的衬衫，结果也可能不坏。但带条纹的西装不可配以方格的衬衫，反之亦然。因为条条加块块，给人以散乱的感觉。总之，人们的一般思路是，衬衫和西装在色调上要成对比，西装颜色越深衬衫越要明快，同时也不能忘了领带的映衬作用。西装的色调深沉稳重，领带的颜色不妨相对明快；而西装的色调朴实淡雅，领带则必须华丽而又明亮，否则看上去会是模糊不清，尤其当衬衫的颜色也不明快时。当然，这也不是绝对的。假如西装与领带的色调一致，只要两者在颜色上有深浅变化，成为互补；或两者成对比色，且这种对比又是整套西装中唯一的对比，也是有特殊效果的。这里要提醒注意的一点是：西装和领带的花纹（如条纹型）不能重复；即使两者花纹不一样，可以相配，但图案也不宜太大，否则看起来过于奇巧。

在礼仪场合，西装、衬衫、领带通常的搭配方法有以下几种。

（1）黑色西装，配白色或浅蓝色衬衫，系砖红色、绿色或蓝色调领带。

（2）中灰色调西装，配白色或浅蓝色衬衫，系蓝色、深玫瑰色、褐色、橙黄色调领带。

（3）墨绿色调西装，配白色或银灰色衬衫，系银灰色、灰黄色领带。

（4）乳白色西装，配红色略带黑色、砖红色或黄褐色领带。

◎**男士西装的选择**

一、款式的选择

西装的款式可分为英国、美国和欧洲三大流派。尽管西装在款式上有流派之分，但是各流派之间差异并不很大，只是在后开衩的部位，扣是单排还是双排，领子的宽窄等方面有所不同。不过，在胸、腰围的胖瘦，肩的宽窄上还是有所变化的。因此，在选择西装时，要充分考虑到自己的身高、体型，如身材较胖的人最好不要选择瘦型短西装；身材较矮者也最好不要穿上衣较长、肩较宽的双排扣西装。西装上衣可以敞开着穿，但双排扣西装上衣一般不要敞开着穿。

二、面料和颜色的选择

西装在商务活动中往往充当正装或礼服之用，故此，其面料的选择应力求高档。在一般情况下，毛料应为西装首选的面料。正式礼服用的西装可采用深色，如黑色、深蓝、深灰等颜色的全毛面料制作。日常穿的西装颜色可以有所变化，面料也可不必大讲究，但必须熨烫挺括。

三、衬衣的选择

穿西装一定要穿带领的衬衣。穿深色的西装配上单色的衬衣；花衬衣配单色的西装效果比较好，单色衬衣配条纹或带格西装比较合适；方格衬衣不应配条纹西装，条纹衬衣也不要配方格西装。穿西装必须穿长袖衬衣，衬衫领子不能太大，佩戴领带一定要扣好衬衫扣子。领头一定要硬扎、挺括，外露的部分一定要平整干净。衬衣下摆掖在裤子里，领子不要翻在西装外，袖子长于西装袖子。衬衣内除了背心之外，最好不要再穿其他内衣，如果确实需要再穿一些内衣的话，内衣的领圈和袖口也一定不要显露出来。如果天气较冷，衬衣外面还可以穿上一件毛衣或毛背心，但毛衣一定紧身，不要过于宽松。

四、领带的选择

一条好的领带，必须具有良好的质量。其主要特征为：外形美观、平整，无跳丝、无疵点、无线头，衬里为毛料，不变形，悬垂挺括，较为厚重。在社交场合穿西装必须打领带，领带的颜色、花纹和款式要与所穿的西装相协调。领带的面料以真丝为最优，在领带颜色的选择上，杂色西装应配单色领带，而单色西装则需配花纹领带；浅棕色西装可配金茶色领带；褐色西装配黑色领带等。领带有简易打法和复杂打法之分。领带的长度要适当，最标准的长度，是领带打好之后下端的大箭头正好抵达皮带扣的上端。如果穿毛衣或毛背心，应将领带下部放在毛衣领口内。系领带时，衬衣的第一个纽扣要扣好，如果佩戴领带夹，一般应在衬衣的第四、五个纽扣之间。

◎中山装的穿着

中山装是我国的民族服装，也是我国男士的传统礼服。其前门襟有五粒扣子；带风纪扣的封闭式领口；上下左右共有四个贴袋，袋盖外翻并有盖扣。着中山装要保持整洁，熨烫要平整，衣领里可稍许露出一道白衬衫领。衣兜不要装得鼓鼓囊囊，内衣不要穿得太厚，以免显得臃肿。无论什么社交场合，都要扣好扣子和领钩。成年男子穿上一套合身的上下同质同色的毛料中山装，配上黑色皮鞋，会显得庄重、神气、稳健、大方，富有中国男子气派。着中山装可以出席各种外交、社交场合。不过，受外来文化的影响，目前着中山装的男士普遍减少。

形象来自服饰美（三）：女士篇

女士的服装，比起男子更加丰富多彩、新颖别致。她们不仅要借服饰来显示自己美好的体态，还要以此来表现自己的修养和风格。评论家认为，英国前首相撒切尔夫人爱穿夸张的宽衬肩服装，以表现她不可一世的女强人性格。姑且不论这些见解是否完全恰当，但是可以肯定，妇女在服饰方面比男子讲究的余地要大得多。而且，她们除了衣服以外，还要从头到脚，进行协调搭配，其中帽子、披肩、手提包、皮鞋、袜子等也都要与衣服相配。

◎职业女装的基本类型之一：套裙

套裙裙式服装最能体现女性的魅力，恰到好处的裙子能充分显示女性美感与飘逸的风采。作为职业女性，其工作场所的着装有别于其他场合的着装，尤其代表着一个企业、一个组织形象时，更要追求大方、简洁、纯净、素雅的风格。套裙以其严整的形式，多变却不杂乱的颜色，新颖却不怪异的款式，成为职业女性最规范的工作装。

一、套裙的款式

套裙有两件套和三件套之分。套裙的上装以西服式样居多，也有圆领、V字领等式样。上衣的长度既可短至腰际，也可长至臀部以下；下装是长短不同的各式裙子。套装的整体变化不大，但套装上衣的袋盖、衣领、袖口、衣襟、衣摆、下装的开衩、收边等，都在细致之处见风格。

二、套裙的着装规范

女性着套裙既不可能像时装一样赶新潮，又不能穿得粗俗乏味，体现不出女性温柔、妩媚、优雅、轻盈的特性。因此，要注意套裙的色彩搭配，只有搭配好，才能穿出不俗的效果。

蓝色套裙一般是学校和公司制服中使用得最广泛的一种服饰，尤其是深蓝色。黑头发、黑眼睛的东方人，是很适合黑色衣服的，黑色除了可以隐藏缺点之外，还可使体型看起来纤细一点，使皮肤显得白一点。如能选择开朗、轻柔的粉红、粉蓝、火黄、草绿系列，更能显示出女性柔美的气质。

一般在正式或半正式场合，为表明职业女性对工作的严谨和认真，套裙多整套穿；在休闲场合，则较为随便，套裙可与其他服装搭配起来穿。要注意利用裙装的修饰美化作用"扬长避短"，如可以利用裙装的上短下长，掩盖腿部粗短的缺陷。

三、套裙的选择

女性服装的穿着礼仪原则是讲究整洁与高雅。

女性服装可以露但不可以透。透即色情，被视为极端的不端庄、不礼貌。职业服装样式可选择连衣裙、套装或套裙。质料与颜色无特殊要求，可根据自己的特点来决定。上衣应略长一些，不可在穿职业服装时露出肚皮。

职业服装还应避免领口开得过大，臂膀过于裸露，同时，不宜选用透明的、耀眼的或织有金丝银线带亮片的服装。

参加晚会、宴会的服装与日间礼服略有区别，就质料而言，应以丝、丝绒、雪纺纱和缎之类为最适宜；这些轻软而富有光泽的衣料，最能衬托出女性高雅、窈窕的身姿，而毛、棉织的衣料则稍显笨重，光泽也较差一些，不适宜于晚会、宴会穿着；颜色以黑白两色最佳，红色、蓝色等纯色也可以选择，因为纯色能够更好地显现女性的身段，易给人以端庄之感；式样应有别于上班服，富于变化；可以按自己的身材优势"露"一点；肩颈部漂亮的可以露出肩部；胸部丰挺的可设计低胸或中空样式；腿部修长的可开中、高衩或穿短礼服，等等。礼服应以紧腰为宜，若带袖也以窄袖为主。

四、西服套裙

西服套裙是女性的标准职业着装，可塑造出强有力的形象。单排扣上衣可以不系扣，双排扣的则应一直系着（包括内侧的纽扣）。穿单色的套裙能使身材显得瘦高一些。套裙分两种：配套的，其上衣和裙子同色同料；不配套的，其上衣与裙子存在差异。

职业套裙的最佳颜色是黑色、藏青色、灰褐色、灰色和暗红色。精致的方格、印花和条纹也可以接受。买红色、黄色或淡紫色的两件套裙要小心，因为它们的颜色过于抢眼。

关于职业套裙的面料，有羊毛制品的，四季皆宜，经久耐穿。衣服挂一个晚上，褶子就平了。在热天，最好穿棉织品。买亚麻制品时，要选择混有人造纤维，如聚酯纤维、人造丝或丙烯酸系纤维的，否则，衣服很容易出褶子。对丝绸制品也要谨慎，它们会起褶，而且显得太考究。检验一种面料是否抗皱的方法是用手攥住布料，然后松开。如果起褶子，要三思而后买，它可能穿不了一天就变得皱皱巴巴的了。

◎职业女装的基本类型之二：运动式夹克

轻便的夹克可以与裙子搭配，用于不太正式的场合。

选择运动式夹克时，宜选用与裙子相同的颜色，可以选黑色、藏青色、

灰褐色、灰色和暗红色等。买方格、花呢、印花和其他图案的夹克时应注意它们是否能与多种衣服搭配。其面料的选择，也应与套裙一样，选择纯毛以及混纺面料，丝绸和亚麻混纺制品也可以，但避免选择皮革、小山羊皮、灯芯绒、丝绒、天鹅绒、斜纹粗棉布或缎子的，因为这些面料让人有一种不太职业化的感觉。

衬衫的颜色可以是多种多样的，只要与夹克相匹配就可以了。白色、黄白色和米色与大多数夹克都能搭配。丝绸是最好的衬衫面料，但是需要干洗。注意一下标签，现在有些丝绸也能用水洗。此外的选择就是纯棉，但要保证浆过并熨烫平整。聚酯纤维，既可手洗也可机洗，而且不起褶，但应选择看上去像天然纤维的那种。

◎职业女装的基本类型之三：连衣裙

连衣裙和两件套裙可以单独穿或者和上衣搭配在一起穿。尽管它们在某些场合很合适，但它们看上去不如西装套裙显得有力度。大衣式裙子的纽扣是一排到底的，比衬衫配裙子那种只到腰部的纽扣样式看起来更有力度，更显得职业化。关于其颜色，可以选择灰色、藏青色、暗红色、米色、驼色、黄褐色、红色和玫瑰红颜色的布料。可以选用简洁的印花或图案，但是鲜明的图案和设计就显得过于显眼了。至于面料，丝绸是最好的，当然１００％的人造丝也可以，只有加入人造纤维的亚麻制品才宜选用，纯亚麻制品容易起褶。而棉布对于职业服装来说就显得过于随便了，不宜选用。

◎着裙装的艺术

飘逸摇曳的裙装，加上女人的婀娜多姿，使女性特有的柔媚、娉婷、清丽的风姿被展露无遗。裙装还有一个突出的优点就是比较容易与其他服饰搭配。

在女性众多的衣装中，与其他服饰相比，裙装最具有律动感，变化也是最频繁丰富。裙子可以充分修饰美化女性的身材，使女性体型的完美部分得到充分展示，使不足之处得到恰到好处的掩饰。例如，上身较长双腿较短的女性，可以选择上装仅及腰部、裙子长及小腿的裙套装，利用裙装的上短下长，掩盖腿部粗短的缺点，或者选择高腰节式样，扎一条较宽的深色调裙带。对中年妇女来说，穿裙装比长裤更能显出女性的风韵。西装裙、有褶或无褶的各种式样的直裙，应是中年裙装的主流。着裙装上衣的搭配很重要，衣裙料相同的套装裙高雅庄重；衣裙色调成反差对比则显得活泼；着短裙配长外套是近年流行的时装，它比正统的西服套裙更为潇洒；羊毛衫配裙装则能显示出随意性，也更能突出中年妇女的典雅气质。

穿裙子要注意宽松适当，长短适中，合乎体型。裙装造型与体型特征要互补互衬。比如，高大丰满的女性穿一套上衣长度过腰，裙子长度及膝的西式裙套装是比较合体的；矮个子女孩最好选择上下色调统一的套装裙或连衣裙。身材修长的女性服饰的选择可以随意，可以收紧也可以夸张，但是要取得最完美的着装效果，还是应当注意选择合体的裙装，可以增加服饰的造型美与身体匀称美。

裙装变化多端，要求女士们具有敏锐的眼光和洞察力，吸取能增加自身魅力的元素，这样才能走在时尚的前端，但又有自己独特的风格。

◎ 着旗袍的艺术

旗袍是我国独有的、富有浓郁民族风格的传统女装。旗袍用流畅的曲线造型十分贴切自然地勾勒出东方女性躯体的婉柔美，体现出含蓄凝重的东方神韵。高领斜襟，是旗袍的神来之笔，下摆的长长开衩，在严谨中透出轻松活泼，并便于行动。

旗袍造型流畅、缝制简便，在夏季可以用棉布、丝绸、麻纱等面料制作，在秋冬季可用锦丝绒、五彩缎制作，也可挂上全里，既保暖又华贵。在社交场合用精致高档的旗袍做礼服，典雅高贵，不失雍容风度。日常穿用可选用花素全棉府绸或涤棉细布制作的旗袍，既朴素又大方。选用小花、素格、细条丝绸制作的旗袍，可表现出温柔、稳重的风格。

作为礼服的旗袍，最好是单一的颜色，一般常在绸缎面料上刺绣或饰物。面料以典雅华丽、柔美挺括的织锦缎、古香缎和金丝绒为佳。为了体现

女性的端庄，旗袍的长度最好是长至脚面，开衩的高度，应在膝盖以上，大腿中部以下。穿无袖式旗袍，不要暴露其内衣，冬天可配以披肩，但不适合戴手套。

穿旗袍也要注意以下几点。

（1）与鞋子、饰物的搭配。金、银、珍珠、玛瑙等精致的项链、耳坠、胸花等是旗袍的传统伴侣。最新的伙伴是小巧而璀璨的名表和怀旧的旗袍撞击出时代感极强的火花。着旗袍可配穿高跟鞋或半高跟鞋，或配穿面料高级、制作考究的布鞋或绣花鞋。

（2）穿旗袍展示的是女性的高贵与优雅，所以应当避免一些不雅观的形体动作。例如，站立或坐下时两腿分开，弯腰驼背；大步走路或跑步，骑自行车更不可以。穿旗袍就要腹挺背直，走姿、坐姿、站姿和谈吐都要保持文静优雅，才能与旗袍的风格相衬。

（3）与旗袍搭配穿着的服饰。有裘皮大衣，毛呢大衣，短小西服上装，开襟小毛衣和各种方型大披肩。这些都要注意色彩要与旗袍的协调，还要根据不同的环境选用。

（4）与旗袍搭配的鞋子。不管你的个子高矮，选择及膝的旗袍比长及脚面的要轻盈得多，也给漂亮的鞋子更多发挥余地。

（5）旗袍不是只能搭配盘成一个髻的发型，虽然安全，却未免有些保守和过时。干练的短发女性尽可以尝试高领旗袍，现代的搭配美学强调的就是一点点刻意的不和谐。

（6）不要在商场里购买流水线上下来的成品。到有设计师挂牌的中式特色小店去，那里不仅有独特的面料、合身的剪裁，最重要的是可以避免低俗的设计。

◎女性体型与着装

人的体型差异很大，十全十美的人很少。理想的体型，要求躯干挺直，身体各部分的骨骼都要匀称。胖、瘦或腿短、臀宽等不完美的体型，在礼仪活动中都可能成为自身的不利因素。但若能了解自己的体型缺陷，扬长避短，便可顺利应付任何社交活动。

体型较好的人，对服装款式的选择范围较大，着装时应该更多考虑的是服装与肤色、气质、身份、场合等的协调。体型较胖的人最好着上下一色的深色套装，裤子的长度应略长一些，裤腿略瘦。

肩窄臀宽的人，应该注意使用垫肩，使肩部看上去宽些，也可以在肩部打褶以增加宽度，可以选择束腰的服装以衬托肩部的宽大，忌穿插肩上衣、宽大的外套和夹克衫，忌穿无袖上装、长而紧袖上装。腰粗的人应选肩部较宽的衣服，以产生肩宽腰细的效果，女士不宜穿腰间打褶的裙子，不要把衬衫扎进裙子或裤腰中。腿较短的人，可以选择上衣较短，裤稍长的服装。腿较粗的人，宜穿上下同宽的深色直筒裤，过膝的直筒裙，不宜穿太紧的裤、太短的裙。

服装的面料及质地不同，花型不同，会造成大小形象上的不同感觉。像粗呢、厚毛料、宽条绒等，这些面料如使用不当，使胖人看上去更胖，增加笨重感觉。发亮的料子，比如绸缎和一些化纤面料，使人看上去丰满，胖人穿上也会显得更胖。大花型的面料有扩张的效果，它使瘦人看上去丰满一些。小花型的面料也能使丰满的人看上去苗条些。花色面料还可以适当修饰体型有缺陷的部分，比如女士胸部不够丰满，可穿花色上衣弥补。

第8章

优雅社交的范儿，俘获人心的利器
——社交礼仪中的心理密码

礼仪在社交中在着举足轻重的作用，一个举止粗俗、不懂礼貌的人，无疑在社交中是会得不到人们尊重和欢迎的。礼仪是社交的润滑剂，是俘获人心的利器。学习必要的礼仪规范，掌握一定的礼节规则，修炼文雅的言行，养成恭敬的态度，是现代社交人士成功的必修功课。

社交礼仪的基本职能

一、塑造形象

塑造形象是现代社交礼仪的第一职能，其中包括塑造个人形象和组织形象两个方面。

二、沟通信息

沟通信息是现代社交礼仪的第二职能。它包括三种类型：一是，言语礼仪；二是，饰物礼仪；三是，行为表情礼仪。其中，一个信息的传递＝7％词语＋38％语音＋55％表情。

三、联络感情

联络感情是现代社交礼仪的第三职能，其中最重要的情感特征是真诚。以真诚的心换取他人之心；以真诚的行为款待他人；以真诚的语言取悦他人。在社交场合，尤其需要付出一颗真诚的心，方能收获温暖。

四、增进友谊

增进友谊是现代社交礼仪的第四职能。

社交礼仪的类型

一、按涉及范围分

社交礼仪分为国内礼仪和涉外礼仪两大种，着重于礼仪服务的对象的内外区别。前者指本国范围内通行的一些礼仪规范；后者指参与外事活动应遵循的礼仪规范。

二、按主体应酬的工作对象分

社交礼仪可分为内务礼仪、公务礼仪、商务礼仪、个人社交礼仪。

（1）内务礼仪。在家庭中，亲朋好友之间应酬交往时应遵循的礼仪规范，包括家人间的问候、祝贺、庆贺、赠礼、宴请等。

（2）公务礼仪。在公务活动中，应遵循的礼仪规范，包括公务行文的礼仪、公务迎来送往的礼仪、公务会谈的礼仪、公务宴请招待的礼仪等。

（3）商务礼仪。在商务部门工作应酬中应遵循的礼仪规范，如商务接待、商务谈判、商务庆典等礼仪。

（4）个人社交礼仪。个人参加社交活动时应遵循的礼仪规范，包括一些基本的礼节，如握手、介绍、交谈、馈赠等。

社交礼仪的表现形式

一、语言类

语言类礼仪可分为语音类、口头类和书面类三种礼仪形式。

（1）语音类，是通过不同的语音来表示礼仪的意思，即通过声音的高低、音色、语速、声调等来暗示不同的意义。首先，声音表达要让人感到真切、朴实、自然；其次，音量要控制得当，需轻柔时勿高昂，需低沉时勿喧哗；最后，音调要注意抑扬顿挫、和谐有致。

（2）口头类，是通过口头语言的方式表达的各种礼仪，即以谈话的方式表示礼节。其表达要注意时间原则、地点原则和对象原则。

（3）书面类，是通过书面语的方式表达的礼仪，用于非面对面人际交往时所运用的。其通过感谢信、贺电、函电、唁电、请柬、祝辞等书信形式来传情达意，有两大特点：一是，礼节性；二是，规范性。

二、身体语言类

身体语言分为表情语言和动作语言。

（1）表情语言类，是通过人的脸部各种各样的表情来传递礼仪。人的脸部是人世间最丰富多彩的一道风景线，包括眼、眉、嘴、鼻、颜面肌肉的各种变化以及整个头部的姿势等。例如，人的眼睛是人的表情语言中语汇最丰富的，"眼语"像灵魂的一面镜子，通过眼睛可以观察到对方是否喜欢你、支持你。比如，深沉的注视表示崇敬，横眉冷眼指仇敌，眉来眼去指情人暗送秋波。

（2）动作语言类，是通过人的各种身体的动作传达礼仪。人的身体动作非常多，有手语、肩语、腿语、腰语、足语等。其中，手语是语义中最丰富的动作语言。例如，竖起拇指向上表示赞扬、了不起；伸出小拇指表示鄙视；向上同时伸出中指和食指组成英文字母"V"，表示胜利；用拇指和食指圈成"O"形其他三指向上伸出表示"OK""好"的意思。

三、饰物语言类

饰物语言类礼仪指通过服饰、物品等语言符号表达一定的思想和情感意义的礼仪行为。一种是由服装、饰物、化妆美容等代表的礼仪，一种是通过各种物品代表的礼仪。

饰物类语言有其特殊的意义。首先，服饰和物品昭示着社会风尚；其次，服饰和物品是一种情感的象征；再次，服饰和物品是一种美的演绎。

四、酒宴类

酒宴类礼仪指通过设宴吃饭表示对客人的尊重和欢迎的一种礼节。古今中外，以酒宴款待亲朋好友已成为惯例。一则，通过美味佳肴表达对朋友亲人的深情厚谊；二则，通过宴席上种种礼仪行为表示对客人的尊敬礼貌，以求此后发展互相友好的关系。

社交礼仪的基本原则

礼仪名目众多，细则纷繁，讲究商务礼仪尤其还应掌握必要的世界各国的礼仪习俗，呈现出五彩缤纷的特点。那么如何才能有效掌握？在从事各种商业活动、具体遵行商务礼仪时，应遵循以下基本原则，其中包括言行文雅，态度恭敬，尊重他人，平等待人，表里一致。

一、"尊敬"原则

有人曾把商务礼仪的基本原则概括为"充分地考虑别人的兴趣和感情"。尊敬是礼仪的情感基础。在我们的社会中，人与人是平等的，尊重长辈，关心客户，这不但不是自我卑下的行为，反而是一种至高无上的礼仪，说明一个人具有良好的个人素质。"敬人者恒敬之，爱人者恒爱之。""人敬我一尺，我敬人一丈。""礼"的良性循环就是借助这样的机制而得以生生不息。当然，礼待他人也是一种自重，不应以伪善取悦于人，更不可以富贵骄人。尊敬人还要做到入乡随俗，尊重他人的喜好与禁忌。总之，对人尊敬和友善，这是处理人际关系的一项重要原则。

二、"真诚"原则

商务人员的礼仪主要是为了树立良好的个人和组织形象。因此，礼仪对于商务活动的目的来说，不仅仅在于其形式和手段上的意义。同时，商务活动并非从事短期行为，而是越来越注重其长远效益，只有恪守真诚原则，着眼于将来，通过长期潜移默化的影响，才能获得最终的利益。也就是说，商务人员要爱惜其形象与声誉，应不仅仅追求礼仪外在形式的完美，更应将其视为情感的真诚流露与表现。

三、"谦和"原则

"谦"就是谦虚，"和"就是和善、随和。谦和既是一种美德，更是社交成功的重要条件。《荀子·劝学》中曾说道："礼恭而后可与言道之方，辞顺而后可与言道之理，色从而后可与言道之致。"即是说只有举止、言谈、态度都是谦恭有礼时，才能从别人那里得到教诲。

谦和，在社交场上表现为平易近人、热情大方、善于与人相处、乐于听取他人的意见，显示出虚怀若谷的胸襟，因而对周围的人具有很强的吸引力，有着较强的调整人际关系的能力。

当然，我们此处强调的谦和并不是指过分的谦虚、无原则的妥协和退让，更不是妄自菲薄。应当认识到过分的谦虚其实是社交的障碍，尤其是在和西方人的商务交往中，不自信的表现会让对方怀疑你的能力。

四、"宽容"原则

宽即宽待，容即相容。宽容，就是心胸坦荡、豁达大度，能设身处地地为他人着想，谅解他人的过失，不计较个人得失，有很强的容纳意识和自控能力。中国传统文化历来重视并提倡宽容的道德原则，并把宽以待人视为一种为人处世的基本美德。从事商务活动，也要求宽以待人，在人际纷争问题上保持豁达大度的品格或态度。在商务活动中，出于各自的立场和利益，难免出现冲突和误解。遵循宽容原则，凡事想开一点，眼光看远一点，善解人意、

体谅他人，才能正确对待和处理好各种关系与纷争，争取到更长远的利益。

五、"适度"原则

人际交往中要注意各种不同情况下的社交距离，也就是要善于把握住沟通时的感情尺度。古话说："君子之交淡如水，小人之交甘如醴。"此话不无道理。在人际交往中，沟通和理解是建立良好人际关系的重要条件，但如果不善于把握沟通时的感情尺度，即人际交往缺乏适度的距离，结果会适得其反。例如，在一般交往中，既要彬彬有礼，又不能低三下四；既要热情大方，又不能轻浮诡谲。所谓适度，就是要注意感情适度、谈吐适度、举止适度。只有这样才能真正赢得对方的尊重，达到沟通的目的。

总之，掌握并遵行礼仪原则，做待人诚恳、彬彬有礼之人，在人际交往和商务活动中，就会受到别人的尊敬。

接待客人的礼节

不同的民族和不同的国家都有不同的待客之道。接待客人也是一门艺术。它要求讲究礼节，考虑周全，面面俱到。

如果客人是约好要来的，主人应事先有所准备，包括打扫室内卫生，准备好烟酒茶饭，并注意换上正装，修饰仪表。女主人更应精心打扮，家人也要给予合作。主人要提前与家人商议，如不要让年幼的孩子去纠缠客人，成年的家人之间，言行要检点，也不要当着客人的面拌嘴，以免产生误解。

对待客人不宜过于客套，否则客人会觉得不舒服，贯穿于待客的整个过程之中的是尊敬与体贴。远道而来的客人，夫妇应共同前去迎接，并将家人一一给予介绍。

如果客人是不期而至，无论多忙，也要表示热情欢迎和接待，微笑着握手问候。若家人尚需整理室内卫生，应请客人在门外小候，但不要冷落了客人。

若客人没打招呼直接进入室内，应立即起立表示欢迎，示意客人就座，不要先责怪对方无礼。

与客人谈话态度要诚恳，不要显出厌倦或不耐烦的样子，不要让客人感到尴尬，觉得自己不受欢迎。如果客人到达时还有其他客人，且双方互不相识，主人要主动代为介绍。

如果家中的客人不是自己的客人，有礼貌地见过面、打招呼或是问好之后，即可告退，没有必要陪同始终。

客人在座谈话时不要频频看表，更不要有暗示或催促客人离开的动作，如果有急事可道歉后先行告退，让家人照顾客人。

当客人告辞时，应一一与之握手告别，将客人送至门外，并道"欢迎再来"。对第一次来的客人，还要主动介绍或安排对方回去的交通工具和交通路线。

拜访朋友与做客的礼节

在拜访朋友的时候，时间和地点上要客随主便。有的人不喜欢在办公期间接待私人朋友，有的人不愿在家待客。

拜访朋友应事先约定，并准时到达。在凌晨、深夜等朋友休息的时候，或者用餐时间，不宜做突然拜访；不要随便去人家里看看，以免打乱人家的安排，而且这也是很不礼貌的。

做客之前要穿戴整齐，个人形象要整洁大方。在到达主人家后，要先征得主人的同意方可进入，绝对禁止直接推门而入。这样的举动太过鲁莽，可以在进门之前敲门或按门铃，但是敲门的声音不要太大，不要像砸门一样。按门铃不要过于频繁，也不要时间太长。主人开门之后，要确认主人是否同意自己入室拜访，如果未邀入室，不要主动地擅自进入室内；主人如果没请客人就座，则表明不打算留客，客人应该及时地领会，退到门外，长话短说，进行简短交谈后离去。

在普通朋友家，客人不要乱动主人的私人物品和摆设，也不能很随便地乱脱、乱扔衣服，像在自己家里一样，不要以自己的好恶和眼光评论主人家中的装饰和陈设。

在拜访时可以带给主人一些小礼物，也可以给主人家里的老人或孩子买

一点小礼物，不宜过于贵重，只是表示心意。交出礼物态度要大大方方。在主人的家人面前送礼物，不要私下偷送给某一位，特别是当客人是男士时，更要在主人夫妇的面前递上礼物，不能只将礼物塞给女主人，这样是很不礼貌的事。

不要带很小的孩子去做客，这样很不方便，容易弄脏和弄乱主人的家。做客时要大大方方，诚恳自然，要讲究卫生，不要把别人的屋里弄得烟雾腾腾，也不要在主人卧室里乱躺。

不要影响主人的休息，所以若无要事不要逗留太久，不要在主人家里过夜，辞行时要感谢主人的接待。

去拜访异性朋友要在白天，并且有人同往，已婚者可携伴侣同去，以免别人的误会。

使用朋友家的卫生间，也是对你的文明程度的考验。请在要用卫生间时对主人说："请问，卫生间在哪儿？"根据主人的指引和某些事宜的交代之后再使用，千万不要随便使用主人的卫生间。记得冲水、擦坐垫，洗手时勿让水溅出盆外。如果不是特殊情况，最好不在朋友的卫生间大便。这也是礼仪之一。

若主人想留你吃饭，应考虑是否有必要，不可以就婉言谢绝。当和主人一起进餐时，应注意不要拘束，也不应狼吞虎咽，旁若无人。若主人送出大门要及时请他们留步。切忌在门口废话太多，拉拉扯扯，使主人在门外站立过久。告别主人时，应对主人的款待表示感谢，如有长辈在家，应向长辈告别。

馈赠与送礼的礼仪

◎馈赠礼品的时机

礼品是沟通人际关系的润滑剂，无论好友，还是商务伙伴，相互馈赠礼品都能增进彼此的感情。因此，了解礼品馈赠礼仪的知识，能让你在处理生活与工作中的人际关系时如虎添翼。

馈赠礼品有多种多样，选择恰当的时机，可以使馈赠礼品显得亲切自然。具体说，主要有以下几种馈赠礼品的时机。

（1）节假良辰。遇到我国传统节日，如春节、端午节、中秋节等，还有法定节日，如元旦、五一国际劳动节、六一儿童节、教师节、国庆节等都可以送些适当的礼物表示祝贺。

（2）喜庆嫁娶。如乔迁新居、过生日、生小孩、庆祝寿诞、结婚等。遇到亲友家中这些喜庆日子，一般应考虑备礼相赠，以示庆贺。社会上工作单位也有一些喜庆日子，如开业典礼、周年纪念、校庆、重大科技成果投产等，向有关人士备礼相送表示祝贺与纪念，可以增进感情。

（3）探视病人。亲友、同学、同事或领导有病，可以到医院或病人家中探望，顺便带去一些病人喜欢的水果、食品和营养品等，以表关心。

（4）亲友远行。自己的亲友或共事多年的同事要调离到其他岗位，甚至到异国他乡，为表示惜别之情，一般送些礼物，以表友谊地久天长。

（5）拜访、做客。这种时候可以备些礼物送给主人，特别是女主人或小孩。

（6）"感谢帮助""礼尚往来""略表寸心"。当你的生活或工作遇到困难得到别人的帮助时，为了表示感激之情，经常送些礼品酬谢。

◎平辈之间赠送礼品

平辈之间相互赠礼，在日常生活中极为频繁，而形式又可多种多样。

同辈亲朋好友间送礼物，应以实用为第一原则。这样既可以减少不必要的浪费，又达到彼此间感情交流的目的。最好是选择一些对方比较需要或者心爱已久的礼物，即使不知道如何选择，也可直接向对方询问。

夫妻间的赠礼，重在心意和感情，而不是由其价格决定的，最好能让对方得到意外的惊喜。有一个这样的著名故事：一对夫妻为了庆祝他们的结婚纪念，彼此都想给对方送一件心爱的礼物。结果丈夫把心爱的表卖掉，给妻子买了一套精美的梳子；而妻子则把自己的一头秀发剪掉，换回一条表链。虽说故事有点悲哀，却可以看出他们彼此真挚的感情。如果丈夫过生日，可送上一条领带或真皮腰带，选择真皮钱包、钥匙包等小礼物即可。这些礼物

使用时间长而且一般随身携带，能给男士温馨依恋的感受。给妻子选购礼物，不妨选择一条丝巾，一个漂亮的头饰、胸针或工艺装饰品，使追求浪漫、温馨爱情的女士感到幸福。

随着人们生活水平的不断提高，对高格调的生活品位不断追求，送鲜花渐渐成为一种时尚。尤其是在一些特别场合，送鲜花不失为最理想的礼物。比如，2月14日给心爱的人送上一支红玫瑰，作为情人节的礼物；老同学结婚时，送上一束并蒂莲，以示祝福夫妻恩爱，永结同心等。用不同的花表示不同的语言，花语即人语，亦能表现出真挚的感情。

◎不同辈分之间赠送礼品

给长辈送礼还要注意针对性和实用性。例如，如果长辈不嗜烟酒，或患有高血压、动脉硬化则不宜送烟酒、蛋糕，而送一套精致的茶具很有意义。注意，给年迈的长辈送礼品，一般不选择钟、表。因为一些老人有迷信观念，认为钟表有"终"的谐音，不吉利，从而容易产生误解，反倒会起到负面的效果。如果要为父亲选购一件礼物，最好挑选一些他随时派得上用场的物品，如一副外形精美的老花镜，或者一对健身球，一个精美的钱包，一把舒服的按摩梳子。如果你要为母亲选购一件礼物，更要照顾实用，如果过于奢华，即便不是她花钱，对习惯于勤俭持家的母亲而言，也会使她心疼的。如可以选一个袖珍耳塞半导体，或是在母亲生日到来之际，选择一件质地柔软、保暖的羊毛衫。

给孩子赠送礼物要注意教与乐结合。虽然随着生活水平的提高，以及现在多为独生子女，即使生活条件允许，也不应该对孩子听之任之，随其所好，买一些没有任何意义的玩具。在平日给孩子送礼物时，就要慎重考虑，引导孩子向正确方向发展。例如，可给学龄前的幼儿买些像积木、拼板、游戏棋一类的智力玩具；可给将要念书的孩子送个书包，或者送些铅笔等文具用品；可给已上学的孩子，根据其年级的高低和实际需要，买些文具或工具书等。还可针对孩子的兴趣爱好，买些能促进他们发展特长的礼物。如，给喜爱运动的孩子买些体育用品，给爱绘画的孩子买些画笔、画纸等。

◎如何给客户送礼品

一、礼品的类型

（1）实用型。例如，笔、本子、领带、钱包、香水、打火机、各类球拍等最常用。要了解客户爱好、性格，投其所好，客户就比较容易接受，便可慢慢建立良好关系。

（2）摆设型。例如，台历、招财猫（类似的有牛、羊等吉祥物）、水晶摆设等，多用于初始接触阶段，给客户有好的感觉，但因为礼物没有太多实用及经济价值，不会给客户留下太深印象。

（3）代币型。例如，手机充值卡、各类超市代金券等礼物好处不用多说，送者方便，拿着实惠。

（4）奢侈型。例如，手表、高级礼品。切记一定要摸清楚客户的"爱好"，才能投其所好。

二、客户对待礼品的心态分析

（1）好面子型。此类客户感觉有人送他东西，在家人、朋友面前特有面子。对这种人送的东西要能够拿得出手的。

（2）图实惠型。此类客户就是"茶壶里煮饺子——心里有数"就行了，还是来点实惠的吧。

（3）借鸡生蛋型。此类客户比较难缠，常常会借机向你提出一些额外的要求。例如，向你暗示他家正需要一台大彩电等。这时，你可以假装没有听懂他的暗示，也可以以公司有预算而婉言拒绝，还可以借机和他谈条件，"送彩电之后能否把订单加倍呢？"不过，此类客户通常都只是想多捞点便宜，要求不会太大。

（4）狮子开口型。这类人一般是某个订单的关键人物，如果他能开口，则表明单子的成功率数较高，一般情况下应予以满足。但如果费用过于巨大，则应告诉对方这样做有商业贿赂之嫌，超出了商务礼品的范围，我方公司无法处理。

三、送礼品的方式方法

（1）直接带去客户公司送给本人。

（2）交给秘书或前台代转（当然要注意包装，不能走光）。

（3）快递（同样注意包装问题）。

（4）约客户出来坐坐，同时送上。

（5）交与客户关系亲密且放心的第三者代送。

这几种方式根据礼品价值大小、人物级别、事情关键程度综合考虑，搭配使用，没有很标准的做法。总之，原则是客户收着方便（换位思考很重要）。还要记着，不是自己当面送的话，事后一定要打个电话明示或暗示此事情。

◎ 商务送礼的四个规矩

商务送礼既然是一门艺术，自有其约定俗成的规矩。送给谁、送什么、怎么送都很有奥妙，绝不能瞎送、胡送、滥送。根据古今中外一些成功的送礼经验和失败的教训，起码我们应该注意下述原则。

一、礼物轻重得当

一般来讲，礼物太轻，意义不大，很容易让人误解为瞧不起他，尤其是对关系不算亲密的人，更是如此。如果礼太轻而想求别人办的事难度较大，成功的可能几乎为零。但是，礼物太贵重，又会使接受礼物的人有受贿之嫌，特别是对上级、同事更应注意。除了某些爱占便宜又胆子特大的人之外，一般人就很可能婉言谢绝，或即使收下，也会付钱，要不就日后必定设法还礼。这样岂不是强迫人家消费吗？如果对方拒收，你钱已花出，留着无用，便会生出许多烦恼，就像平常人们常说的"花钱找罪受"。何苦呢？因此，礼物的轻重选择以对方能够愉快接受为尺度，争取做到少花钱多办事，多花钱办好事。

二、送礼间隔适宜

送礼的时间间隔也很有讲究，过频、过繁或间隔过长都不合适。送礼者可能手头宽裕，或求助心切，便时常大包小包地送上门去。有人以为这样大方，一定可以博得别人的好感。细想起来，其实不然。因为你以这样的频率送礼目的性太强。另外，礼尚往来，人家还必须还情于你。一般来说，以选择重要节日、喜庆、寿诞送礼为宜，送礼的不显得突兀虚套，受礼的收着也心安理得，两全其美。

三、了解风俗禁忌

送礼前应了解受礼人的身份、爱好、民族习惯，免得送礼送出麻烦来。有个人去医院看望病人，带去一袋苹果以示慰问，哪知引出了麻烦。因为正巧那位病人是上海人。上海人叫"苹果"跟"病故"两字发音相同。送去苹果岂不是咒人家病故，由于送礼人不了解情况，弄得不欢而散。鉴于此，送礼时，一定要考虑周全，以免节外生枝。例如，不要送钟，因为"钟"与"终"谐音，让人觉得不吉利；对文化素养高的知识分子若送去一幅蹩脚的书画就很没趣。

四、礼品要有意义

礼物是感情的载体。任何礼物都表示送礼人的特有心意，或酬谢或求人，或联络感情等。所以，你选择的礼品必须与你的心意相符，并使受礼者觉得你的礼物非同寻常，倍感珍贵。实际上，最好的礼品应该是根据对方兴趣爱好选择的，富有意义、耐人寻味、品质不凡却不显山露水的礼品。因此，选择礼物时要考虑它的思想性、艺术性、趣味性、纪念性等多方面的因素，力求别出心裁，不落俗套。

◎给上司送礼之十戒

给上司送礼更重要的是要保证你所送的礼物不犯忌，下列十个类型的礼物要尽量避免。

（1）带有性暗示的礼物，如内衣、床上用品等。

（2）宗教性的礼物，如十字架、圣经等。

（3）贵重的礼物，如珠宝、手表等。

（4）过于廉价的礼物，如任何带有公司标识的物品、礼品笔等。

（5）"循环"礼物（你不喜欢，你的上司也一样）。

（6）酒（尤其是你还不能确定你的上司是否有饮酒习惯时）。

（7）食物篮（你的上司会将它们分发给员工）。

（8）没有用的礼物，如咖啡、保暖器、烟灰缸等。

（9）蛋糕。

（10）含有政治性的礼物。

具有中国特色的景泰蓝小马和中国结，一定受外商的青睐。

公司的纪念印章，对于项目合作方来说，是一份很好的纪念物。

从韩国旅游带回来的银餐具，送给老板恰到好处。不过如果连老板的家里人也准备上，就再好不过了。

脸谱、书签会让酷爱京剧和读书的客户爱不释手。

◎ 送礼的具体注意事项

在经济日益发达的今天，人与人之间的距离逐渐缩短，接触面越来越广，一些迎来送往及喜庆宴贺的活动越来越多，彼此送礼的机会也随之增加。但如何挑选适宜的礼品，对每一个人都是费解的问题。懂得送礼技巧，不仅能达到大方得体的效果，还可增进彼此感情。

（1）选择的礼物，首先你自己要喜欢。自己都不喜欢，别人怎么会喜欢呢？

（2）为避免几年选同样的礼物给同一个人的尴尬情况发生，最好每年送礼时做一下记录为好。

（3）千万不要把以前接收的礼物转送出去或丢掉它。不要以为人家不知道，送礼物给你的人会留意你有没有用他所送的物品。

（4）切勿直接去问对方喜欢什么礼物。一方面，可能会因他的要求导致你超出预算；另一方面，你即使照着他的意思做，也可能会出现偏差而不尽如人意。

（5）切忌送一些将会刺激别人感受的东西。

（6）不要打算以你的礼物来改变别人的品位和习惯。

（7）必须考虑接受礼物人的职位、年龄、性别等。

（8）即使你比较富裕，送礼物给一般朋友也不宜太过，而送一些有纪念的礼物较好。如你送给朋友儿子的礼物贵过他父母送他的礼物，这自然会引起他父母的不快，同时也会令两份礼物失去意义。接受一份你知道你的朋友难以负担的精美礼品，内心会很过意不去，因此，送礼最好在自己能力负担范围内，且较为人乐于接受为好。

（9）谨记除去价钱、品牌及商店的袋装，无论礼物本身是如何不名贵，最好用包装纸包装，有时细微的地方更能显出送礼人的心意。

（10）考虑接受者在日常生活中能否应用你送的礼物。

◎ 回礼的礼节

接受他人的馈赠，在适当的时机和场合应当有回礼。可以在客人临走时回赠，也可以在接受礼物之后隔一段时间登门回拜，顺便带给对方一些礼物表示感谢，还可以寻找机会回赠，如在亲友喜庆的日子送上适宜的礼物，以表示你的谢意。

回礼的方式多种多样，礼品可以和馈赠礼品的价值相仿，但也可多可少，视亲密程度而定。一般工作上来往或初次往来还没有深交，回礼都应当和馈赠礼品价值相仿或更重一些。

关系密切的亲朋好友的回礼则可以随便些，多一点少一点都不要紧，主要在表达情意。

参加舞会的礼节

舞会，是人们增进交往和友谊的一种社交活动。参加舞会，可以锻炼身体，陶冶情趣，结识朋友，扩大交际，沟通信息，是社交活动中一种集娱乐与交往为一体的方式。舞场，是高雅文明的场所。因此，参加舞会者必须讲究礼节。

◎ 舞会组织者的准备

举办舞会的时间最好在晚上7点以后至11点以前，一般以不超过3小时为宜，否则将影响休息和工作。舞场的选择应当视舞会的规模和人数来确定。

邀请的男女客人数量应大体相等。

被邀请的对象一经确定，就应发出请帖。请帖一般应提前一个星期发出，以便于客人及早作出安排或回复。

舞会的音乐伴奏十分重要。节奏明快、旋律优美的音乐，会使人心旷神怡，怡然自得。

因此舞会最好请一个乐队伴奏。如果条件有限，也可以用音响代替。音响效果的好坏对舞会的成功与否有着直接的影响。如果使用音响，最好选一些文明高雅适合跳不同舞步的舞曲。舞会进行到一定时候，还可以请朋友中会唱歌的伴唱，激发大家的兴趣。

舞会场所除了应有一个足够被邀请者跳舞的舞池以外，还应有衣帽间、饮料室和停车场。舞场应宽敞明亮，适当加以装饰，灯光要柔和。

◎ 参加舞会者的准备

一、容貌

参加舞会，容貌必须整洁干净，头发要梳理得整整齐齐，口腔、手等部位都应清洁，最好事前刷一次牙，洗一次澡，避免身上有汗味，有胡子的男性要修修胡子。参加舞会不要吃带有强烈刺激气味的食品，否则，会满口蒜、葱的气味。这是对对方不尊重的表现。

二、服装

参加舞会，衣着穿戴要整齐、美观、大方、清洁。参加舞会的服饰要尽可能和环境融成一体。过于灰暗的服饰，与舞会的气氛不大协调，应以红、橙、黄等暖色为主调，辅以浅蓝、淡绿等色彩。女士服装既要美观醒目，又要结合自身条件，显得和谐自然和落落大方，以漂亮、鲜艳、飘逸、轻便为宜。男士的最佳舞会服装当推西装。笔挺的衣料，再配上合适的领结、黑亮的皮鞋，给人一种充满活力的印象。

◎ 舞会着装要求

如果是亲朋好友在家里举办的小型生日party等活动，要选择与舞会的氛围协调一致的服装，女士最好穿便于舞动的裙装或穿旗袍，搭配色彩协调的高跟皮鞋。男士，一定要头发干净，衣着整洁。一般的舞会可以穿深色西装，如果是夏季，可以穿淡色的衬衣，打领带，最好穿长袖衬衣。

如果应邀参加的是大型正规的舞会，或者有外宾参加，这时的请柬会注明：请着礼服。接到这样的请柬一定要提早做准备。女士的礼服在正式场合要穿晚礼服。晚礼服源自法国，法语是"袒胸露背"的意思。有条件经常参加盛大晚会的女士应该准备晚礼服，偶尔用一次的可以向婚纱店租借。近年也有穿旗袍改良的晚礼服，既有中国的民族特色，又端庄典雅，适合中国女性的气质。

小手袋是晚礼服的必须配饰。手袋的装饰作用非常重要，缎子或丝绸做的小手袋必不可少。

穿着晚礼服一定要佩戴首饰。露肤的晚礼服一定要佩戴成套的首饰，如项链、耳环和手镯。晚礼服是盛装，因此最好要佩戴贵重的珠宝首饰。在灯光的照耀下，首饰的闪光会为你增添光彩。

男士的礼服一般是黑色的燕尾服，黑色的漆皮鞋。正式的场合也需戴白色的手套。男士的头发一定要清洁，因为跳舞时两人的距离较近，保持口腔卫生，最好用口腔清新剂。

◎ 邀舞

交谊舞广泛流行于世界各国。它既体现着人们的活力、青春和朝气，又是一种很好的社交方式。参加交谊舞会，在向别人邀舞时，必须注意以下礼节。

在舞会上，一般都是男士邀请女士跳舞。在关系很好、很熟的情况下，也可以女士邀请男士。

男士如有意邀请一位素不相识的女士跳舞时，必须先认真观察她是否已有男友伴舞。如有，一般不宜前去邀请，以免发生误会。

邀请时，男士应步履庄重地走到女士面前，弯腰鞠躬，同时轻声微笑说："想请你跳个舞，可以吗？"弯腰以15度左右为宜，不能过分，过分了，反而会有不雅之嫌。

在正常的情况下，两个女性可以同舞，这意味着她们在现场没有舞伴。但两个男性却不能同舞，因为这样意味着他们不愿意向在场的女士邀舞。这是对女性的不尊重。所以，只有当两位女士已在跳舞池内起舞时，两位男士才可采取同舞的方式，追随到她们身边，然后共同向她们邀舞，再分别组成新的两对舞伴。

如果是女士邀请男士，男士一般不得拒绝。音乐结束时，男士应将女士送到其原来的座位，待其落座后，说一声："谢谢，再会。"然后离去。切忌在跳完舞后，不予理睬。

在邀请别人跳舞时，邀请者的表情应自然、谦恭、有修养，不要紧张做作，更不能举止粗俗。如果叼着香烟去请人跳舞，会被女士拒绝，也会影响舞会的良好气氛。

男士邀请女士跳舞，如果女士不想跳，不能勉强。不论男士或女士，一个人单独坐在远离人群的地方，别人就不要去打扰。如果坐在一群人中间，则可以走过去邀请对方跳舞。

邀请舞伴，要观察一下对方的情况，不要几个人同时抢邀一个舞伴，更不能为邀舞伴而发生争吵，在舞会上争夺舞伴是十分不礼貌的。

男士如果邀请女舞伴同赴舞会，不应让舞伴独坐，而自己邀请别人起舞。男士要记住，在第一支舞曲和最后一支舞曲时应邀自己的女伴同舞。

在朋友相聚的舞会上，男士应避免全场只同一个女子跳舞。男士如果仅仅和妻子跳舞也是不礼貌的。如果有人把一位女士介绍给一位男士，这位男士就必须请她跳一次舞。

在家庭舞会中，第一场舞应由主人夫妇、主宾夫妇共舞，如果夫人不跳，也可由已成年的女儿代之。第二场舞应由男主人与主宾夫人，女主人与男主宾共舞。舞会上，男主人应陪无舞伴的女宾跳舞或为她们介绍舞伴，并要照顾其他的客人。男宾应轮流邀请其他女宾，而其他男宾则应争取首先邀女主人共舞，其次是女贵宾，再次是女主人家庭的女亲。

◎拒绝邀舞

参加舞会，邀请者固然应当彬彬有礼，但受邀者也应当落落大方。彼此都应表现出良好的思想修养和高雅的文化素质。如果决定拒绝别人的邀请时，则要注意礼貌待人。

一般情况下，女方最好不拒绝别人的邀舞。如果决定谢绝，则应说："对不起，我想休息一下。"或者说："真对不起，我不会跳舞。"以此求得对方的谅解。

如果女士已经答应和别人跳这一场舞了，则应向前来邀请者表示歉意："对不起，已经有人邀我了，等下一曲吧。"

已经婉言谢绝别人的邀请后，在一曲未终了时，女士不应同别的男士共舞，否则会被认为是对前一位邀请者的蔑视，是很不礼貌的表现。

如果同时有两位男士邀请一位女士跳舞，女士最好是礼貌地谢绝。如果已接受其中一位的邀请，对另一位则应表示歉意，礼貌地说："对不起，请等下一曲吧。"

当女士已经拒绝一次男士的邀请后，如果这位男士再次前来邀请，在确定无特殊的情况下，不应再次拒绝，女方应愉快接受邀请。

如果自带舞伴，两个人多跳几场当然可以，但如果别人来请，不能一概拒绝，更不能说一些不礼貌的话。

如果夫妇两人同去参加舞会，跳过一曲后，有人前来邀请夫人，先生应按礼节促请夫人接受，决不能代夫人回绝对方。这也是有失礼节的表现。

◎ 舞姿风度

跳舞的风度，主要是指人在跳舞时的姿态和表情。姿态是人的外在动作，表情则是其内在的感情。在舞会上，怎样做才算是有风度呢？

舞姿要端正、大方和活泼，整个身体应始终保持平、正、直、稳，保持好重心，身体不要摇晃。跳舞时，男女双方都应面带微笑，说话要和气，声音要轻细，不要旁若无人地大声谈笑。

神情、姿态要轻盈自若，给人以欢乐感。表情应谦和悦目，动作要协调舒展。男士不要强拉硬拽，女士不挂、扑、靠、扭。

跳舞时，男方的右手应手心向下向外，用大拇指的背面轻轻将女方挽

住，而不应用右手手掌心紧贴女方腰部，左手使左臂以弧形向上与肩部成水平线举起，掌心向上，拇指平腰，只将女伴的右掌轻轻托住。女方的左手应轻轻地放在男士的右肩上，右手轻轻地搭在男士的左手上。跳舞行进中，双方握得或搂得过紧，都是有失风度的。

跳舞时，双方的身体应保持一定的距离。跳四步舞时，舞步可稍大些，表现出庄重、典雅和明快的姿态；跳三步舞时，双方应保持一定的距离，让身躯略微昂起向后，使旋转时重心适当，表现出热情、舒展、轻快和流畅的情绪与节奏；跳探戈舞时，随着乐曲中切分音所含节拍的弹性跳跃，男女双方的舞姿与步法变化较多，舞步可稍大些；跳伦巴舞时，男女双方可随着音乐节奏轻轻扭动腿部及脚踝，臀部不应大幅度地摆动。

◎ 如何避免舞会尴尬

跳舞是一项精彩的娱乐活动，当你和舞伴配合默契随着音乐翩翩起舞时，你会感受到一种因和谐而产生的愉悦。当你以娴熟的舞步、优雅的举止赢得一批新朋友时，跳舞又成了一项有益的社交活动。舞蹈礼仪就如我们日常生活礼仪一样，让所有行为规范系统化，建立令人愉快的气氛，快乐的享受跳舞的乐趣，避免在舞蹈中不经意造成伤害，或侵犯到别人。社交舞中最优先考虑的基本原则是安全及其他舞伴者的方便，以下几个规则可以帮助我们避免在舞会中发生尴尬。

参加舞会时，所有的男士、女士都必须穿着整洁得体。灯芯绒或格子呢的、肘部打补丁的休闲西装不宜出现在十分正规的舞会上。即使是夏天，男士也得穿长裤去参加舞会，穿西装短裤、沙滩裤去跳舞是不礼貌的。

不管舞会是否正式，都应穿舞鞋，别穿运动鞋或任何胶底鞋，因为它们会黏在地板上，当你做旋转动作时会导致膝盖受伤。

如果参加"迪斯科专场"舞会，装扮就不必受以上约束。T恤、牛仔裤、超短裙、运动鞋都可以穿。人们只求在扭摆中宣泄得酣畅淋漓，领带、高跟鞋反倒成了累赘。

避免穿无袖或吊带的衣服，尤其在较活跃的舞中，因为触摸到舞伴湿漉漉的肌肤并不是件愉悦的事。

女士的配件如大耳环、手表、胸针、长项链、大皮带头，在舞池中都是危险物品。它们都可能勾到舞伴的衣服或刮伤、碰肿对方。这都是麻烦的事。

袖口低于腋窝的衣着并不适宜，尤其拉丁舞中男士常扶着女士的背部，一不小心就会抓到宽松的衣袖。

女士长发应往上盘好，或梳理服帖，否则在转圈时头发甩到男士的脸可不好。

一般由男士带领女士跳舞，女士应密切配合。无论舞步娴熟与否，男士应带领舞伴与舞场中其他人的舞蹈方向保持一致，一般按逆时针方向绕行，而不要在舞场中横冲直撞。跳舞时不小心踩了对方的脚，应马上说"对不起"。

男士不要因为紧张而把舞伴搂得太近，或把舞伴的手握得太牢。这样容易引起误会。女士也要放轻松，不要把全身的分量都压在舞伴身上。如果女士发现舞伴故意搂紧自己，或某支舞曲放个没完没了，使自己很不耐烦，女士可以不失礼貌地说："我累了，想回座位上去。"

商务宴会餐饮礼仪

◎商务宴请的类型

宴请是国际公务交往中最常见的交际活动形式之一。各国宴请都有自己国家或民族的特点与习惯。国际上常用的宴请形式有宴会、招待会、茶话会、工作进餐等。

一、宴会

宴会是较为隆重的正餐，可分别在早晨、中午、晚上举行，以晚宴最为隆重。

二、国宴

国宴是国家元首或政府首脑为国家的庆典或为欢迎外国元首、政府首脑来访而举行的规格最高的宴会。宴会厅悬挂国旗，安排乐队奏国歌及席间乐。席间有致辞、祝酒。

三、正式宴会

正式宴会安排与国宴大致相同，但不挂国旗、不奏国歌，宴席的规格也不同。宾主均按餐桌上写有姓名的席卡入座。正式宴会讲究排场。它对来宾、服务员的服饰、仪容、仪表、仪态，以及餐具、酒水和菜肴的道数，均有一定的要求。

四、便宴

便宴即非正式宴会。这种宴会形式简单，可不排席位，不安排正式讲话，菜肴道数可酌减。西方人的午餐有时不上汤，不上烈性酒。便宴较随便、亲切，宜用于日常友好交往。

五、家宴

家宴即在家中设便宴招待客人。西方人喜欢采用这种形式，以示亲切友好。家宴往往由主妇亲自下厨烹调，家人共同招待。

六、招待会

招待会是指各种不备正餐、较为灵活的宴请形式，备有食品、酒水、饮料。其通常不排席位，可以自由活动。

七、冷餐会

这种宴请形式可在室内外举行，参加者可坐可立，并可自由活动。菜肴以冷食为主，酒和菜均可自取，也可请服务员端送。

八、酒会

它以酒水招待为主，略备小吃，不设坐椅，以便客人随意走动，自由交往。酒会举行的时间较为灵活，上午、下午、晚上均可。客人到达和退席时间不受限制。近年国际上举办大型活动采用酒会的形式渐趋普遍。1980年起我国国庆招待会也改用酒会形式。

九、茶话会

茶话会是一种更为简单的招待方式。它一般在客厅举行，不排座位，请客人一边品茶一边交谈。

十、工作进餐

工作进餐是现代国际交往中经常采用的一种非正式宴请形式。它不请配偶，只请与工作有关的人员，利用进餐时间，边吃边谈问题。

宴请采用何种形式，主要取决于惯例。通常正式的、高级别的、小范围的以举行宴会为宜；人数多时采用冷餐会或酒会；女士聚会多采用茶话会形式。

◎宴会的桌次、座位的安排及席间布置

宴会桌次的安排最为讲究。中国人习惯用圆桌。两桌和两桌以上桌次的安排有横、竖、花三种方式，可根据餐厅的不同形状来确定，长方形餐厅采用直排或横排利用率较高，而正方形餐厅采用花排则更为美观。

西式宴会则一般采用长桌。桌形的各种变化，以参加人数的多少和餐厅的大小形状而决定。

但不论是中式宴会还是西式宴会，不论是两桌还是十桌、百桌，桌次排定的大致原则基本相同，即主桌排定以后，其余桌次的高低以离主桌位的远近而定，离主桌越近的桌次越高，离主桌越远的桌次越低。平行桌以右桌为高，左桌为低。

桌次排定以后，更重要的是排定每一桌上就餐人员的席次。这项工作既复杂，礼仪要求又十分严格。

一、中式宴会席次安排

中式宴会席次的安排相对容易。席次的高低与桌次的高低原理基本相同，即右高左低，先右后左。主宾应安排在第一主人的右侧，副主宾应安排在第二主人的右侧，以此类推。如有夫人同桌就座，按国际惯例，应将男女穿插安排，第一主人的右侧和左侧安排主宾夫妇，第二主人的右侧和左侧安排副主宾夫妇，依次类推。我国的习惯是以个人本身职务排列，以便谈话，如夫人出席，常把女方排在一起，主宾夫人坐女主人的右侧。如遇一些特殊情况时便要灵活掌握。比如主宾身份高于主人，为表示对他的敬重，可以把主宾排在第一主人的位置，而主人则坐在主宾位置上，第二主人坐在主宾的左侧。假如需要配译员时，一般应将译员安排在主宾的右侧；同一桌上需安排第二译员时，可将其安排在第二主人右侧与第三宾客隔开的座位上。

二、西式宴会席次安排

西式宴会席次的安排有两种。这与圆桌席次的安排原理如出一辙。但要

注意，不要把宾客排在桌端，如果有译员，自然也安排在第一或第二主人的右侧，与主人席间隔一席，以便主客交谈。也有译员不上席的，为便于主客交谈，可安排其坐在主人和主宾的背后。

冷餐台的菜台一般都用长方桌，靠餐厅四周或摆在餐厅的中央都可以。就餐者通常是自由走动用餐。如需坐下用餐，也可摆四五人一桌的方桌或圆桌，座位略多于全体客人数，以便与席者自由就座。

酒会一般摆小圆桌或茶几，以放置些花瓶、烟缸、干果、小吃等。无坐席时，参加者可自由选择对象交谈。

◎ 客人抵达和离去时间及其他注意事项

宴请大都要发出请柬，事先口头约定的也要补发，这既是礼节、礼貌上的需要，也是起提醒、备忘之用。请柬要在宴请前1～2周发出，以便被邀请者有所准备。国际上习惯对夫妇两人发一张请柬，我国习惯每人发一张。宴请的时间应对主、客双方都合适。

决定接受邀请前去赴宴，要做的第一件事就是搞清楚宴请的时间和地点。

其一，从时间上讲，提前一两分钟、正点，或迟一两分钟到达是最为适宜的，过早或过晚都是失礼的。同时，应对宴请所需的时间给予充裕的安排，赴宴而逗留时间过短同样是失礼的。其二，对宴请的地点以及行车的路线事先应该做到心中有底，因为这是准时到达宴请场所的重要保证。其三，一定要对请柬上注有的桌次号码牢记在心，免得到宴请场所后东张西望，有失风度。

宴请开始，主人应在门口迎候来宾，有时还可由少数其他主要人员陪同主人列队欢迎客人。客人抵达后，宾主相互握手问候，随即由工作人员将客人引进休息厅。休息厅内安排有相应身份者接应客人，并以饮料待客。若无休息厅，可请客人直接进入宴会厅，但不落座。

主宾到达后，主人应陪同主宾进入休息厅与其他客人见面。当主人陪同主宾进入宴会厅时，全体客人就座，宴会即可开始。

如果主人和主宾要发表讲话，一般安排在热菜之后，甜食之前进行。主人先讲。双方讲话有时也可安排在一入席时进行。吃水果后，主人与主宾离座，宴会即告结束。

西方习俗中客人抵达宴会厅时，有专人负责唱名。而在宴会上以女士为第一主人。人们入座、用餐、离席，均应以女主人的行动为准，不得抢先。

客人离去时，主人应送至门口，热情话别。在较正式场合时，在门口列队欢迎客人的人们，此时还应列队于门口，与客人一一握手告别，表示欢送之意。

◎席间礼仪

一旦到了宴请场所，并找到了入座的桌次以后，要注意桌上的座位卡是否写着自己的名字，不可随意乱坐。只有确认自己的桌次、座位无误，而主人或主宾又已经入座的情况下，才可从椅子的左方入座。入座后，坐姿要端正，不可用手托腮或将双臂肘放在桌上，也不要随意翻动菜单，摆弄餐具或餐巾。这些举动都会给人以迫不及待的坏印象。最好是将一双空手放在自己的大腿上。尽管脚是别人看不见的，但同样也应该守规矩，要平放在自己的座位下，把脚搁在椅档上或伸出去踢着别人会使旁人和自己都感到尴尬。有时，坐定以后，服务人员还会递上一方湿毛巾，此时应礼貌地接下来并轻轻擦拭自己的双手和嘴角，不可用它擦脸，更不能用它擦颈脖或手臂。

当主人示意用餐可以开始，便可将桌上的餐巾抖开，平摊在自己的双腿上。但要请注意，中式餐是将餐巾全部打开，西式餐的午餐也是如此，而西式餐的晚餐则是将餐巾打开到双折为止。将餐巾塞在颈脖里或系在腰带上的做法早已过时。拿餐巾来擦餐具或酒具的做法更是失礼的行为，因为这至少表明你对餐酒具的清洁持怀疑态度。假如中途需要离开一下时，可将餐巾稍微折一下放回到桌上，也有人将其放在椅子上。

◎怎样安排"双满意"菜单

根据中国人的饮食习惯，与其说是"请吃饭"，还不如说成"请吃

菜"。所以对菜单的安排是马虎不得的。它主要涉及点菜和准备菜单两方面的问题。

点菜要适量，不仅要吃饱、吃好，而且必须量力而行。如果为了讲排场、装门面，而在点菜时大点、特点，甚至乱点一通，不仅对自己没好处，而且还会招人笑话。这时，一定要心中有数，力求做到不超支，不乱花，不铺张浪费。可以点套餐或包桌，这样费用固定，菜肴的档次和数量相对固定，省去很多麻烦，也可以根据"个人预算"，在用餐时现场临时点菜。这样不但自由度较大，而且可以兼顾个人的财力和口味。

被请者在点菜时，一是告诉做东者，自己没有特殊要求，请对方随便点，这实际上正是对方欢迎的做法，或者是认真点上一个不太贵的而又不是大家忌口的菜，再请其他人点。别人点的菜，无论如何都不要挑三拣四。

一顿标准的中餐大菜，不管它是什么样的风味，上菜的次序都是相同的。通常，首先上桌的是冷盘，接下来是热炒，随后上的是主菜，然后上点心和汤，最后上的是果盘。如果上咸点心的话，讲究上咸汤；如果上甜点心的话，就要上甜汤。不管是不是吃大菜，了解中餐标准的上菜次序，不仅有助于在点菜时巧作搭配，而且还可以避免因为不懂而出洋相、闹笑话。

在宴请之前，主人需要事先对菜单进行再三斟酌。在准备菜单的时候，主人要着重考虑哪些菜可以选用、哪些菜不能用。

优先考虑的菜肴有以下四类。

第一类，是有中餐特色的菜肴。在宴请外宾的时候，这一条更要高度重视。比方说，中餐里的龙须面、煮元宵、炸春卷、蒸饺子、狮子头、宫爆鸡丁等，并不一定是佳肴美味，但因为具有鲜明的中国特色，所以受到很多外国人的推崇。

第二类，是有本地特色的菜肴。比如，西安的羊肉泡馍，湖南的毛家红烧肉，上海的红烧狮子头，北京的涮羊肉，在那里宴请外地客人时，上这些特色菜，恐怕要比千篇一律的生猛海鲜更受好评。

第三类，是本餐馆的特色菜。很多餐馆，都有自己的特色菜。上一份本餐馆的特色菜，能说明主人的细心和对被请者的尊重。

第四类，是主人的拿手菜。在举办家宴时，主人一定要当众露上一手，

273

多做几个自己的拿手菜。其实，所谓的拿手菜不一定十全十美。只要主人动手为来客烧菜，单凭这一条，就会让对方感觉到你的尊重和友好。

在安排菜单时，还必须考虑来宾的饮食禁忌，特别是对主宾的饮食禁忌要高度重视。这些饮食方面的禁忌主要有以下四方面。

（1）宗教的饮食禁忌，一点也不能疏忽大意。例如，穆斯林不吃猪肉，并且不喝酒。国内的佛教徒不吃荤腥食品。它不仅指的是不吃肉食，而且还包括葱、蒜、韭菜、芥末等气味刺鼻的食物。

（2）出于健康的原因，对于某些食品，也有所禁忌。比如，心脏病、脑血管动脉硬化、高血压和卒中后遗症的人，不适合吃狗肉；肝炎病人忌吃羊肉和甲鱼；胃肠炎、胃溃疡等消化系统疾病的人也不合适吃甲鱼；高血压、高胆固醇患者，要少喝鸡汤等。

（3）不同的地区，人们的饮食偏好往往不同。对于这一点，在安排菜单时，也要兼顾。比如，湖南人普遍喜欢吃辛辣食物，少吃甜食。英美国家的人通常不吃宠物、稀有动物、动物内脏、动物的头部和脚爪。

（4）有些职业，出于某种原因，在餐饮方面往往也有各自不同的特殊禁忌。例如，国家公务员在执行公务时不准吃请，在公务宴请时不准大吃大喝，不准超过国家规定的标准用餐，不准喝烈性酒。再如，驾驶员在工作期间，不得饮酒。要是忽略了这一点，还有可能使对方犯错误。

在隆重而正式的宴会上，主人选定的菜单也可以在精心书写后，每人一份，让用餐者不但餐前心中有数，而且餐后也可以留作纪念。

◎宴请中桌次与座位的礼仪

在宴请中，桌次与座位是一个不可忽视的问题。按习惯，桌次的高低以离主桌位置远近而定，右高左低。桌数较多时，要摆桌次牌。宴会可用圆桌、方桌或长桌。一桌以上的宴会，桌子之间的距离要适中，各个座位之间的距离要相等。团体宴请中，宴桌排列一般以最前面的或居中的桌子为主桌。

餐桌的具体摆放还应与宴会厅的地形条件而定。各类宴会餐桌摆放与座位安排都要整齐统一，椅背达到纵横成行，台布折纹要向着一个方向，给人以整体美感。

礼宾次序是安排座位的主要依据。我国习惯按客人本身的职务排列，以便谈话，如夫人出席，通常把女方排在一起，即主宾坐在男主人右上方，其夫人坐在女主人右上方，两桌以上的宴会，其他各桌第一主人的位置一般与主人主桌上的位置相同，也可以面对主桌的位置为主位。

在具体安排座位时，还应考虑其他因素，如双方关系紧张的应尽量避免安排在一起，身份大体相同，或同一专业的可安排在一起。

一般家庭举行宴请，因正房为坐北向南，故方桌北面即向门一面为客人的位置。现在则以迎门一方的左为上，右为下，是为首次两席。两旁仍按左为上，右为下依次安位。主人则背门而坐。

恰当的用餐桌次和座位的安排会显示你的地位，表达你的尊敬，将会为你的赴会和宴请增添礼仪之邦的风采，并取得特定的效果。

◎ 西方人赴商务宴请的礼仪

无论你是出国旅游还是出差，如果有人邀请你参加正式宴会，那么你需要了解一些西方社交场所的基本礼仪。

（1）到达。你最好按时到达，迟到四五分钟也可以原谅，但千万不能迟到一刻钟以上，否则到时为难的不是别人，而是你自己。如果你去的是富裕而讲究的人家，进大门时遇到的第一个人可能是个管家，负责帮你挂衣服或者是给你带路的，所以你先别急着跟他握手，观察一下再决定。

（2）准备。进了客厅，你不要着急找位子坐。西方人在这种场合一般都要各处周旋，待主人为自己介绍其他客人。你可以从侍者送来的酒和其他饮料里面选一杯合适的边喝边和其他客人聊天。等到饭厅的门打开了，男主人和女主宾会带着大家走进饭厅，女主人和男主宾应该走在最后，但如果男主宾是某位大人物，女主人和他也许会走在最前面。

（3）入席。西餐入席的规矩十分讲究，席位一般早已安排好。这时和你同来的先生或女士绝不会被安排坐在你身边。欧美人认为熟人聊天的机会多得很，要趁此机会多交朋友。男女主人分别坐在长方形桌子的上、下方，女主人的右边是男主宾，男主人的右边是女主宾。其他客人的坐法是男女相间。男士在上桌之前要帮右边的女士拉开椅子，待女士坐稳后自己再入座。

大家落座之后，主人拿餐巾，你就跟着拿餐巾。记住：不管这时出现什么情况（如主人有饭前祷告的习惯），主人没拿餐巾之前你不能拿餐巾。

（4）用餐。一般的情况下是三至五道菜，前三道菜应该是冷盘、汤、鱼，后两道菜是主菜（肉或海鲜加蔬菜）、甜品或水果，最后是咖啡及小点心。吃饭的时候不要把全部精力都放在胃口的享受上，要多和左右的人交谈。甜品用完之后，如果咖啡没有出现，那可能是等会儿请你去客厅喝。总之，看到女主人把餐巾放在桌子上站起来后，你就可以放下餐巾离开座位。这时，懂礼貌的男士又要站起帮女士拉开椅子，受照顾的女士不必对这一前一后的殷勤有特别的想法，这是他应该的。

（5）告别。如果你不想太引人注目，最好不要第一个告辞，也不要最后一个离开。在这其间你什么时候告辞都可以，只是一旦告辞就应该爽快地离开。